地理信息系统理论与应用丛书

旅游地理信息系统

——设计、开发与应用

宫辉力　赵文吉　李小娟 等　编著

科学出版社

北京

内 容 简 介

本书是在完成科技部"863"计划空间信息领域重大项目"3S 重大行业应用——旅游"基础上编写完成的。全书共 16 章，系统阐述了 3S 技术在旅游行业的应用，包括四部分内容，即旅游学基础、3S 技术基础、旅游信息系统实现方法、旅游信息系统示范应用。旅游学基础系统阐述了旅游资源分类方法和旅游信息系统的发展趋势；3S 技术基础阐述了遥感、地理信息系统、数据库、网络的基础知识与最新发展；旅游信息系统实现方法主要论述旅游咨询系统、网络发布系统与三维旅游展示系统的技术设计和实现方法；旅游信息系统示范应用选取了全国优秀旅游城市、北京市旅游信息和黄金周假日旅游预报以及颐和园三维旅游信息作为示范，并建立了相关的旅游信息数据库。

本书可为从事旅游管理、旅游信息系统开发、旅游教育等相关行业的管理人员、技术人员和师生提供技术规范与参考。

图书在版编目(CIP)数据

旅游地理信息系统：设计、开发与应用/宫辉力等 编著.—北京：科学出版社，2005

（地理信息系统理论与应用丛书）

ISBN 978-7-03-015746-1

Ⅰ. 旅… Ⅱ. 宫… Ⅲ. 旅游地理学–地理信息系统–研究

Ⅳ. F591. 99–39

中国版本图书馆 CIP 数据核字(2005)第 065609 号

责任编辑：朱海燕 罗 吉 卜 新/责任校对：李奕萱
责任印制：徐晓晨/封面设计：王 浩

科 学 出 版 社 出版
北京东黄城根北街 16 号
邮政编码：100717
http://www.sciencep.com

北京科印技术咨询服务公司 印刷
科学出版社发行 各地新华书店经销

*

2005 年 7 月第 一 版 开本：787× 1092 1/16
2017 年 7 月第二次印刷 印张：18
字数：412 000

定价：**75. 00 元**
（如有印装质量问题，我社负责调换）

前　言

据世界旅游组织统计,在过去的 50 年里,尽管世界上发生了大大小小各种灾难,但全世界在旅游业方面的收入却从来没有哪一年下降过。在中国,自 1978 年实行改革开发政策以来,旅游业已经发展成为国民经济新的增长点,在许多地方甚至成为拉动经济增长的支柱产业和先导产业。

2008 年奥运会将给中国旅游业的发展带来新的机遇。据世界旅游组织预测,到 2020 年,中国将成为全球第一大旅游目的地国家和第四大旅游客源输出国。届时,中国的旅游业总收入将占国内生产总值的 8%。

目前,我国空间信息的基础设施建设正在不断发展与完善,已经取得了一定的成绩,为旅游业的信息化发展提供了较好的条件。空间信息技术已经渗透到诸多行业,在农业、林业、测绘、气象、资源、生态、环境保护等领域都得到了较为广泛的应用,但在旅游业的应用基本上还是空白。因此,通过 3S 技术、三维虚拟现实技术和网络技术构建综合旅游信息服务平台,适应国家对旅游数字服务与管理的要求,实现旅游办公自动化与服务信息化,将有益于促进旅游业的迅速发展。

本书是在科技部"863"计划空间信息领域重大项目"3S 重大行业应用——旅游"基础上编写完成的。全书共 16 章,包括四部分内容,即旅游学基础、3S 技术基础、旅游信息系统实现方法和旅游信息系统示范应用。旅游学基础(第 1~ 3 章)由刘丽丽、宫辉力、赵文吉完成。3S 技术基础(第 4~ 7 章)由赵文吉、别红霞、李家存、高建国、闫宁完成。旅游信息系统实现方法(第 8~ 12 章)由宫辉力、赵文吉、高建国、闫宁完成。旅游信息系统示范应用(第 13~ 16 章)由宫辉力、赵文吉、别红霞、李小娟、左建章完成。全书由姜雪、胡卓玮完成校稿。由于编者水平有限,书中难免有不完善之处,敬请读者批评指正。

宫辉力

2005 年 5 月于北京

目　　录

第一部分

旅游学基础

第1章 概　述

中国是一个历史悠久的文明古国,也是一个充满生机的东方大国,拥有得天独厚的旅游资源。在中国政府的高度重视下,旅游业在短短20多年时间里,取得了举世瞩目的成就,已成为中国第三产业中极具活力与潜力的新兴产业和国民经济新的增长点,在很多地方还成为当地经济发展的支柱产业。目前中国旅游业在国民经济中的地位正在不断得到巩固和提高,成为国民经济新的增长点。旅游业的发展,带动了旅馆业、饮食业、交通客运业等同步繁荣(程俐骢　1994)。2002年,中国旅游外汇收入达204亿美元,国内旅游收入达387.8亿美元,接待入境过夜旅游者人数和旅游外汇收入均居世界第5位,国内旅游市场是世界上人数最多、增速最快、潜力最大的旅游市场,出境旅游得到稳步发展。1996~2002年,中国旅游业总收入连续7年高速度增长,远高于同期国内生产总值的平均增长率。

进入21世纪,信息技术已成为当代先进生产力的代表,渗入到社会生活的各个领域。《中共中央关于制定国民经济和社会发展第十个五年计划的建议》和十六大报告中都指出:"信息化是当今世界经济和社会发展的大趋势,也是我国产业优化升级和实现工业化、现代化的关键环节。要把推进国民经济和社会信息化放在优先位置。"温家宝总理指出:"跨国经济和信息技术的迅猛发展,对世界文化的发展产生重大而深刻的影响。"(北京市发展计划委员会等　2000)

世界旅游旅行业理事会在2002年世界旅游产业报告中预测,越来越多的旅游者将通过互联网获取旅游目的地的信息,并查询价格和行程。据中国互联网信息中心的统计,我国互联网用户已经超过7800万人,且以每年30%的增长率增长。2002年末,全球使用互联网的人数已超过6亿人。互联网已成为旅游服务的重要媒介。尽快实现旅游营销手段的变革,是中国旅游业与国际接轨的必然选择。

世界旅游组织(World Tourism Organization,WTO)在《旅游目的地在线营销——信息时代的战略》中指出:"因特网和其他不断发展的互动多媒体平台对旅游营销的影响是十分深远的。"随着我们迈入新的时代——信息时代,目的地营销组织和服务的主要供应商需要了解因特网和其他种种新的互动技术,了解其为旅游者越来越广泛应用的情况,以及如何通过这些新的渠道获益。目前,旅游目的地营销系统(destination marketing system,DMS)已经成为国际先进旅游目的地在营销前沿的实践,在英国、新加坡、西班牙、澳大利亚、瑞士、奥地利、芬兰等十多个发达国家和地区已经得到比较成熟的应用,有效地将网络技术和传统营销业务相结合,支持了当地的旅游企业,明显地提高了旅游营销效果,成为旅游行业信息化最核心的系统。

为适应世界范围内的旅游信息共享,国家旅游局于2001年1月正式启动旅游行业信息化系统工程——"金旅工程"。"金旅工程"是国家信息网络系统建设的重要组成部分,是中国旅游信息化的系统工程,也是各级旅游行政主管部门利用信息技术推动21世纪旅游业发展的一个重要举措。它集全国旅游行政办公网、旅游行业管理业务网、公众信息网和旅游综合数据库(即"三网一库")于一体,其中公众信息网包括了旅游电子商务网和政府网①。

"金旅工程"在建设中始终坚持"统筹规划、统一领导、分步实施、远近结合"的原则,按照近期、中期和长期规划分步骤实施:2001~2002年,以建设和完善电子政务为突破,提高行业的基础应用水平;2003~2005年,以目的地营销系统带动旅游电子商务的普及和应用,与国际接轨,助推旅游业的恢复和发展;2006~2010年,全面提高旅游行业信息化应用能力,达到和接近旅游先进国家的水平。国家旅游局坚持以应用促发展的原则,结合行业实际开发了行业管理多个应用系统。假日旅游预报系统实现了全国参报单位的网上数据交换,及时准确地完成数据汇集、传输、审核、分析功能,为黄金周的信息预报和发布提供了有力的技术手段。"办公自动化系统"、"旅行社年检管理系统"、"导游网络管理系统"、"旅游招商投资信息系统"等一批全国性应用网络系统的推广应用,初步实现了行政办公和行业管理部分功能的电子化①。

国家旅游局在2003年提出:以建立和推广旅游目的地营销系统为切入点,整合旅游资源,完善旅游支付手段,构建中国旅游目的地总平台,提高中国旅游电子商务的总体水平。并于2003年1月,会同全国电子信息系统推广办公室联合下发了《关于在优秀旅游城市建立并推广使用"旅游目的地营销系统"的通知》①。

旅游目的地营销系统是一种旅游信息化应用系统,它以互联网为基础平台,结合了数据库技术、多媒体技术和网络营销技术,把基于互联网的高效旅游宣传营销和本地的旅游咨询服务有机地结合在一起,为游客提供全程的周到服务,可以极大地提升目的地城市的形象和旅游业的整体服务水平①。

经过一年的努力,全国旅游目的地营销系统的中心平台建设已初具规模,粤港澳、大连、三亚、珠海、南海、深圳、厦门、苏州等十余个区域或城市的目的地营销系统也已投入运营或正在建设之中,在旅游宣传促销中发挥了重要作用。

全国目的地营销系统总平台的建立,将实现与国际预定网络的互联,建立广泛的信息交换机制,提供一个崭新的营销理念和运营模式。利用信息技术和网络进行旅游业的促销和服务是信息时代旅游宣传工作的新课题和必然的选择。目的地营销系统可以利用高科技更多地方便旅游者,更多地宣传旅游目的地的形象,更好地展示旅游要素,推动网络互通、网上交易这个新型旅游营销模式的实际应用,实现旅游电子商务的良性运营。

旅游目的地营销系统在旅游目的地和客源地之间架设了一座通畅的桥梁,在提升目的地知名度、满足消费者资讯需求、增加游客访问量、方便旅游交易、提供旅游服务和增加目的地旅游收入等方面都有积极作用。

(1) 信息传播的广泛性和及时性。作为中国旅游的权威门户,"金旅工程"的电子商务平台集中展示中国旅游的整体形象,宣传各旅游目的地的特色特点,是世界了解中国的一个窗口。中国旅游电子商务总平台(DMS)提供了多语种、多层次、多对象的应用和浏览接口,还提供了手机短信、触摸屏、PDA等信息传输手段,将目的地旅游信息广泛传播给消费者。目的地旅游信息可以通过数据库及时上传到系统中,旅游消费者在通过系统及时掌握目的地信息的同时,也可以进行在线咨询、在线订购,极大地方便了供求双方的交流和交易。

---

① 国家旅游局信息中心.2001.中国旅游业信息化——金旅工程(内部资料)

（2）融入视觉识别系统理念。通过 LOGO 设计、宣传片、电子杂志、网络电视台、数据库电子地图、三维实景等技术手段，综合展示旅游目的地形象和特点，树立网络空间的旅游品牌。例如，广东宣传片涵盖广东旅游特色，节奏轻快，活力四射；大连宣传片涵盖了大连浪漫之都的所有性质，包括一个概念、二种颜色、三种感觉、四季风情、五张牌、六大浪漫、五十最等；苏州 DMS 中文网站选择粉墙黛瓦的色彩，表达东方水城的温润和悠久历史的沉淀。

电子杂志设计制作方面，系统可提供各地旅游动态信息的收集、加工整理、以信息网络手段自动发送给目标客户的功能，配合目的地主题宣传活动。系统还提供了多媒体视觉传输功能，采用视频流媒体技术，实现网络电视、自由点播、三维环视、360º 环绕及真实虚拟等功能。

（3）信息的互动性。DMS 提供了旅游行程设计、旅游电子地图示意服务、旅游市场调查、旅游社区等子系统，建立起政府、企业、消费者、媒体之间方便快捷、高效、低成本的沟通和互动渠道。"旅游行程设计系统"基于庞大的旅游目的地信息库、旅游企业和产品信息库，根据用户给定的组合查询条件或游客所选择的地点、时间、费用等因素，智能产生满足用户要求的行程规划，为游客制定个性化出行方案。"电子地图示意服务系统"提供给用户交互式地图或示意图，游客可以通过该系统方便快捷地查询目的地旅游信息。

（4）信息的存储和检索功能。通过信息收集系统、数据库和信息整理系统的加工整理，目的地营销系统提供了目的地的基本信息和"游、购、娱、食、宿、行"等常规旅游信息，包括旅游企业（含景点、酒店、旅行社、餐厅）的基本信息、产品信息（含旅游线路、酒店客房、景点门票）、促销信息（近期主要活动、会展、促销、优惠等）。内容丰富多彩，基本做到面面俱到。系统运用了先进的搜索引擎技术，使消费者可快速、准确地获得目的地旅游信息。

（5）高起点、低成本的网络营销工作。旅游网络营销系统是一个以互联网络为媒介、以面向游客和旅游同业进行旅游宣传营销为目的、以营销过程控制和营销效果统计为重点的先进的旅游营销系统。旅游网络营销系统通过对营销活动中人群的数量、分布、特征等方面进行统计分析和积累整合，展开针对地理位置、人群、时间、内容方面的自动化和个性化的营销。

2002 年国庆期间，广东利用 DMS 对本地进行旅游营销，在全国各地取得了积极反响。据统计，南海 DMS 网站点击量达 511 万，注册用户达 3.7 万。粤港澳 DMS"活力广东网"点击量达到 1564 万，注册用户 11 万，充分显示了网络营销的效果，极大地支持了黄金周的旅游促销。2004 年国内旅游网上博览会将与国内旅游交易会同时举行，参展单位可以同时进行网上宣传；未参展单位可直接参加网上博览会，以传统方式无法比拟的时空感、受众面和低成本，提高宣传效果，扩大宣传范围。

我国的企业和发达国家相比，在技术创新能力、利用外部知识和信息的能力方面还相对落后，其中利用外部知识和信息的能力更为薄弱。在这种情况下，增强企业利用知识和信息的能力，充分利用国外现有科技成果和产业信息，是缩短技术差距、提高技术创新能力、提高经济效益的一条可行道路（保继刚　2000）。

21 世纪前 20 年，是中国全面建设小康社会、加快推进社会主义现代化的重要战略机遇期，也是中国旅游业发展的有利时期。我们要把旅游业培育成为中国国民经济的重要产业。据世界旅游组织预测,到 2020 年,中国将成为全球第一大旅游目的地国和第四大客源输出国。根据中国的国情和世界旅游组织的预测,我们规划了建设世界旅游强国的美好蓝图:到 2020 年,中国将接待入境旅游者 2.1 亿人次,实现旅游外汇收入 580 亿美元,旅游业总收入将达到 2.5 万亿元人民币,相当于国内生产总值的 8%~11%。目前,迅速发展的中国旅游业正在朝着实现世界旅游强国的宏伟目标前进!

参 考 文 献

保继刚.2000.旅游开发研究——原理·方法·实践.北京:科学出版社
北京市发展计划委员会等.2000.首都信息化标准指南.北京:中国标准出版社
程俐骢.1994.使用旅游管理.北京:中国藏学出版社

第 2 章　旅游资源特点与分类

2.1　旅游资源概念的界定

旅游资源是发展旅游业的基础和重要组成部分。旅游资源一般泛指人们在旅行游览过程中感兴趣的各类事物,诸如山川风光、历史文化、国情民风和各种物产。衡量旅游资源的标准有二:第一,只有对旅游者产生吸引力的资源才是旅游资源,这是其前提的条件;第二,只有能够为旅游产业所利用的资源才有可能成为旅游资源,这是其必备条件。据此,国家旅游局资源开发司、中国科学院地理研究所于 1992 年制定《中国旅游资源普查规范(试行稿)》,将旅游资源概念界定为:自然界和人类社会凡能对旅游者产生吸引力,可以为旅游业开发利用,并可产生经济效益、社会效益和环境效益的各种事物和因素,都可视为旅游资源。

2.2　旅游资源的特点

2.2.1　形式的复杂性

旅游资源在表现形式上具有复杂多样性的特点。它可以是自然的,也可以是人文的;可以是历史的,也可以是当代的;可以是有形的,也可以是无形。总之这是客观世界的复杂性决定的,也是与人们旅游动机的多样性分不开的。

2.2.2　分布的区域性

从旅游资源的分布来看,具有明显的区域性特征,即不同的旅游资源具有其存在的特殊条件和相应的地理环境,从而反映出各个地区的不同旅游特点和旅游景观。

2.2.3　生态的整体性

每个旅游区内具有多种类型的旅游资源。旅游资源的各个要素处在相互联系、相互制约的环境之中,不断地产生和发展,很少存在孤立的与周围其他景观要素互不联系的单一旅游景观现象。它们之间处于一种整体互补状态。

2.2.4　地域的固定性

旅游资源和其他资源不太一样,旅游资源在地域上是相对固定的,必须有旅游者到达旅游资源所在地进行消费,而不能将旅游资源输往各地进行消费。

2.2.5 季节的变化性

旅游资源的季节变化性是指景物有随季节变化的特征。主要由自然地理条件,特别是气候的季节性变化决定的,同时也受到人为因素的影响。正因为旅游资源的季节性,形成了旅游明显的"淡季"、"旺季"和"平季"之分。

2.2.6 特征的时代性

不同的历史时期、不同的社会经济条件下,旅游资源的特征是不同的,每个时代的旅游资源都会有它自身时代所遗留下来的特征。这些特征是其他时代的旅游资源所不能代替的,旅游者可以从这些不同时代的旅游资源上获得某个时代的一些旅游信息。

2.2.7 吸引力的定向性

旅游资源的吸引力在某种程度上是相当主观的。就某项具体的旅游资源而言,它可能对某些旅游者吸引力颇大,而对另外一些旅游者则无多大吸引力甚至根本没有吸引力。所以任何一项旅游资源都有吸引力定向的特点,只能吸引某些市场部分,而不可能对全部旅游市场都具有同样大的吸引力。

2.2.8 价值的不确定性

旅游资源的价值不是可以用数字来计算的。这是因为旅游资源的价值往往会随着人类的认识水平、审美需要、发现迟早、开发能力、宣传促销条件等众多因素的变化而变化,不同的人可以从不同的角度评估旅游资源的价值。同时旅游资源还会由于资源开发利用方式及开发旅游外部条件的不同而不同。

2.2.9 利用的永续性和易损性

从旅游业的发展史可以看出,对于绝大多数旅游资源而言,都具有永续性的特点。旅游者在观光的时候所带走的大多是印象和观感,而不能带走旅游资源本身。正是这一点形成了旅游业投资少、见效快、收益大、资源利用周期长等一系列优点。但旅游资源如果利用和保护不当是很容易遭到破坏的。遭到破坏的旅游资源一般在短时期内是很难修复和更换的,甚至破坏的资源永远也不能得到恢复。

2.2.10 美学的观赏性

游资源它同一般的资源有着显著的差别,即是它具有美学特征,拥有观赏性的一面。

它为资源所共有的经济性也是通过观赏性来实现的。

2.3　旅游资源的分类

　　由于旅游资源包括的范围十分广泛,涉及自然、社会和人文多个方面,因此,对其分类的方法多种多样。按旅游资源的基本属性分类可分为自然旅游资源、人文旅游资源,按旅游资源的利用特点可分为可再生性旅游资源、不可再生性旅游资源,从旅游资源经营角度可分为有限旅游资源、无限旅游资源,根据旅游资源的吸引级别可分为国家级旅游资源、省级旅游资源和地、县级旅游资源,按旅游资源的开发现状可分为已开发旅游资源、待开发旅游资源等。其中,按旅游资源的基本属性分类最为普遍。据此,国家旅游局资源开发司、中国科学院地理研究所于1992年制定《中国旅游资源普查规范(试行稿)》中旅游资源分类系统,将旅游资源分为自然旅游资源、人文旅游资源两大类,6个主类,74个基类。

　　1997年,中国科学院地理研究所、国家旅游局规划发展与财务司在1992年《中国旅游资源普查规范(试行稿)》中旅游资源分类系统的基础上,重新设计制定旅游资源分类系统,在自然旅游资源、人文旅游资源两大类型的基础上,进一步划分出8个主类、31个亚类、155个基本类型,如图2.1和表2.1所示。

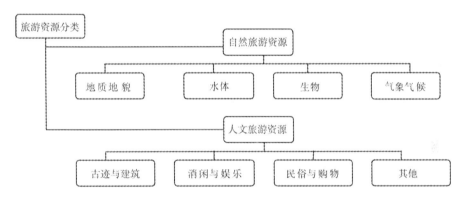

图2.1　旅游资源分类

表2.1　旅游资源分类表

主类	亚类	基 本 类 型
A 地文景观	AA 综合自然 旅游地	AAA,山丘型旅游地;AAB,谷地型旅游地;AAC,沙砾石地形旅游地;AAD,滩地型旅游地;AAE,奇异自然现象;AAF,自然标志地;AAG,垂直自然地带
	AB 沉积与构造	ABA,断层景观;ABB,褶曲景观;ABC,节理景观;ABD,地层剖面;ABE,钙华与泉华;ABF,矿点矿脉与矿石积聚地;ABG,生物化石点
	AC 地质地貌 过程形迹	ACA,凸峰;ACB,独峰;ACC,峰丛;ACD,石(土)林;ACE,奇特与象形山石;ACF,岩壁与岩缝;ACG,峡谷段落;ACH,沟壑地;ACI,丹霞;ACJ,雅丹;ACK,堆石洞,ACL,岩石洞与岩穴;ACM,沙丘地;ACN,岸滩

主类	亚类	基 本 类 型
A 地文景观	AD 自然变动遗迹	ADA，重力堆积体；ADB，泥石流堆积；ADC，地震遗迹；ADD，陷落地；ADE，火山与熔岩；ADF，冰川堆积体；ADG，冰川侵蚀遗迹
	AE 岛礁	AEA，岛区；AEB，岩礁
B 水域风光	BA 河段	BAA，观光游憩河段；BAB，暗河段；BAC，古河道段落
	BB 天然湖泊与池沼	BBA，观光游憩湖区；BBB，沼泽与湿地；BBC，潭池
	BC 瀑布	BCA，悬瀑；BCB，跌水
	BD 泉	BDA，冷泉；BDB，地热与温泉
	BE 河口与海面	BEA，观光游憩海域；BEB，涌潮现象；BEC，击浪现象
	BF 冰雪地	BFA，冰川观光地；BFB，长年积雪地
C 生物景观	CA 树木	CAA，林地；CAB，丛树；CAC，独树
	CB 草原与草地	CBA，草地；CBB，疏林草地
	CC 花卉地	CCA，草场花卉地；CCB，林间花卉地
	CD 野生动物栖息地	CDA，水生动物栖息地；CDB，陆地动物栖息地；CDC，鸟类栖息地；CDE，蝶类栖息地
D 天象与气候景观	DA 光现象	DAA，日月星辰观察地；DAB，光环现象观察地；DAC，海市蜃楼现象多发地
	DB 天气与气候现象	DBA，云雾多发区；DBB，避暑气候地；DBC，避寒气候地；DBD，极端与特殊气候显示地；DBE，物候景观
E 遗址遗迹	EA 史前人类活动场所	EAA，人类活动遗址；EAB，文化层；EAC，文物散落地；EAD，原始聚落
	EB 社会经济文化活动遗址遗迹	EBA，历史事件发生地；EBB，军事遗址与古战场；EBC，废弃寺庙；EBD，废弃生产地；EBE，交通遗迹；EBF，废城与聚落遗迹；EBG，长城遗迹；EBH，烽燧
F 建筑与设施	FA 综合人文旅游地	FAA，教学科研实验场所；FAB，康体游乐休闲度假地；FAC，宗教与祭祀活动场所；FAD，园林游憩区域；FAE，文化活动场所；FAF，建设工程与生产地；FAG，社会与商贸活动场所；FAH，动物与植物展示地；FAI，军事观光地；FAJ，边境口岸；FAK，景物观赏点
	FB 单体活动场馆	FBA，聚会接待厅堂(室)；FBB，祭拜场馆；FBC，展示演示场馆；FBD，体育健身馆场；FBE，歌舞游乐场馆
	FC 景观建筑与附属型建筑	FCA，佛塔；FCB，塔形建筑物；FCC，楼阁；FCD，石窟；FCE，长城段落；FCF，城(堡)；FCG，摩崖字画；FCH，碑碣(林)；FCI，广场；FCJ，人工洞穴；FCK，建筑小品
	FD 居住地与社区	FDA，传统与乡土建筑；FDB，特色街巷；FDC，特色社区；FDD，名人故居与历史纪念建筑；FDE，书院；FDF，会馆；FDG，特色店铺；FDH，特色市场

主类	亚类	基 本 类 型
F 建筑与设施	FE 归葬地	FEA，陵区陵园；FEB，墓(群)；FEC，悬棺
	FF 交通建筑	FFA，桥；FFB，车站；FFC，港口渡口与码头；FFD，航空港；FFE，栈道
	FG 水工建筑	FGA，水库观光游憩区段；FGB，水井；FGC，运河与渠道段落；FGD，堤坝段落；FGE，灌区；FGF，提水设施
G 旅游商品	GA 地方旅游商品	GAA，菜品饮食；GAB，农林畜产品与制品；GAC，水产品与制品；GAD，中草药材及制品；GAE，传统手工产品与工艺品；GAF，日用工业品；GAG，其他物品
H 人文活动	HA 人事记录	HAA，人物；HAB，事件
	HB 艺术	HBA，文艺团体；HBB，文学艺术作品
	HC 民间习俗	HCA，地方风俗与民间礼仪；HCB，民间节庆；HCC，民间演艺；HCD，民间健身活动与赛事；HCE，宗教活动；HCF，庙会与民间集会；HCG，饮食习俗；HGH，特色服饰
	HD 现代节庆	HDA，旅游节；HDB，文化节；HDC，商贸农事节；HDD，体育节

第3章 旅游多媒体系统现状与发展趋势

旅游业是一个信息密集性产业,这一特点决定了信息化是旅游业发展的强大动力和可靠的科技保障。近年来旅游业的信息化趋势越来越明显,它不仅是保证旅游业可持续发展的重要支持力量,也是实现旅游经营管理现代化的重要途径和推进中国旅游市场化、国际化的技术前提。目前,国外旅游业利用信息技术的程度较高,这种利用不仅发生在旅游商的旅游产品销售上,也直接体现在对潜在旅游消费者的音视服务和电子售票方式上。从这个角度讲,信息技术的每一次进步,都意味着旅游商的旅游产品销售和旅游者的购买过程中交流成本的降低。从世界范围看,随着市场形式的变化,特别是航空业政府管制强度的弱化,旅游信息服务的地位发生了重要变化。它直接改变了中央预定系统(central reservation system,CRS)的覆盖范围,使其不再仅仅是信息和预定系统,还具有营销和分销系统的作用。CRS已经在全球范围内扩展其应用领域,它不仅为客源地潜在的游客提供信息服务,同时,也为目的地的现实游客服务。与CRS对应的是旅游地管理系统(DMS),它既是一种竞争手段,也是一种管理和营销手段。其内容包括:旅游地概况、游览项目和特殊节庆、食宿和交通情况、吸引物和娱乐、体育设施、与旅游相关的商业网点、价格及从业人员状况。目前,旅游业界对决策支持系统(decision support system,DSS)的应用程度大多还停留在计算和数据处理功能上。

3.1 旅游信息系统发展现状

从现状来看,我国旅游业的信息化还远远滞后于世界旅游业。中国旅游业界的旅游信息及其管理,目前主要包括饭店前台信息管理系统、饭店后台信息管理系统、旅行社信息管理系统、目的地信息系统和旅游信息咨询系统。

从产业管理的角度看,目前我国旅游业的信息化比较突出的问题有:部门线性分割较为严重,信息流的多层分道及断裂状况较严重。实施有计划地学习国际前沿信息技术,建立和完善基于计算机网络的旅游信息系统[包括CRS、全球信息系统(global information system,GIS)及在其基础上形成的全球分布系统(global distribution system, GDS)、当地的旅游目的地信息系统(target information system, TIS)],应是各级旅游管理部门的中心任务。

近年来,国内对旅游信息系统的研究应用,已经积累了较多的成果,其内容主要包括旅游多媒体信息咨询、旅游决策支持系统、旅游地理咨询专家系统(consultation tour geography, CTG)、面向游客的旅游信息系统等。

3.1.1 旅游多媒体信息咨询系统

目前的旅游多媒体信息系统广泛应用于旅游信息咨询,咨询内容涉及较广,包括景点、景区、交通、天气、住宿、饮食等,但展示的方式比较简单,多数以文字、表格或图片形式表达,通过 HTML 语言对图形数据、文字、动态图片、背景音乐和导游配音、视频等进行超链接。结合空间信息技术,旅游多媒体咨询系统未来有以下发展趋势:

(1)多种形式的空间查询、分析功能和交互方式,并逐步向智能化方向发展。如游客可通过输入所住宾馆的名称或位置,查询通往某一风景点的最佳线路,系统能予以回答,并以多媒体形式呈现给用户。

(2)模拟人类的视觉习惯,建立不同层次的数据结构,既可满足用户宏观上的认识,又可满足局部细节的要求。如可采用小比例尺数据嵌套大比例尺数据,建立多个层次的数据库。这样随着窗口的逐渐放大,信息将越来越丰富。

(3)与其他数据库的接口,实现多种数据库数据共享和链接。

(4)系统的动态性。一方面能突出显示物体的空间定位,同时还能反映物体的属性特征和动态变化。另一方面通过与全球定位系统(global positioning system,GPS)技术的结合,实时显示运动轨迹附近的地理实体。例如,游客在行驶的车辆上可以获悉沿途附近的主要风景名胜点或宾馆饭店位置等。

3.1.2　基于 GIS 多媒体信息系统

地理信息系统(geographic information system,GIS)是为地理研究和地理决策服务而建立起来的数据处理系统。随着计算机技术的迅速发展,GIS 技术日趋成熟,应用领域也不断扩大和深入,凡使用到地图和需要处理空间数据的领域,都可以借助 GIS 技术,迅速、及时、准确地处理大量空间信息,并进行多要素综合分析和决策。

旅游产品的性质、旅游产品的组织、旅游者的行为过程都具有很强的时空特征,涉及自然、社会、人文和经济等多方面要素,具有区域性、多层次性和动态变化性,不仅需要用几何图形(区域行政地图、旅游地图、交通线路图)表示空间位置和移动路径,而且还要用属性方式表示它们的各类意义,同时旅游者自身需求、时间和费用又与旅游产品的空间位置及其属性联系在一起。一般意义上的管理信息系统虽然也具有储存、处理、管理和分析数据的能力,但它不包括空间数据和特征,对旅游数据进行处理分析就显得无能为力了。根据地理信息系统的应用方式和作用,可将应用模式分为科学研究工具和办公服务系统两种模式。GIS 应用到旅游产品销售系统中,属于办公服务系统应用模式,它包括空间事务处理系统(spatial transaction processing system,STPS)、空间管理信息系统(space management information system,SMIS)和空间决策支持系统(spatial decision support system,SDSS)(黄耀丽　2001)。

运用 GIS 数据库技术、空间分析技术和模型库技术,既取代了日常推销工作中重复繁琐的事务处理工作,又具有查询、统计、咨询功能,还能在推理模型驱动下,为旅游者提供模拟决策过程,并提供选择方案的决策支持环境。从应用的范围和深度来说,GIS 在旅行社产品销售系统中的应用又属于部门 GIS。对于大型的旅行社,可根据所设的不同下属部门设立 GIS 子系统。GIS 旅游信息系统具有以下功能:

1. 查询显示与宣传功能

宣传旅游地理整体形象。良好的企业形象能在消费公众中创造出一种对该企业所有产品和服务的消费信心、对所推出的新产品和新的服务项目的认同态度,也是取得顾客信任的第一印象。GIS软件能与多媒体技术结合制作反映旅游城市、旅游区或旅游景点形象的软件,通过可视化的地图、影像、动画和图片方式加以直观表达。例如旅行社、旅游集团等旅游企业在地图上的具体位置,分支机构和网点分布,企业的办公环境,员工的精神面貌,具有艺术感染效果的三维动画展示旅游企业的标识、服务理念、公司的业绩,法人代表在同行中的知名度等。

宣传与查询旅游产品服务信息。GIS在旅游产品推销宣传中的独特优势,主要体现在结合旅游地图,突出旅游景点、旅游线路和距离等旅游要素及其相关信息。GIS可将旅游服务产品分布范围和所涉及的国家、地区的空间数据数字化;具有强大的数据转换功能,可从计算机辅助设计(computer aided design,CAD)、文本、关系数据库等几乎所有形式转入数据和进行标准化处理;可以通过可视化的地图、影像、图片等方式直观表达景点类型、区域线路、气候及服务产品的品牌特色等,降低顾客回应时间。与传统的宣传手段相比,基于GIS的信息系统在宣传旅游产品服务信息方面的优势如下。

(1)替代旅游宣传手册,易于更新价格和内容。传统的旅游宣传册从设计到印刷,周期一般是10个月以上,往往还未使用,就有了新的情况而不适用。例如由于旅行社与航空公司签订大多数合同都允许对方由于燃料价格增长、目的国通货膨胀、货币兑换率波动等因素造成的成本增长而提价,这使得在宣传品上已登载的价格不易改变。用GIS可随时根据价格的波动更新数据,费用低廉,一劳永逸。美国旅行代理商协会进行的一项研究发现,约有一半旅游宣传品没看过就扔掉了,业绩最好的旅行社其比率也仅为每收到一项预定大约要发出四五份宣传品,增加了成本,造成浪费。GIS与多媒体结合制作的旅游宣传系统,在顾客较为集中的宾馆、车站、机场、商场用显示器、触摸屏进行显示,必要时打印出客户所需的资料,以极其低廉的通信费即可争取到更多的客户,还可与网络连接,使企业不同部门、所属分支机构共享资源,公众在家中也可查询,节省广告费用,一次投资,一劳永逸。传统上旅游产品在推销时,各个企业各自为政,其效果很大程度上取决于自身素质、对旅游产品的了解程度、表达能力和不同时段的情绪等人为因素的影响。而操作GIS辅以推销员解说进行宣传和咨询,可以发挥旅游地的整体作用,突出旅游地的整体形象,从而达到最佳效果。

(2)查询旅游地旅游产品。一个旅游地的旅游产品种类繁多,不可能在一本旅游手册中全部涵盖,要求推销人员能够全面掌握旅行社的所有产品内容也是不现实的。旅游产品查询显示系统,旨在生动形象地介绍和显示该地所有服务产品,使旅游者能够根据自己所关心的问题方便地进行查询。基于GIS的信息系统可以提供的信息查询服务包括:

① 显示旅游服务机构和产品。该系统介绍属地旅游管理部门、旅游集团的名称、位置和电话等。服务产品可有多个图层显示,例如旅行社包括团队旅游、散客旅游和商务旅行,其中团队旅游又包括国内和出国旅游,出国旅游在规定的可出国旅游的国家范围内,可自行组合多条线路。从内容上又可划分为观光、休闲、家庭、探险、滑雪等专题旅游。

② 从属性特征(文字)查找旅游景点或设施。在GIS查询系统中输入地域内每个景点的所有属性,包括旅游资源类型(旅游名山、水域风景、历史文化、民俗风情、度假娱乐、风味特产等),气候特征(光照、气温、降水等)、旅游设施(旅游机构、宾馆饭店、交通通讯等),顾客可以根据其中一种或几种属性特征,查找到与此相对应的旅游景点名称和位置。

③ 根据地图上的景点或地名查询相关属性。GIS 实质上是基于地图的空间信息系统,将旅游产品所在区域的地图数字化后,在包括绝对位置和相对位置(地址、编码、统计调查值等)信息的地理参考系上可以将目的地或旅游景点、交通网线等精确定位。将 GIS 软件中栅格数据所表达的连续地理特征与矢量数据以点、线、面方式所表现的离散空间特征及属性数据结合使用后,顾客可以点击某一景点,了解与该点有关的各方面情况,也可点击某一市、县,查出该县、市旅游资源和服务设施的信息。

④ 根据图像查询。将每一旅游产品中最典型和最具代表性的扫描图片以及影像制品片段储存起来,顾客可以从清单上选择图片和影像名称,系统便迅速查出,并显示其所在地理位置和相关属性。

2．为旅游者旅游行为提供决策

旅游行为的辅助决策包括三个层次的含义:其一是促使潜在旅游者产生确切出游动机的辅助决策;其二是由动机向决定实际购买行为转化的辅助决策;其三则是帮助旅游者在旅行社众多的产品中自动选择的辅助决策。任何人在作出旅游度假决定之前,都会经历了解—兴趣—愿望—行动这一旅游行为决策过程。GIS 与多媒体技术结合的信息系统,能够成为加快这一过程的促进因素。

1) 旅游者了解自身的旅游需求

旅游者之所以产生旅游动机,总是因为心理和生理上的需要引起的。当这些需要与旅游吸引物二者一致的时候,则产生了旅游动机。旅游产品推销的关键是如何让顾客知道自己需求的是什么,什么能满足自己的需求;然后是让顾客了解旅游产品和确认某产品与自己需求的相符程度。若二者统一,则会产生去某地旅游的动机,这是推销成功的前奏。旅游者对需要的认知有以下几种情况:对自己的需要有所感觉,但表达不出来;不知道哪一种旅游方式能满足自己的某种需求;根本就意识不到自己需要什么;有些旅游者并不愿意表露自己的真正需要。例如,尽管没有旅游者愿意公开承认他们到某个地方去旅游是为了给邻居、单位的同事和朋友一个深刻的印象,但提高自己在那些人心目中地位的愿望却可能是选择到某地旅游度假的一个重要因素。因此,将旅游者可能产生旅游动机的所有需要与能够满足这些需要的旅游方式、旅游目的地或旅游线路等因素,用 GIS 技术进行输入、处理和分析,使其相互对应起来,顾客根据屏幕上菜单的提示,选择属于自己的一种或一种以上的需求,即可得到满意的相应旅游方式和旅游线路的信息。

2) 由旅游动机向决定购买具体产品转化的促进功能

(1) 增强感知环境。影响旅游者旅游行为决策的主要因素之一是感知环境。GIS 的地理空间数据库不仅包括图形、图像和属性信息,而且与多媒体技术的结合,使其具备音频、视频和动画等效果。具有空间特征的旅游产品总体分布,各旅游目的地、旅游区和景点、交通里程和类别、饭店位置及其条件等地理要素数据(矢量数据和属性数据)经过处理,使旅游线路的直观性、位置距离的准确性、旅游景点的真实生动性、声音的引导性和亲切感相结合,图、文、声、影像等集成并茂,从而可充分调用潜在旅游者的各种感官。经过一步步推动,潜在旅游者开始对宣传的产品产生好感和兴趣,最终可能购买某一产品。

GIS 的应用,正是这一过程得以实现的最佳方式。

(2) 强化最大旅游效益,增强可信度。人们在心中决策旅游时,倾向于追求在资金和闲暇时间限制下的最大旅游效益。主要包括:最小旅游时间比,即在相同类型的景点中,单纯路途耗费时间与在旅游点游玩所耗费时间的比值越小,人们就会感到物有所值;最大信息收集量,即在一次旅途中游览的旅游景点越多及其与所居住生活环境空间差异越大,人们选择的可能性就越大,因为人们总是追求"付出代价最小,收获最大"。GIS 可以将每一条线路的旅游费用、路途时间与景点游玩时间比、景点数量、旅游线路等进行空间分析,并从旅游的各个环节充分体现最大价值,为旅游者提供出行路线选择。从而在取得潜在旅游者的信任、加快潜在旅游者从旅游动机向旅游行为的转化过程中起到事半功倍的效果(黄耀丽等 2003)。

3)基于 GIS 的旅游线路选择

主要以 GIS 地学模型为基础,阐述最短路径模型与旅游线路选择决策的关系。在路线选择模块中,提供计算机自动选线、人机交互选线和固定线路选择三种可能。选择的线路不仅可以在旅游图上动态地显示出来,而且显示线路上相关的旅游资源、服务设施等方面的信息,并可打印输出。

(1) 人机交互选择

通过顾客在与计算机对话时,按层次提出要求,计算机帮助选择。

① 根据系统提示的旅游需求与旅游目的地类型。顾客选择一种或几种心理和生理上的需求(例如健康、求知、受尊重、旅游资源类型、国内、国外、地理方位、旅行规格等),计算机自动显示出与该需求相关的景点、目的地或特色线路。

② 旅游消费与旅游线路。顾客根据自己的经济能力,选择一个费用范围,计算机自动显示一条或几条线路。

③ 休假时间与旅游线路。旅游者选择旅游天数,计算机显示旅游线路。

以上三种选项都具有优先选择的功能,如需求优先、费用优先或时间优先。选择哪种优先,就以该种优先为核心实现"花最小代价,获得最大收益"的目标。

(2) 起始两点选择

旅游者只要选择起点和目的地,计算机就能自动选出一条最佳旅游路线,并提供相应的交通、景点、食宿、娱乐等信息。

(3) 规定线路选择

旅游者在旅行社提供的固定线路中,自行选择适合自己的旅游线路。

3. 旅游管理

1) 基于 Internet 的旅游散客管理系统

近几年,我国的旅游业发展迅速,主要特点之一就是散客市场份额越来越大,游客的自主性不断增强。因此,向游客提供便捷及时的服务成为旅游业追求的目标(曲建华等 2002)。目前,虽然旅游网站或一般网站中的旅游栏目在 Internet 上随处可见,但在 Internet 上实现和拓展现有的旅行社业务的信息系统在我国却不多见。另外,我国现有的旅游管理系统中还存在着区域局限性等问题。由于 Internet 技术的普及、开放、便利等特点,众多行业和个人在利用 Internet 进行信息的创新、存储、传播及共享,直接通过 Internet 获取服务。这种全球化的信息网络已成为人类进行各种社会经济文化活动的一种主要形态。

基于 Internet 的旅游散客管理系统具有以下特点:

(1) 旅行社提出"基于 Internet 的散客组团",构建业务处理框架。

(2) 在设计上,采用 C/S 体系结构,有利于将来扩展系统的性能(如增加安全性传输机制等)。

(3) 在实现上,采用面向对象的 Java 编程语言及其提供的套接(socket)技术,以便系统在不同的平台上运行。

(4) 借助 Internet 的特性,克服一般旅游管理系统的区域和时间限制,同时可降低用户的通讯成本。

2) 基于 Web 技术的旅游市场信息管理系统

传统的管理信息系统只有内部信息而无外部信息,基于 Web 平台的旅游市场系统大大扩充了信息处理和交换方式上的灵活性,将系统内部和不同业务系统之间的信息集成图文并茂的、大的多媒体信息,通过统一、方便的浏览器提供查询;且 Web 平台可利用公共网关接口(common gateway interface, CGI)、指定系统处理机(instruction set processor, ISP)等技术与各种数据库接口,建立超文本链接标示语言(hypertext markup language, HTML)页面和本地数据库相联,浏览器利用结构化查询语言(structure query language, SQL)实现查询本地数据库(伍蓓等　2000)。其主要功能包括:

(1) 旅游专业市场内部管理

租金管理:租金的收付、定价、统计、查询等功能。

物业管理:固定资产的入库、出库、报损、统计等功能。

摊位管理:摊位信息、会员信息、摊位营业设施、会员证件办理、摊位管理费用等功能。

档案管理:人员档案、文件公文的收发、登记、归档、车队管理等功能。

业务管理:协助会员进行票务预订、住房预订、旅游线路预订、组团预订等功能。

总经理查询:会员信息、市场信息、公共信息查询。

数据管理和系统维护:数据备份、恢复、清除、操作员权限设置、口令设置等功能。

(2) 市场内部信息管理

会员公司总部信息:查询总部的组团信息、旅行线路报价、旅游活动、订票、订房等业务信息并及时反馈。

具体业务管理:包括团队处理、散客处理、线路计划、线路报价、护照签证、订票管理、订房管理等业务。

旅游咨询服务管理:便于顾客查询具体旅游线路、报价、景点、交通、气象等信息。

(3) 市场内部信息服务

市场内部各种通知、文件、会议、规章制度、大型旅游活动、招商等信息。定期向各会员单位在网上发布。

(4) 旅游信息服务

旅游景点和旅游线路、气象信息、交通、饮食、娱乐购物、市场摊位、客房预订、风景图片、旅游常识、旅游线路报价等信息。

3.2 旅游地理信息系统发展趋势

3.2.1 旅游信息系统的开发技术

GIS 在旅游业中的应用表现为旅游专业地理信息系统的开发,如中国国家级旅游风景区分析决策系统[1]、旅游导游系统[2]等。

这类系统结合旅游业的专业需求,去掉了通用 GIS 软件中的冗余部分,将通用 GIS 软件实例化为旅游地理信息系统软件,从而使 GIS 与旅游业的结合更为紧密。这种方式极大地降低了旅游业研究和生产过程中使用 GIS 技术的难度,降低了产品成本。然而,这种基于桌面式的旅游专业地理信息系统,往往处于封闭状态,难于实现信息共享,从而变为数量众多的"信息孤岛",很难适应网络时代旅游业信息化的需求。

1. 基于组件技术的多媒体旅游信息系统开发应用研究

随着计算机技术、数据库技术、网络技术、虚拟现实技术的发展,对 GIS 软件技术提出了新的要求,传统 GIS(集成式 GIS、模块化 GIS)技术体系面临着新的挑战,突出表现为开发负担过重、应用系统集成困难、二次开发语言复杂以及使用不便等问题。

组件技术的出现,包括 GIS 在内的软件产业也随之发生了很大的变化。基于组件开发的软件具有高度的重用性和互用性,它将对应用程序开发的各个方面产生深刻影响。基于组件开发的两个重要规范分别是 Microsoft 的组件对象模型(component object model, COM)/分布式组件对象模型(distributed component object model, DCOM)和对象管理组织(object management group, OMG)的公共对象请求代理体系结构(common object request broker architecture, CORBA),目前 Microsoft 的 COM/DCOM 占市场领导地位,已经得到了广泛应用,并逐渐成为业界的标准。基于 COM/DCOM, Microsoft 推出了 ActiveX 技术, ActiveX 控件是当今可视化程序设计中应用最为广泛的标准组件。

COM 与 DCOM:COM 是组件之间相互接口的规范,是对象链接和嵌入(object linking and embedding, OLE),其作用是使各种软件组件和应用软件能够用一种统一的

① 华东师范大学.2001
② 浙江工程学院信息与电子学院.2000

标准方式进行交互。COM 不是一种面向对象的语言,而是一种与源代码无关的二进制标准。COM 所建立的是一个软件模块与另一个软件模块之间的链接。基于分布式环境下的 COM 被称作 DCOM。DCOM 是 ActiveX 的基础,它实现了 COM 对象与远程计算机上的另一个对象之间的直接交互。DCOM 规范定义了分散对象创建和对象间通信的机制。DCOM 接口的定义和功能保持不变,DCOM 组件开发可以改变接口功能、为对象增加新功能、用更好的对象来代替原有对象,而建立在组件基础上的应用程序几乎不用修改,大大提高了代码的重用性。

ActiveX 与 ActiveX 控件:ActiveX 是微软公司的组件技术标准,实际上是 OLE 的新版本。它使 OLE 接口加强了对数据和特性的管理,效率更高,而且更加便于进行 Internet 交互操作。ActiveX 既包含服务器端技术,也包含客户端技术,主要内容有 ActiveX 控件、ActiveX 容器、ActiveX 文档、ActiveX 脚本描述、ActiveX 服务器框架。

ActiveX 控件是充分利用 OLE 和 ActiveX 技术的自定义控件,是基于与应用程序无关的思想而设计的,其目标是提供一种面向对象、与操作系统无关、与机器平台无关、可以在应用程序之间互相访问的机制。使用 ActiveX 控件,必须先对 ActiveX 控件进行注册,用应用程序通过注册后得到的类 ID 号找到控件的数据源进行访问。ActiveX 控件可以由 VB、VC、Delphi 等开发工具调用。

组件技术促进了组件地理信息系统(COMGIS)的发展。COMGIS 的基本思想是把 GIS 功能划分为几个控件,每个控件完成不同的功能,用户通过控件提供的接口,编制代码实现相应的功能。在可视化开发环境下将 GIS 控件与其他非 GIS 控件集成在一起,形成最终的 GIS 应用系统。COMGIS 的特点如下:

(1)高效无缝的系统集成。相对于传统的 GIS,COMGIS 可以在通用的开发环境下,嵌入组件实现 GIS 功能,利用开发语言直接编程或是插入其他专业控件实现专业应用功能,使得不同部分在同一环境下实现无缝、高效的集成。

(2)无须专门的 GIS 开发语言。COMGIS 不需要掌握额外的 GIS 二次开发语言,只须了解 COMGIS 中各控件的功能,以及各控件与外界的接口、控件的属性和方法,熟悉通用的集成开发环境,就可完成应用系统的开发和集成,提高用户的开发效率。

(3)易于掌握、大众化的 GIS。由于 COMGIS 基于标准的组件式平台,各控件都有标准的规范接口,用户可以自由、灵活地利用各个控件重新组建自己的应用系统,方便非专业用户的掌握、开发,从而进 GIS 的大众化进程。

(4)成本低、周期短。用户可根据系统功能要求购买所需要的控件,一些专业应用功能可直接利用程序语言开发,因而降低 GIS 软件开发成本,缩短研发周期。

2. 基于网络的开发技术

WebGIS 已成为 GIS 发展的重要趋势之一,而基于网络的旅游 GIS 同样是旅游专业 GIS 发展的必然趋势。目前,专门服务于旅游业的成功 WebGIS 包括:昌平市旅游信息系统^①,特拉维夫旅游信息系统^②,中国、北京、颐和园景区旅游空间信息系统^③等。

1）旅游 WebGIS 的优势

旅游 WebGIS 除继承了桌面 GIS 的优点外,还具有以下几方面特殊优势:

(1) 利于数据集中管理与共享。旅游 WebGIS 将旅游空间数据集中在一台或多台服务器统一管理,可避免数据重复录入和存储;同时,在网络中发布数据可实现数据共享,提高信息利用率,降低信息制作、管理和维护的成本。

(2) 有利于公众获得及时、准确而丰富的旅游资源信息。旅游 WebGIS 可以使分布在世界各地的旅游资源的各种信息方便地被公众获得,从而避免由于信息不畅造成的旅游资源浪费,改善由于信息耗散、信息畸变造成的旅游信息不对称状况。同时,旅游 WebGIS 进一步降低了用户使用 GIS 的成本,用户只需使用浏览器即可获得旅游信息,享受旅游信息服务。

(3) 现势性强。旅游空间信息集中管理,可以随时更新,确保旅游空间信息的时效性,避免信息滞后的缺点。

(4) 宣传力度大。旅游 WebGIS 基于 Internet 发布旅游空间信息,具有传播视角多、容量大、速度快等特点,使得旅游信息乃至 GIS 本身在更广泛的领域得到社会的接受与认可,起到宣传和促销的作用。

2）WebGIS 开发中的不足

(1) 数量较少。目前,专门服务于旅游业的 WebGIS 数量较少。很多专业 WebGIS 将旅游信息作为其信息体系中的一项要素,这显然不能满足旅游业对信息化的需求。旅游业信息化需要更多包含详实旅游信息和专业旅游服务的旅游 WebGIS。

(2) 相对单一。从 GIS 角度来看,目前在线运行的旅游 WebGIS 功能往往只局限于对空间数据的显示、简单操作和查询,而对于空间数据的在线管理、分析功能开发不足。这些系统对于空间数据的编辑、专题化都是由管理员在后台使用通用 GIS 软件处理完毕后发布到网上,用户无法根据实际需要对空间信息进行修改或配置,使发布空间数据相对于桌面式 GIS 而言处于静态状态。

(3) 符号专业化、象形化程度不够。目前,在线运行的旅游 WebGIS 所用的符号相对简单,专业化、象形化表现力度不够。因而,难以满足旅游地图生动、直观的显示需求,难以对种类繁多、形式多样的旅游资源信息进行区分,无法支持大型旅游 WebGIS 的开发工作。

(4) 没有支持旅游 WebGIS 开发的专业平台。目前,在线运行的旅游 WebGIS 都是基于通用的 WebGIS 平台进行开发和组建的。这种开发模式对于开发人员的 GIS 理论水平和应用技能要求较高,对于旅游专业人士开发旅游 WebGIS 产品难度较大。此外,通用 WebGIS 开发软件往往提供大而全的 GIS 功能,而不提供专业化功能,开发人员需

---

① 超图 .2001
② 海南大学 .2002
③ 首都师范大学 .2003

要自行协调通用软件与专业需求的矛盾,从而增大了开发人员在软件培训、产品设计、开发与维护阶段的时间和经济开销。

3.2.2 旅游地理信息系统应用趋势

1. 旅游资源管理信息系统

GIS 在旅游业中的应用表现为直接应用通用 GIS 软件(如 ArcGIS、MapInfo 等)进行旅游制图、旅游规划与管理、旅游建模等。这种方法相对于传统的旅游研究方法而言,具有表现直观、成图美观、分析准确、高效等特点,在旅游研究和生产活动中起到了很大的辅助作用。然而,这种方法对于旅游开发人员的 GIS 技术水平要求较高。同时,通用 GIS 产品价格较高,并且附带许多冗余的工作模块,造成许多科研和生产项目的资金浪费(丁龙远 2002)。

由于我国经济的飞速发展,人民物质生活水平的日益提高,国内旅游业的迅速崛起,使得政府部门对旅游业的经济地位和相应的旅游资源开发与管理的研究有了前所未有的重视。基于 3S(RS、GIS 和 GPS)的旅游资源管理信息系统,是在旅游资源调查的基础上,实现对现有的旅游资源的查询与管理。不论是制定旅游资源开发保护方针政策,还是协调人口、资源、环境的关系,以及制定综合性、区域性、专题性的旅游发展规划等,都可在旅游资源管理信息系统中找到科学依据,并可促进有关研究的进一步深入,为各地区经济和社会的可持续发展、国土资源综合开发整治规划提供必要的信息支持和决策支持服务。

旅游资源管理信息系统的研制涉及 GIS、软件工程、旅游学、遥感(remote sensing, RS)、数据库设计、项目控制、人员管理、计算机技术等多方面知识和专业技术,是跨学科知识的综合集成。特别是对旅游资源空间信息的管理,如图形录入、编辑,地理位置的空间查询、分析等,体现了 GIS 技术独有的特点。采用对象/组件技术开发的本系统以其个性化的用户界面、完备的用户功能很好地满足了政府决策部门和旅游资源开发者的应用需求(张弛等 2003)。

2. 虚拟旅游系统

虚拟现实技术是指利用计算机硬件与软件资源的集成技术,提供一种实时的、三维的虚拟环境(virtual environment),使用者完全可以进入虚拟环境中,观看并操纵计算机产生的虚拟世界,听到逼真的声音,在虚拟环境中交互操作,有真实感觉,可以讲话,并且能够嗅到气味。它涉及计算机、传感与测量技术、仿真技术和微电子技术等相关技术。虚拟现实系统作为一种崭新的人机交互界面形式,能为用户提供现场感和多感觉通道,并依据不同的应用目的,探寻一种最佳的人机交互方式。究其根本,它有 3 个最基本的特征,即沉浸(immersion)、交互(interaction)和构想(imagination)——3I(徐素宁等 2001)。3I 的基本特征强调人在虚拟现实技术中的主导作用。从过去人只能从计算机系统的外部去观测计算机的处理结果,到人能够沉浸到计算机系统所制造的环境之中;从过去人只能通过键盘、鼠标与计算环境中的单维数字化信息发生交互作用,到人能用多种传感器与多维化信息的环境发生交互作用;从过去的人只能从以定量计算为主的结果中得到启发而加深对事物的认识,到人有可能从定性和定量综合集成的环境中得到感性和理性的认识从而深化对概念的认识和萌发新意。虚拟现实技术系统,正是通过3I才能真正实现虚拟世界对真实世界的替代,从而达到一种境界的虚拟。这样不仅可以使用户沉浸于虚拟现实环境中,还可以查询、浏览以及分析虚拟现实中的物体,如地形、地物、资源环境状况等,辅助用户进行分析、评价、规划或决策。虚拟现实技术应用范围非常广泛,几乎渗透到社会生活的各个方面,如娱乐业、医疗、汽车与飞机制造、建筑设计、军事、航天、教育等领域。根据三维场景生成的过程划分,可以将虚拟现实技术分为基于图像的虚拟现实技术和基于矢量建模(或称几何建模)的虚拟现实技术两种。基于图像建立起来的虚拟现实环境反映的景观真实感强,基于矢量建模方法建立起来的虚拟环境,需要大量的计算机矢量建模过程,对计算机系统的速度性能有很高的要求。近年来还发展了矢量建模与图像纹理粘贴技术,可谓二者的融合,但对虚拟环境建立所需的硬件性能要求更高。

　　基于实景图像虚拟现实技术开发虚拟旅游系统适合于两种方式。其一,可针对现有旅游景观进行虚拟旅游,通过这种方式的虚拟旅游,不仅可以起到对旅游景点宣传、扩大影响力和吸引游客的作用,而且还能够在一定程度上满足没有条件到达旅游景点的游客的游览和审美的需求,如泰山虚拟旅游、八达岭长城虚拟旅游、珠穆朗玛峰峰顶游以及异国风情游等。其二,可针对现在已经不存在的旅游景观或是即将不复存在的旅游景观而展开虚拟旅游,这可以再现已不存在的旅游景观,或是即将不复存在的旅游景观,具有景观珍藏的意义,如对于原三峡风景区的虚拟旅游、某些著名古建筑重建或装修前原貌观光等。基于实景图像的虚拟现实技术所构建起来的虚拟旅游系统,避开了复杂的场景建模与绘制,实现了自然风景的虚拟观光旅游。就技术本身而言,它在工作量、网络带宽、计算机硬件等各方面降低了要求,从而为虚拟现实技术的实际应用创造了条件,结合时下发展起来的旅游电子商务业,其应用前景十分广阔。

　　实现一个虚拟旅游系统涉及到三方面的技术:一是利用 WebGIS 的电子地图支持功能实现地图的生成、管理、显示和网络共享;二是利用基于实景图像的虚拟现实技术生成全景图像;三是利用 Java Applet 与 WebGIS 相结合完成全景图像的网络漫游,再辅以友好的用户界面,使用户能以真实的感觉"进入"地图观赏美景。

参 考 文 献

丁龙远.2002.基于 MapX 和 Authorware 的多媒体旅游信息系统开发应用研究.测绘通报(增刊)

黄耀丽.2001.GIS 和多媒体技术结合在旅游产品销售中的应用.佛山科学技术学院学报(自然科学版),19(3)

黄耀丽,郑坚强,罗平等.2003.GIS 和多媒体技术结合在旅行社产品销售中的应用.商业研究,(8)

曲建华,王化雨等.2002.基于 Internet 的旅游散客管理系统.计算机应用研究,19(4)

伍蓓等.2000.基于 Web 技术的旅游市场信息管理系统.计算机与现代化,(5)

徐素宁等.2001.虚拟现实技术在虚拟旅游中的应用.地理学与国土研究,17(3)

张弛等.2003.地理信息系统技术在旅游资源管理信息系统开发中的应用.西南农业学报,(1)

第二部分

3S 技术基础

第4章 空间信息技术

4.1 RS

RS 作为一门学科是由美国学者 E.L. Pruitt 在 1960 年提出来的。为了比较全面地描述这种技术和方法,Pruitt 把遥感定义为"以摄影方式或以非摄影方式获得被探测目标的图像或数据的技术"。一般我们称遥感是远距离接触目标而取得其信息的探测技术,即通过非直接接触而判定、测量并分析目标性质的技术(陈述彭等 1998)。

卫星遥感把遥感技术推向了全面发展和广泛应用的新阶段。自第一颗地球资源卫星于 1972 年发射升空以来,多个国家都相继发射了众多对地观测卫星。现在,多传感器技术的发展使卫星遥感已能全面覆盖大气窗口的所有部分。光学遥感包含可见光、近红外和短波红外区,以探测目标物的反射和散射热红外。遥感的波长可从 $8\mu m$ 到 $14\mu m$,可以探测目标物的发射率和温度等辐射特征。微波遥感的波长范围从 1mm 到 100cm,其中被动微波遥感主要探测目标的散发射率和温度,主动微波遥感通过合成孔径雷达探测目标的反向散射特征。微波遥感实现了全天时、全天候的对地观测,可利用同名像点的相位差来测定地面目标的三维坐标,高精度可达 5~10m,差分干涉测量测定相对位移量的精度可达厘米至毫米级,大大提高了自动获取数字高程模型的精度。

随着传感器技术、航空航天技术和数据通讯技术的不断发展,现代遥感技术已经进入一个能提供动态、快速、多平台、多时相、高空间分辨率、高光谱分辨率的对地观测数据的新阶段。光学传感器的发展进一步体现为高光谱分辨率和高空间分辨率特点,高空间分辨率已达纳米级,光谱波段数已达数十甚至数百个。

新型传感器不断涌现,已从单一传感器发展为多传感器;从不同遥感平台获得不同空间分辨率和不同时间分辨率的遥感影像,形成多级分辨率影像序列的金字塔,提供从粗到精的对地观测数据源,从多光谱到细分光谱段,形成了现代遥感技术的特点。据资料统计,1993 年全球数据储存量达到 2000TB,2000 年更是增加到 3 000 000TB。面对如此巨大的信息量,如何充分利用这些大量的多形式的遥感影像,目前尚是一大难题。一些相应的遥感数据处理技术成为广大研究人员研究的热点。基于 RS 的旅游管理与资源调查,涉及以下主要关键技术:图像压缩技术,图像分割技术和图像融合技术。

4.1.1 图像压缩技术

美国的陆地卫星系统,每两周就可以获取一套覆盖全球的卫星像片,而且已经拥有了全球 20 多年的卫星数据。但绝大部分数据却一直闲置在电子数据仓库中。一个主要的原因就是,遥感影像的海量数据给其自身的存储、传输和处理带来了巨大的压力,成为阻碍遥感数据广泛应用的瓶颈因素。

问题的解决主要依赖于两个方面:一是硬件性能的提高,包括计算机的速度、容量和网络的带宽;二是图像压缩技术的发展。在图像存储或传输之前,如果对图像进行压缩而使其数据量变小,也就等同于提高了存储容量和带宽。也就是说,图像压缩能力的提高,能够极大地降低对硬件性能的要求和成本,所以,图像压缩能力的提高一直是人们追求的目标,高效稳定的图像压缩系统的开发也是遥感技术成功应用的关键所在。

JPEG 是由国际标准化组织(International Organization for Standardization, ISO)和国际电话与电报顾问委员会 (International Telephone and Telegraph Cousultative Committee, CCITT)于 1992 年为静态图像建立的第一个国际数字图像压缩标准。在 JPEG 中,将原始图像分成 8×8 的小块分别进行编码。采用 DCT 变换,标量量化和霍夫曼(Huffman)编码。尽管 JPEG 得到了广泛的应用,但它仍然有缺点。因为它将图像分解成许多小块,块与块之间的相关性没有消除,在高压缩被率的情况下,将出现严重的"块效应"。

在过去的十几年里,小波变换已经成为信号处理和图像压缩中的重要手段。研究表明,基于小波变换的编码方案比其他的方法(比如基于 DCT 的方法)具有更高的压缩比和保真度。在小波变换中,图像没有必要分块,因此在高压缩比的情况下不会出现"块效应"。小波变换固有的多分辨率特性也使得图像的"递进方式传输"更加容易实现。1993年 Shapiro 提出 EZW 算法,JPEG2000 标准在 2000 年 3 月制定完成,基于小波变换的图像编码方法已经逐渐成为一种主流的压缩技术。

为了获得良好的压缩性能,首先需要高效的压缩算法,其次要有灵活、稳定的程序结构。下面将对无损压缩编码系统所采用的压缩算法和程序结构作详细的介绍。

1．系统压缩算法设计

图像之所以能够被压缩是因为图像信号中存在的冗余和相关性。去掉图像中的这些冗余和相关性,就可以实现图像的压缩。根据解码后的图像与原始图像是否完全一致,可以将图像压缩方法分为无损压缩和有损压缩。无损压缩要求解码后得到的图像与原始图像严格相同;有损压缩的还原图像与原始图像之间存在一定的差异,但这种差异一般被控制在视觉效果可以容忍的限度之内。

图 4.1 和 4.2 显示的是静止图像压缩/解压缩的一般过程。在压缩过程中,变换是为

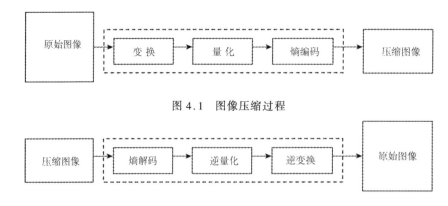

图 4.1　图像压缩过程

图 4.2　图像解压缩过程

了达到去相关的目的。图像信号的相邻像素之间存在较大的相关性,通过某种变换去除这种相关性,可以得到对图像的一种更紧凑的表达方式。常用的图像变换有 Kahunen-Loeve 变换(Kahunen-Loeve transform,KLT)、离散傅里叶变换(discrete Fourier transform,DFT)、离散余弦变换(discrete cosine transform,DCT)、离散正弦变换(discrete sine transform,DST)、Walshi-Hadamard 变换以及小波变换。量化是引入失真的主要环节。通过量化,可以去除一些不重要的信息,从而得到较高的压缩比。熵编码过程去除信号的冗余度,这种冗余度来自于信号概率密度分布的不均匀,常用的熵编码方法有霍夫曼编码和算术编码。图像解压缩过程是压缩过程的逆过程。

压缩算法是决定系统性能的关键。本系统首先利用小波变换去除像素之间的相关性,然后,对变换的结构进行霍夫曼编码,去除数据冗余,从而实现对图像的无损压缩。

1)小波变换

变换域编码,就是将时间域的信号(如声音信号)或空间域的信号(如图像信号)变换到正交矢量空间(即变换域)中,并使变换域中描述的各信号分量之间相关性很小或互不相关,从而与变换前相比,其能量更加集中。例如,设连续正弦信号,该信号相邻点间的相关性很强,能量分布在整个时间轴上,若要把该信号通过信道传送给接收端,需要不停地传送无穷多个数据。用傅里叶变换将其变换到频域上,得到两根不相关的谱线。由 Parseval 定理可知,变换前后的总能量不变,这意味着信号能量集中在这两个频率上。人们只需传送很少的数据,在接收端通过傅里叶逆变换就可以完全恢复原始信号,可见原始信号经变换后去掉了相关性,使能量更加集中,从而大大压缩了传送的数据量。

小波变换属于变换域方法中的一种,函数 $\varphi(x)$ 的傅里叶变换为 $\varphi'(\omega)$,对于任何函数 $\varphi(x)$,如果满足

$$\int \frac{|\varphi'(\omega)|^2}{|\omega|} d\omega < \infty$$

则称 $\varphi(x)$ 为允许小波,对其进行伸缩、平移,得小波函数族: $\varphi_{a,b}(x) = \frac{1}{|a|} \varphi\left(\frac{x-b}{a}\right)$。其中,$a$ 为伸缩因子($a \neq 0$),b 为平移因子,$a,b \in R$。

那么下面的公式称为小波变换

$$w_{f(a,b)} = \int_{-\infty}^{\infty} f(x)\varphi\left(\frac{x-b}{a}\right) dx = <f,\varphi_{a,b}>$$

其中,$w_{f(a,b)}$ 称为小波函数。

小波变换具有良好的时频域局部化特性,能够将信号的能量集中在少数变换系数上。用它代替 DCT 并合理地利用其变换系数的分布特点,可以克服 JPEG 方法产生的方块效应,获得较好的压缩效果。1989 年,Mallar 将小波变换引入图像处理领域,随后人们研究了不少用小波变换实现图像数据压缩的方法。主要有两个方面的工作:一是选择适宜具体图像的最佳基,如小波包变换和自适应小波基选择;二是如何很好地利用小波变换后变换系数的分布特点,以降低数码率,如将小波变换与 DCT 相结合,小波变换后再进行矢量化等。

小波变换对图像数据进行压缩的具体过程主要分为以下两个步骤:首先,利用二维离

散小波变换将图像分解为低频分量及高频细节分量;然后,对所得到的低频分量及高频细节分量,根据人类的视觉生理特性分别作不同策略的量化与编码处理,对低频分量进行霍夫曼编码。为避免数据损失,对高频细节分量予以保留,不进行量化。

2) 霍夫曼编码

霍夫曼编码是一种常用的压缩编码算法,是霍夫曼于 1952 年为压缩文本文件建立的。它的基本原理是频繁使用的数据用较短的代码代替,较少使用的数据用较长的代码代替,每个数据的代码各不相同。

假设一幅图像中出现了 4 种灰度级别:s_0、s_1、s_2 和 s_3。下面以此为例给出具体的霍夫曼编码算法:

(1) 首先统计出每个灰度级出现的频率,假设上例 $s_0 \sim s_3$ 的出现频率分别为 0.10、0.20、0.30、0.40。

(2) 从左到右,把上述频率按从小到大的顺序排列。

(3) 每一次选出频率最小的两个值,将它们相加,形成的新频率值和其他频率值形成一个新的频率集合。

(4) 重复步骤 3,直到最后得到频率和为 1。如果用二叉树表示,上述过程如图 4.3 所示。

(5) 分配码字。将形成的二叉树的左结点标 1,右结点标 0(也可以全部反过来)。把从最上面的根结点到最下面的叶子结点途中遇到的 0、1 序列串起来,这样就得到了这个符号的编码。

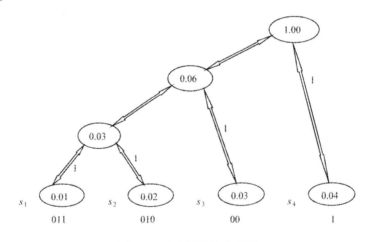

图 4.3 霍夫曼编码示意图

霍夫曼编码是一种经典的压缩编码算法,具有不损失信息、结构简单、易于实现的特点。系统为了保证信息的完整,选取该算法对小波变换结果中的低频分量进行压缩编码,取出数据冗余。

2. 系统程序结构设计

COM 是由微软公司发布的关于如何建立组件以及如何通过组件建立应用程序的一

个规范。本系统在结构设计上充分考虑了对功能和性能的需求,设计并实现了基于COM组件的遥感影像无损压缩编码系统。

(1) 系统功能设计。系统包括两个基本的功能模块。①压缩模块:能够对以 RAW、BMP、TIFF 等格式存储的 50 000×50 000 的灰度遥感影像进行无损压缩,压缩文件以系统自定义的文件格式(HWT)存储,压缩比在 2∶1 以上。②解压模块:能够对 HWT 文件进行无损解压,恢复到压缩前的尺寸和文件格式。

(2) 系统结构设计。为提高系统的灵活性和稳定性,压缩/解压缩的基本功能被封装在 CZIP、CUNZIP 和 CMANAGER 三个 COM 组件中。系统基本结构如图 4.4 所示。其中,CZIP 封装了压缩功能,CUNZIP 封装了解压功能。CMANAGER 不但封装了格式识别和数据分块等功能,还包容了 CZIP 和 CUNZIP。主程序通过 CMANAGER 能够识别 TIFF、RAW、BMP 和 HWT 等四种文件格式。如果输入的格式为 TIFF、RAW 或 BMP,则进行压缩操作,如果输入的格式为 HWT 则进行解压操作。CMANAGER 根据操作的类型调用相应的组件。调用 CZIP 组件将 TIFF、RAW 或 BMP 格式的遥感影像压缩输出为 HWT 格式的压缩文件。调用 CUNZIP 组件将 HWT 格式的压缩文件解压为 TIFF、RAW 或 BMP 格式的原始遥感影像。

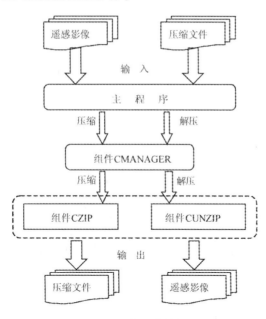

图 4.4　系统基本结构图

3. 系统实现

从系统的功能和结构来看,格式识别、数据分块以及压缩解压算法,是系统开发过程中的核心问题,下面将针对问题解决过程中所采用的关键技术作简要的介绍。

(1) 格式识别技术。根据功能设计中提出的要求,本系统必须能够识别 TIFF、RAW、BMP 和 HWT 等四种文件格式。在开发过程中,针对每种格式各自的特点,利用 C++ 的同名重载技术,为每种格式分别开发了统一命名的文件访问函数。并通过 CMANAGER 组件的 IDATAFORMAT 接口来暴露这些函数,使客户程序能够在统一的模式下识别不同格式的图像文件,为进一步的操作提供了必要的权限和信息。

(2) 数据分块技术。为了能在常规硬件配置(512MB内存,P4处理器)下处理50 000×50 000像素的灰度遥感影像,在内存的使用和管理上采用了"分块技术"。首先,根据图像大小和内存容量,对物理图像从逻辑上进行分块;然后,根据逻辑图像块的大小动态申请物理内存,作为分块处理的缓冲区,并负责对缓冲区中的图像数据进行监控和更新。通过CMANAGER组件的IDATSTREAM接口来暴露这些服务。

4. 遥感图像的压缩质量检验

1) 基本概念

图像压缩解压缩质量评价主要指标包括:压缩比、压缩解压缩后图像质量、压缩速率和复杂度。压缩比是指原始图像数据与压缩图像数据的大小比率。压缩图像质量是指经压缩解压缩处理后的图像与原始图像相比较信息损失程度的大小。压缩速率是指压缩解压缩过程的运算速度。复杂度是指一种压缩算法的计算复杂度,它可以通过数据操作的数目来度量,如加、减、乘运算等。

2) 原理及算法

(1) 压缩比

压缩比指的是原始图像数据与压缩图像数据的大小比率,是检验压缩算法和压缩效果的一项基本指标,其计算流程如图4.5所示。

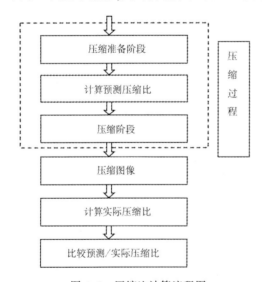

图 4.5　压缩比计算流程图

压缩比可分成压缩前的预测压缩比和压缩后的实际压缩比。①预测压缩比。在压缩之前,首先要对原始图像进行格式识别、信息提取、颜色统计和建立映射表等一系列工作。根据颜色统计的结果和映射表中的对应关系可以对压缩后图像数据的大小做出预测,将预测的结果与原始图像数据进行比较就得到了预测压缩比。②实际压缩比。压缩后,从压缩文件的信息头中提取相关信息,以此为依据推算压缩后实际图像数据量。将实际数据量与原始数据量进行比较就得到了实际压缩比。

将预测压缩比和实际压缩比进行比较,如果二者不严格相同,需要慎重对待压缩结果。

(2) 压缩解压缩后图像质量

采用结合人视觉感知特性的误差统计方法。该方法的显著特征在于它们是在人类视觉系统(human visual system，HVS)(图4.6)基础上建立的。利用小波模拟人眼感知方向性和多尺度特性。利用 B 样条小波，构造方向可调的多尺度滤波器组，实现任意尺度、任意方向的分解，对误差信号进行处理。

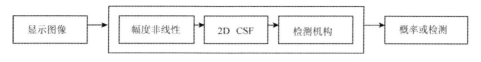

图4.6　HVS模型

HVS模拟了视觉感知的四大特性——幅度非线性衰减(Weber 定律)、三维视觉敏感度带通[模数传递函数(modular transfer function，MTF)过程]、视觉多通道和掩盖效应，它们是与图像质量相关的主要特性。

通过图像差值运算，能够对压缩解压后的图像进行绝对无损检验。如果压缩解压缩的过程是绝对无损的，那么，解压后图像和原始图像应该保持严格的一致性。对每个像素的扫描原始图像和解压后图像，提取每个像素点的颜色值，将两幅图像中对应点的颜色值作差值运算，若结果为零，说明两点的颜色值相同。

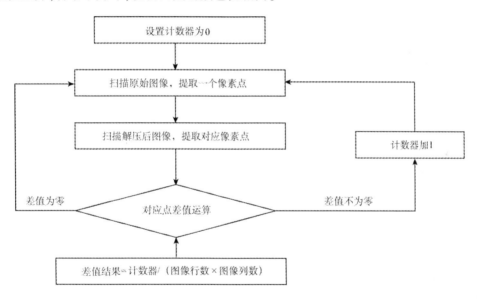

图4.7　运算流程图

如果图像包含 M 行、N 列，a_{ij} 代表原始图像中第 i 行 j 列的像素点的颜色值，b_{ij} 代表解压后图像中第 i 行 j 列的像素点的颜色值，那么，图像差值运算的结果可以表示为

$$A = \frac{\sum_{i=1}^{M} \sum_{j=1}^{N} O(a_{ij} - b_{ij})}{M \cdot N} \tag{4.1}$$

其中

$$O(a_{ij} - b_{ij}) = \begin{cases} 1 & a_{ij} \neq b_{ij} \\ 0 & a_{ij} = b_{ij} \end{cases} \tag{4.2}$$

如果 $A = 0$,说明解压后图像和原始图像保持了严格的一致性;否则,A 越大,说明解压后图像的失真度越大。图像差值运算流程如图 4.7 所示。

(3) 压缩速率

压缩速率指的是压缩解压缩过程的速度,也是衡量压缩过程质量的一个重要指标。影响压缩速率的因素主要包括原始图像的属性、压缩算法和系统硬件的性能。由于压缩算法已经基本确定,所以只需要考虑图像的属性和硬件的性能。在本系统中,压缩速率也被分成预测速率和实际速率两类。①预测速率。系统内部以资源的形式包含多种格式的栅格图像,在特定的系统上对这些例图进行压缩解压缩测试,记录所耗费的时间。以这些记录为标准,对所要压缩的图像根据其图像数据的大小进行时间预测。②实际速率。在压缩过程中,记录所耗费的时间,计算实际速率。可以对二者进行比较,将比较的结果作为衡量系统质量的一项指标。压缩速率计算流程如图 4.8 所示。

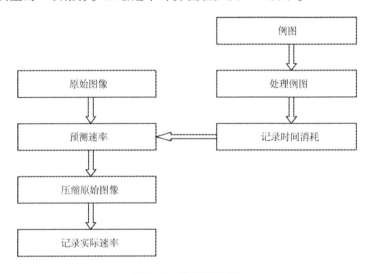

图 4.8　计算流程图

(4) 复杂度

复杂度是对算法进行评价的基本指标。针对不同规模问题,通过对系统时空耗费的度量,反映算法的代价,包括时间复杂度和空间复杂度。一个问题的规模是这个问题输入数据的大小或多少的一种度量。对于同一个问题,规模不同,算法执行基本运算的次数也不同。

若一个问题的输入规模为 n,解决这个问题的某一算法所需执行的基本运算的次数是 $T(n)$,认为 $T(n)$ 就是这个算法执行所需要的时间,称为该算法的时间复杂性。当输入量 n 增大时,$T(n)$ 的极限称为该算法的渐进性时间复杂度。

若一个问题的输入规模为 n,解决这个问题的某一算法所需的空间为 $S(n)$,$S(n)$ 就是该算法的空间复杂性。当输入量 n 增大时,$S(n)$ 的极限称为该算法的渐进空间复杂度。

下面以时间复杂度为例,讨论复杂度的计算。

复杂度的计算包括"平均复杂度"和"最坏情况复杂度"两种计算方式。所谓平均复杂度,就是对各种输入的概率分布做出假设,求各种情况下复杂度的加权平均数。若 D_n 是某个问题的输入规模为 n 的全体输入数据的集合,对于每个输入 $I \in D_n$,$t(I)$ 是该算法所花费的时间,$q(I)$ 是输入 I 出现的概率 $\sum q(I) = 1 (0 \leqslant q(I) \leqslant 1)$,则该算法的平均复杂度 $T_{\exp}(n) = \sum [q(I) \cdot t(I)]$。最坏情况复杂度,就是对给定的规模,把复杂度取作所有输出上的最大复杂度。对于每个输入 $I \in D_n$,最坏情况复杂度 $T_w(n) = \max[t(I)]$。其中,$t(I)$ 是该算法所花费的时间。对于 $t(I)$ 的计算,也有两种不同的标准:均匀耗费标准、对数耗费标准。在均匀耗费标准中,假设每执行一条指令(基本语句)需要一个单位时间,每个数据需要占用一个单位空间。那么,执行该算法所花费的时间,就等于执行每条语句的时间总和。在均匀耗费标准中,假设执行每条指令的时间相同。但是,实际计算机字长是有限的,且长度固定。一个整数 n 在内存中至少要占用 $(\log_2 n) + 1$ 个二进制单位,当位数超过机器字长时,一个存储单元装不下,数值之间的运算也不能用一个语句来实现,因而程序的时空耗费与数据的长度有直接关系。令 $L(i)$ 为内存耗费

$$L(i) = \begin{cases} (\log_2 i) + 1 & i \neq 0 \\ 1 & i = 0 \end{cases} \tag{4.3}$$

如果执行一条语句的时空耗费为 $f[L(i)]$,那么

$$t(I) = \sum f[L(i)] \tag{4.4}$$

压缩算法时间复杂度计算程序流程图如图 4.9 所示。

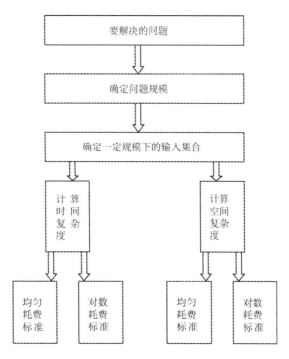

图 4.9 复杂度计算流程图

4.1.2　遥感图像融合技术

数据融合的概念产生于 20 世纪 70 年代,但直接促使其发展则在 90 年代以后。关于数据融合研究的范围现在尚无定论,最初以军事应用为目的的数据融合技术现在广泛应用于工业和农业等领域。多传感器、多分辨率、多时相遥感数据源的接收、应用以及对高质量遥感数据的需求是促使各种数据融合技术的出现与发展的直接动力。在 80 年代以来的 20 多年中,有关多源遥感图像融合研究方面的论著屡见不鲜。

最初,Daily 等报道了有关把雷达图像 SIR-A 和 Landsat-MSS 的复合图像应用于地质解译方面的消息;Laner 等进行了 Landsat-RBV 和 MSS 的复合试验;Landsat-TM 和 SPOT-HRV 数据的成功接受与深入应用,引发了人们对多源遥感数据融合研究的更普遍研究。随着 20 世纪 90 年代多颗雷达卫星 JERS-1、ERS-1 和 Radarsat 的发射升空,遥感数据融合更是成为目前遥感及其相关学科领域的研究热点。

1．融合的定义

数据融合是一个非常广泛的领域,很难给出一个准确的定义。我们不可能将如此广泛的领域通过限制在诸如波长、特定的获取手段或特定的应用等某一方面而给出一个简单的定义。同时,一个融合过程需要很多数学方面的工具,但不可能只在这些方面简单地定义它(Wald 1999)。

美国 NASA 认为,数据融合是通过综合多传感器和多源信息处理过程实现增进估计实体特征的能力。美国国防部信息中心从信息战场角度将数据融合定义为一种处理过程,在过程中将来自许多传感器和信息源的数据和信息加以联合、相关和组合,以获得精确的位置估计和身份估计,以及对战场情况和威胁及其重要程度进行适时的完整评价 Wald(1999)对上述定义进行了补充和修改,用状态估计代替位置估计,并加上检测功能,从而给出了以下定义:数据融合是一种多层次、多方面的处理过程,这个过程是对多源数据进行检测、相关、估计和组合以达到精确的状态和身份估计,以及完整、及时的态势评估和威胁评估。

数据融合是一种规范化的工作构架,表现为能够将不同数据源数据重新组织起来的方式和工具。它的目标是取得更高质量的信息,"更高质量"的精确定义取决于应用。这种定义的优点在于:① 它强调了数据融合是一个构架(framework),而不是通常意义上的工具和方法本身;② 这个定义强调了融合结果的质量评价。综合考虑上述定义,融合都是将来自多传感器或多源的信息和数据进行综合的分析与处理,从而得出更为准确的结论。

2．数据融合的基本原理

人类在现实生活中,非常自然地运用了多传感器获取数据的处理与融合技术这一基本功能。人体的各个器官(眼、耳、鼻、四肢)就相当于传感器,它们将自然界的各种信息(颜色、景物、声音、气味、触觉)组合起来。人们再使用先验知识去估计、理解周围环境和正在发生的事情,并做出相应的行动。由于人类感官具有不同的度量特征,因而可测出不同空间范围内的各种物理现象,这一过程是复杂的,也是自适应的。把各种信息或数据(图像、声音、气味、形状、纹理或上下文等)转换成对环境的有价值的解释,需要大量的复杂的智能处理以及适用于解释组合信息含义的知识库(刘同明 1998)。

模仿人脑综合处理复杂数据的融合系统,能将各种不同特征的传感器信息、测量数据、统计数据、经验数据进行合理支配和使用,根据某种准则来组合这些在空间或时间上的冗余或互补信息,以获得对被观测对象的一致性解释或描述。数据融合的基本目标是通过一定规则的数据组合而不是任何个别元素,获取更多的信息,这是最佳协调作用的结果,即利用多源数据的信息优势,提高数据的使用率,获得更为准确的结果。按照抽象的三个层次,数据融合包括像素级、特征级和决策级三个层次(Wald 1999)。

对应于数据抽象的三个层次,图像融合可分为三级(马建文等 2001):像素级融合(特征提取以前)、特征级融合(属性说明之前)和决策级融合(各传感器数据独立属性说明之后)。图像融合的三级处理过程见图4.10。现在的融合算法主要是基于以上三个层次进行的。

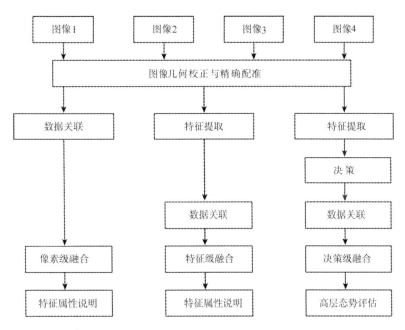

图4.10 图像融合的三级处理

1) 像素级融合

像素级融合是直接在原始图像上进行的融合,在各种传感器的原始图像未经预处理之前就进行图像的综合和分析。这是最低级层次的融合,也是数据融合各个层次中发展最成熟的一级,如通过对遥感卫星的传感器获取的原始图像进行图像处理和模式识别,来确认目标属性的过程就属于像素级融合。这种融合的主要优点是能保持尽可能多的原始数据,提供其他层次的融合所不能提供的细微信息(刘同明等 1998),具有较高的精度。但也有很明显的局限性:①它所要处理的原始数据量太大,所以处理时间长,实时性差;②原始信息的不确定性、不完全性和不稳定性要求融合系统要有较高的纠错处理能力;

③要求各原始信息之间具有精确到小于一个像元的配准精度,来自不同传感器信息很难达到这一要求。像素级融合通常用于多源图像融合、专题图像分析和理解、多传感器数据融合的卡尔曼滤波等。

像素级融合的主要方法有:色度-强度-饱合度(hue-intensity-saturation, HIS)变换融合法、主成分分析(principal component analysis, PCA)变换融合法、回归变量替代(regression variable substitution, RVS)融合法、高通滤波法(high pass filter method, HPF)和线性加权法以及标准小波变换融合算法等。

(1) HIS 变换融合法

该法指用另一影像替代 HIS 分量中的某一分量,其中强度分量 I 被替代最为常用。当高分辨率全色影像与多光谱影像融合时,先把多光谱影像从 RGB 系统变换至 HIS 系统,得到强度 I、色度 H 及饱和度 S 这三个分量,然后用高分辨率全色影像代替强度分量 I 并与 H 和 S 一起逆变换到 RGB 系统,得到融合后的影像。

采用不同的颜色坐标进行 HIS 变换,会产生不同的效果,常见的 4 种颜色坐标系统有球体变换、三角形变换、圆柱体变换、单六角锥变换。试验证明,球体变换的数据融合效果最佳,融合的影像最有利于提高解译、分类和制作专题图的精度。

HIS 变换融合法虽然使融合后的影像具有高分辨率全色影像的空间分辨率,但会产生光谱退化现象,不利于保留原像素点的光谱特征,故不利于影像的分类。

(2) 主成分变换融合法

主成分变换融合法(principal component analysis, PCA)的基本方法为:将多光谱影像进行主成分变换,变换后的主要亮度信息集中在第一主成分,而波段间的差异反映在其他主成分上。这样将修正过的高分辨率图像直接替换第一主成分,然后再经过 PCA 逆变换回去,则有可能得到既保持空间信息、又不损失光谱信息的融合结果。

(3) 回归变量替代融合法

回归变量替代融合法(regression variable substitution, RVS)是利用全色波段和多光谱波段存在的高相关的统计特性,将高分辨率的全色波段和低分辨率的多光谱波段进行回归分析,可得到拟合变量,然后用这些拟合变量和高分辨率的全色波段图像进行回归,得到单个高分辨率的多光谱图像。

RVS 为被替代的光谱组分提供了一个最佳的光谱辐射调整值。但是,它的一个缺点是除了被替代的光谱组分外,其他的光谱组分仍留在它们原来的低分辨率的图像中,这样融合后的图像虽然在一定程度上保留了多光谱图像的光谱成分,但是却不能使融合后的图像的光谱空间分辨率提高——将融合后的图像放大数倍后出现了目标物的边界不能和多光谱图像的边界很好重合的现象(在图像配准过程中的重采样不能认为是实际的分辨率的提高)。

(4) 标准小波变换融合法

小波分析是传统傅里叶分析发展史上里程碑式的进展,它是一种窗口大小固定但其形状、时间窗和频率窗都可改变的时频局部化分析方法。标准小波变换融合法一般有以下几个步骤：

① 对两个不同分辨率的图像进行配准；

② 对高分辨率的全色波段图像进行 n 次小波变换,得到各自相应分辨率的低频图像和高频细节纹理图像；

③ 用低分辨率的多光谱图像部分代替全色波段图像的低频部分；

④ 对替换后的图像进行小波逆变换,得到最终的融合结果。

由于小波同 HIS、PCA 一样存在光谱扭曲问题,一般在分解前要对高分辨率图像与多光谱图像进行直方图匹配。小波分解的层数与空间信息的多少成正比,而与光谱信息成反比,因此可以依据具体情况确定小波分解的层数。小波变换的另一个研究方向是小波算法选择。Mallat 算法采用了非线性正交滤波器族,因此可能引起相位失真,而 À trous 算法由于采用了线性半带滤波器,克服了 Mallat 算法引起相位失真的缺点。实践证明 À trous 算法比 Mallat 算法在空间结构与光谱信息方面均更具有优势。

2) 特征级融合

特征级融合属于中间层次融合,它先对原始信息进行特征提取(特征可以是目标的边缘、方向、速度等),产生特征矢量,然后对特征矢量进行融合处理,并作出基于融合特征矢量的属性说明。一般来说,提取的特征信息应是像素信息的充分表示量或充分统计量,然后按特征信息对多传感器数据进行分类、汇集和综合。融合的结果一般是分类影像。特征级融合优点在于实现了一定的信息压缩,数据量小,有利于实时处理,并且由于所提供的特征直接与决策分析有关,因而融合结果能最大限度地给出决策分析所需要的特征信息(刘同明等 1998)。特征级融合可分为两大类:目标状态数据融合和目标特性融合。

特征级目标状态数据融合主要用于多传感器目标跟踪领域。融合系统首先对传感器数据进行预处理以完成数据校准,然后主要实现参数相关处理,把特征向量分类成有意义的组合。

目前,特征级数据融合方法主要有:

(1) 证据推理法(Dempster-Shafer,D-S)。D-S 的推理结构,自下而上分成三级。第一级是更新,用时间上充分独立的来自同一传感器的一级报告来组合(更新)信息,以减少传感器的随机误差。第二级是推断,一定的传感器报告以某种可信度在逻辑上产生可信的某些目标报告。第三级是合成,把来自几个独立传感器的报告合成为一个总的输出。

(2) 聚类分析。主要用于目标识别和分类。分析过程可由以下四个基本步骤描述:①从观测数据中取出一些样本数据;②定义特征变量集合以表征样本中的实体;③依照一个相似准则划分数据集;④检验分类是否有意义。

(3) 贝叶斯(Bayes)估计法。贝叶斯推理在给定一先验似然估计和附加证据条件下,能更新一个假设的似然函数。但该方法需先验知识,且当多个可解的假设和多个条件相关时,显得很复杂。

(4) 熵法。作为融合的一种新技术,计算与假设有联系的信息内容的度量值。

此外还有带权平均法、表决法、神经网络法等。

3）决策级融合

决策级融合是一种高层次融合,它首先对每一数据进行属性说明,然后对其结果加以融合,得到目标或环境的融合属性说明,其结果为指挥控制决策提供依据。因此,决策级融合必须从具体决策问题的需求出发,充分利用特征级融合所提取的测量对象的各类特征信息,并采用适当融合技术来实现(马建文等 2001)。决策级融合是三级融合的最终结果,是直接针对具体决策目标的,融合结果直接影响决策水平。决策级融合的研究主要集中在两个方向:一是融合的策略,即采取何种方式融合;二是参与融合的信息,即选择数据源的何种信息进行融合。除了数据源的分类影像外,数据源的可靠性、每一类别的可靠性、影像的上下文等信息都可以参与决策级融合的过程。

决策级融合的主要优点(马建文等 2001)有:

(1) 根据需求选择适当的融合技术,因此具有很高的灵活性;

(2) 和特征级融合一样,对原始数据有了可观的信息压缩,系统对信息传输带宽要求较低;

(3) 能有效地反映环境或目标各个侧面的不同类型信息;

(4) 当一个或几个传感器出现错误时,通过适当的融合,系统还能获得正确的结果,所以具有很强的容错性;

(5) 抗干扰能力强;

(6) 具有很好的开放性,对传感器的依赖性小,传感器可以是同质的,也可以是异质的;

(7) 融合中心处理代价低,处理时间短。

但是,决策级融合也有自己的缺点,由于首先要对原始信息进行预处理以获得各自的判定结果,所以预处理底价高。

目前,决策级数据融合方法主要有:专家系统、神经网络法、模糊集理论、可靠性理论以及逻辑模板法等。

(1) 专家系统。它通过建立包含大量相应的领域知识库(事实、经验规则、启发性信息)和推理机制来模拟专家解决问题和处理的能力,现在均采用分布式专家系统来完成复杂的信息融合问题。

(2) 神经网络法。将输入信息综合处理为一个整体输入函数,并将此函数映射规律反映到网络本身的结构中来,并对传感器输出信息进行学习、理解,确定权值的分配,完成知识获取、信息融合,进而对输入模式做出解释,将输入数据矢量转换成高层逻辑概念。但要建立一个理论体系,需解决:①神经网络模型的选择;②层和节点数的选择;③训练策略的研制。

(3) 模糊集理论。应用广义的集合论以确定子集合所具有的隶属关系,用于融合推理具有重要意义。

遥感数据融合框架都各有其特点,在具体的应用中应根据融合的目的和条件选用(表4.1)。

表 4.1　三种融合框架的特点

融合框架	信息损失	实时性	精度	容错性	抗干扰能力	工作量	融合水平
像素级	小	差	高	差	差	小	低
特征级	中	中	中	中	中	中	中
决策级	大	好	低	优	优	大	高

3．数据融合的主要支持技术

在多传感器的数据融合理论方面,人们已经在数学上奠定了相当完备的基础。相当丰富的文献对数据融合理论进行了阐述,其中最具代表性和实用性的当属 Abidi 等于1992 年出版的《机器人技术和机器智能中的数据融合》(Data Fusion in Robotics and Machine Intelligence)。数据融合作为一种数据综合和处理技术,实际上是许多传统知识和新技术手段的集成,包括数学、通信、模式识别、决策论、不确定性理论、信号处理、估计理论、最优化技术、计算机科学、人工智能和神经网络等,融合的基本功能是相关、估计和识别,重点是后两个。为了进行数据融合,所采用的信息表示和处理方法均来自于如下技术和理论(刘同明等 1998):

(1) 相关技术。要求对多源信息的相关性进行定量的分析,并按照一定的判别准则,将信息分为不同的集合,每个集合中的信息都与同一源(目标或事件)相关联。其技术包括最邻近法则、最大似然法、最优差别、统计关联和联合统计关联等。

(2) 估计理论。主要是应用统计学方法来构建统计估计器。20 世纪 70 年代,统计估计器又发展成为一种实用的递推估计器即卡尔曼(Kalman)滤波器。后来引进了非线性理论,并正在开发连续测量的估计方法来改进多源多目标系统。这些方法包括贝叶斯估计、多贝叶斯估计、最小方差估计、线性最小方差估计、卡尔曼滤波等。

(3) 识别技术。识别技术也有许多种,比较成熟的有贝叶斯法、模板法、表决法等。目前在识别研究中出现了大量的新方法及各种方法的结合,如 D-S 法、神经网络、专家系统、统计决策理论、模糊推理与最新出现的似有理推理(plausible reasoning)(张文修等 1994)。

4．数据融合的技术优势

数据融合技术为分析、估计和校准不同形式的信息,适应海量数据处理的需要,同时利用这些信息正确反映实际情况提供了可能。相对于单传感器,来自多传感器的数据综合可以有助于进行更精确更具体的推断。不同的影像传感器由于其观测功能的片面性,不能全面地反映地物的整体信息。将不同类型或不同时相的传感器数据进行针对性融合,可以进行信息互补,增强影像的解译能力,提高分类精度。不同的遥感卫星平台回访周期不同,同一区域在不同的时间内被不同的卫星重复观测。将不同时相的多源影像融合就可以得到某一地区的动态信息。

数据融合的目的归纳为五个方面:空间分辨率的提高、目标特征增强、提高分类精度、动态监测、信息互补。其技术优势表现为:

(1) 生存能力强。在有若干传感器不能利用或受到干扰,或某个目标/事件不在覆盖范围时,总会有一种传感器可以提供信息。

（2）扩展了系统的空间覆盖范围。通过多个传感器作用区域交叠覆盖,扩展了空间覆盖范围,一种传感器可以探测其他传感器探测不到的地方。

（3）扩展了系统的时间覆盖范围。用多个传感器的协同作用提高监测概率,某个传感器可以探测其他传感器不能顾及的目标/事件。

（4）可增加系统的信息利用率。

（5）可提高经融合的信息的可信度和精度。一种或多种传感器对同一目标/事件加以确认。

（6）降低了信息的模糊度。多传感器的联合信息降低了目标/事件的不确定性。

（7）可增强对目标物的监测与识别能力。对目标/事件的多种测量的有效融合,提高了探测的有效性。

（8）提高了空间分辨率。多传感器孔径可以获得比任何单一传感器更高的分辨率。

（9）增加了测量的空间维数。

（10）可降低系统的投资。

4.1.3 混合像元分割技术

1.概述

在获取图像的过程中有许多因素会导致图像质量的下降即退化,如光学系统的像差、大气扰动、运动、离焦和系统噪音,它们会造成图像的模糊和变形。图像复原的目的就是对退化图像进行处理,使其复原成没有退化前的理想图像。按照傅里叶光学的观点,光学成像系统是一个低通滤波器,由于受到光学衍射的影响,其传递函数在由衍射极限分辨率所决定的某个截止频率处,而不能超越它,这样截止频率之外的能量和信息被无可奈何的丢失了。超分辨率图像复原就是试图复原截止频率之外的信息,以使图像获得更多的细节和信息。

超分辨率复原方法包括单幅图像复原法和多幅图像复原法。其中多幅图像复原法是一种由一序列低分辨率变形图像来估计一幅(或一序列)高分辨率的非变形图像的技术,同时,它能够消除加性噪声以及由有限检测器尺寸和光学元件产生的模糊。

在遥感旅游资源调查中,常常需要得到目标的高分辨率图像,成像系统所记录图像的分辨率往往无法达到实际图像处理应用的要求,这通常是由于成像系统固有分辨率的限制或视频记录设备的帧频较低。例如,CCD相机在对空间频率较丰富的景物进行成像时,由于CCD像元尺寸的限制,图像分辨率低,混频现象有时很严重,红外相机尤其如此。另一方面,由于高分辨率CCD相机造价昂贵,体积和重量都很大(如航天用的详查相机),因此,如果能够利用低分辨率CCD相机成像,再利用图像融合技术来重构高分辨率图像,便能够降低风险和成本。为了克服低分辨率成像系统的缺陷,围绕基于低分辨率图像序列或视频信号重建超分辨率的图像或视频信号这一问题,正进行着日益深入的研究。超分辨率图像重构技术利用多帧重复拍照图像的冗余信息,重构出超分辨率图像,消除和降低混频效应。超分辨率图像的重建技术在遥感、视频、医学和公安等领域具有十分重要的应用价值和广阔的应用前景。

2. 超分辨率复原的理论基础

1) 超分辨率复原的数学物理基础

对于一个线性空间不变成像系统,其成像过程可用下式加以描述

$$g(x) = h(x) * f(x) \tag{4.5}$$

其中,$g(x)$表示像,$f(x)$表示物,$h(x)$为点扩散函数,$*$表示卷积运算。对(4.5)式取傅里叶变换,有

$$
\begin{cases}
G(u) = H(u) \cdot F(u) \\
F(u) = G(u)/H(u)
\end{cases}
\tag{4.6}
$$

其中,$G(u)$,$F(u)$和$H(u)$分别表示$g(x)$,$f(x)$和$h(x)$的傅里叶变换。从(4.6)式可以看到,由于在截止频率之外$H(u)=0$,因此要想复原出截止频率之外的信息,无论在理论上还是在实际概念上都是不可能的。以上结论等价于把成像系统看作一个傅里叶滤波器,采用这些方法可成功地实现截止频率之外信息的复原。为什么可实现超分辨率信息的复原呢?这主要基于以下几个方面的理论。

(1) 解析延拓理论

如果一个函数$f(x)$是空域有界的(即在某个有限范围之外全为0),则其谱函数$F(u)$是一个解析函数。解析函数一个众所周知的性质是,若其在某一有限区间上为已知,就会处处已知。这就意味着,如果两个解析函数在任一给定区间上完全一致,则他们必须在整体上完全一致,即为同一函数。根据给定解析函数在某区间上的曲直对函数的整体进行重建叫做解析延拓。

对于一幅图像,由于其空域有界,因此其谱函数必然解析。在截止频率以下的$F(u)$可通过(4.6)式计算获得。那么,根据解析延拓理论,截止频率以上的信息可采用截止频率以下的$F(u)$得以重建,从而实现图像的超分辨率复原。

(2) 信息叠加理论

对于非相干成像,实际的图像应具备以下约束条件和性质:非负性和有界性。即物体或图像的最小光强应大于0,且物体或图像具有一定的大小,可用下式表示

$$
\begin{cases}
f(x) > 0, x \in X \\
f(x) = 0, x \notin X
\end{cases}
\tag{4.7}
$$

其中,X表示物体的大小或范围。(4.7)式还可以用以下形式表示

$$f(x)\,\mathrm{rect}(x/X) \tag{4.8}$$

$f(x)$的傅里叶谱可分成两部分,$F_a(u)$是截止频率以下部分,$F_b(u)$是截止频率以上部分。对(4.8)式取傅里叶变换,有

$$F(u) = \left[F_a(u) + F_b(u) \right] * \mathrm{sinc}(Xx) \tag{4.9}$$

从(4.9)式可以看到,由于 sinc 函数是无限的,则截止频率以上的信息通过卷积叠加到了截止频率以下的频率成分中。换句话说,对于有界受限物体,截止频率以下的频率成分中

包含物体的所有信息(包括低频和高频信息)。很显然,如果我们能找到一种方法将这些信息分离或取出来,就可以实现图像的超分辨率复原。

(3) 非线性操作

考虑到噪声对成像过程的影响,一般成像过程由下式表示

$$g(x) = f(x) * h(x) + n(x) \tag{4.10}$$

式中,$n(x)$表示噪声。由于噪声的影响,由此解得的物体估计$f_e(x)$一般会破坏(4.7)式中的非负性。同时,由于$H(u)$的低通作用,解得的物体估计$f_e(x)$会破坏(4.7)式中的有界性。因此在图像复原计算中,必须施加以下的约束条件:物体解的空间截断和非负的数字截断。由此带来的运算是一个非线性操作运算,而信号的非线性操作具有附加高频成分的性质。因此,通过对约束操作引入的高频分量的逐步调整,即可实现图像的超分辨率复原。

综上所述,低频分量中含有高频的信息和物体非负有界的约束条件是实现超分辨率复原的根源。

2) 超分辨率复原能力

上述讨论说明了重建超过截止频率以上高频成分的理论基础。那么,对于一幅退化图像而言,有多少超分辨率的信息能被复原和重建呢?由于探测器和图像本身固有的光子发射噪声的影响,在图像中必然会存在着噪声。我们把这种噪声近似看作为加性噪声,成像表达过程如(4.10)式所示,对其取傅里叶变换有

$$G(u) = H(u)\{ [F_a(u) + F_b(u)] * \mathrm{sin}c(Xx)\} + N(u) \tag{4.11}$$

超分辨率复原能力是指当噪声存在时,能被复原和重建的超分辨率信息的数量。当然,对于不同的复原算法,其超分辨率复原的能力不同。Sementilli等人对此进行了分析,提出了以下超分辨率复原能力的估算表达式

$$f_p = \frac{3}{4\pi} \frac{1}{X} \left[\mathrm{sin}c^{-1} K - \mathrm{sin}c^{-1} - 1 \right] \frac{KT}{\sigma_n} \tag{4.12}$$

其中,f_p表示截止频率以上能够复原的频率范围;T是复原分量的允许误差;K是常数;σ_n是噪声标准差;逆$\mathrm{sin}c$函数只有在正极大范围内有意义。从(4.12)式可以看到,超分辨率复原能力f_p的大小主要取决于噪声的标准差σ_n和物体的大小X。

3. 国内外发展现状

1) 国外研究情况

超分辨率图像的概念和方法最早由 Harris 和 Goodman 于 20 世纪 60 年代提出。随后有许多人对其进行了研究,并相继提出了各种复原方法,如长椭圆波函数法、线形外推法、叠加正弦模板法。通过利用以上这些方法虽然得到了给人深刻印象的仿真结果,但在实际应用中并没有获得理想的结果。Andrews 和 Hunt 称此为"超分辨率的神话",并且认为噪声的影响排除了实现超分辨率的可能性。80 年代特别是 80 年代末以来,人们在超分辨率图像复原方法研究上取得了突破性的进展。Hunt 等不仅在理论上说明了超分辨率存在的可能性,而且提出和发展了许多有价值的方法,如能量连续降减法、贝叶斯分

析法和凸集投影法。与此同时,利用序列和多幅图像进行超分辨率图像的复原成了人们的研究热点,因为它充分利用了不同画幅图像之间类似而又不同的信息,所以其超分辨率复原能力好于利用单幅图像进行复原所获得的超分辨率能力。

法国 SPOT、美国 Earthsat 公司已在尝试采用该项超分辨率图像重构技术,他们均利用卫星重访和多个卫星同时成像,从而重构高分辨率图像。美国 Dayton 大学和 Wright 实验室在美国空军的支持下,对红外 CCD 相机进行了机载实验,利用 20 幅低分辨率的红外图像,取得了分辨率提高近 5 倍的实验结果。

超分辨率图像重构问题由 Tsay 与 Huang 提出,并给出了基于频域逼近的重建超分辨率图像的方法,如最小均方误差(minimum mean-squared error, MMSE)法,迭代反投影(iterative back projection, IBP)法,凸集投影(projection onto convex sets, POCS)法,最大期望(expectation maximization, EM)法,最大后概率[maximum a posterior(MAP) probability]法等。

在单帧图像超分辨率算法研究方面,哥伦比亚大学 Kris Jensen 和 Dimitris Anastassin 于 1995 年发表《亚像元边缘定位与静态图像插值》,其中提到的亚像元边缘定位算法是一种获得了较好超分辨率计算结果的方法。

2) 国内发展情况

国内的这方面研究比较少,但还是获得一些成果。国内的研究成果有基于小波变换和插值的超分辨率图像处理算法。根据图像小波变换和插值处理的特点,提出了一种将小波分解与插值算法相结合的图像插值处理方法,以提高图像的分辨率。实验表明:该方法能够较好地保持原图像中丰富的高频信息,经插值处理并进行小波重建后提高了图像分辨率,而且图像主观上具有很好的视觉效果,客观上具有较高的信噪比,图像中细节丰富,无明显的畸变,因此它也是超分辨率图像处理的一种行之有效的方法。

在北京大学地球空间信息系统实验室的主页(http://geosis.pku.edu.cn/thesis/majt.htm)中,1998 级硕士研究生马佳的学位论文在理论上证明了超分辨模式下梅花采样的优越性。探讨了基于梅花采样的 CCD 传感器成像原理,建立了超分辨率遥感图像重建模型。提出了基于梅花采样网格的非线性中值滤波内插方法,将亚像元参差线阵图像叠合法和中值滤波插值法结合起来,有效地保持了图像的细节信息,可为图像重建的迭代操作提供精确且信息完备的初始值。采用 Landweber 迭代重建算法对内插图像进行超分辨率重建,进一步提高了遥感图像的空间分辨率。通过试验研究,详细讨论了基于梅花采样的插值-迭代超分辨率重建算法的收敛性,对重建图像进行了质量评价,并与其他算法得到的结果图进行了比较。研究表明,这种算法具有简单、收敛性强等优点,重建图像的空间分辨率十分接近理想高分辨率图像,可将 CCD 遥感图像的空间分辨率在水平和垂直方向分别提高近 2 倍,同时具有较强的细节保持能力。在遥感影像退化模型估计、遥感影像高频信息恢复等方面还需要做进一步的研究。

在 MAP 方法的发展上,有了一些改善算法。北京工业大学信号与信息处理研究室的张新明和沈兰荪提出了一种基于多尺度正则化先验的最大后验概率超分辨率复原算法。算法特点如下:① 对运动估计结果实施可信度验证;② 采用图像的多尺度小波表征来定义图像的空域活动性测度,并由此构建多尺度 Huber-Markov 先验模型。实验结果表明,该算法不仅具有较好的超分辨率图像边缘保持能力,而且能够有效地消除图像伪迹。该算法可以应用于遥感图像、医学成像、高清晰度电视标准和合成视频变焦等领域。

此外,哈尔滨工业大学的孟庆武提出了一种预估计混叠度的算法预估计最大后概率(pre-estimated MAP,PEMAP)法,用于卫星图像的地面超分辨率处理。它通过频域分析确定卫星图像的混叠度,将其作为先验信息在空域控制 MAP 估计的循环迭代,联合估计帧间位移和高分辨率图像。该算法克服了最大后验概率算法的盲目性和不稳定性,使其适应性更好。实际的卫星图像处理显示了较好的处理效果。

北京邮电大学多媒体信息技术教研中心的别红霞老师提出了一种基于权重分析的混合像元四叉树分解算法。这种算法针对单帧图像进行处理,可获得较好的超分辨率效果。

4. 超分辨率算法研究的主流技术

1) 超分辨率复原算法

超分辨率复原算法很多,下面介绍几种目前正在研究和经常使用的算法。

(1) 能量连续降减法

首先复原截止频率之内的谱函数,此时保持已知的低频部分不变,对通过 $G(u)/H(u)$ 所获得的物函数连续地施加以空间有界约束,即采用在通频带的值加以空间有界约束,进行迭代运算,如图 4.11 所示。结果是使 $E = \int_{-\infty}^{+\infty} |f(x) - f_e(x)|^2 \mathrm{d}X$ 的误差能量连续下降,从而实现了超分辨率信息的复原。

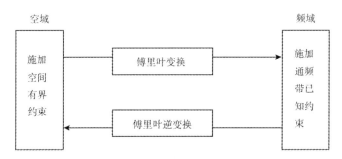

图 4.11　能量连续降减法框图

(2) 贝叶斯分析法

假设图像是一个非平稳随机场,即可把原图像 $f(x,y)$ 和退化图像 $g(x,y)$ 均作为随机场。根据贝叶斯分析理论,在已知图像 g 的条件下,物体 f 的概率可写成

$$P(f/g) = \frac{P(g/f)P(f)}{P(g)} \qquad (4.13)$$

其中,$P(f/g)$ 为已知图像 g 物体为 f 的条件概率(后验概率);$P(g/f)$ 为已知物体 f 图像为 g 的概率;$P(f)$ 和 $P(g)$ 分别表示物体和图像的先验概率。通过适当的选择 f,使 $P(f/g)$ 达到最大,这时对应的 f 就是复原的最佳估计。此时有

$$\max[P(f/g)] = \max\left[\frac{P(g/f)P(f)}{P(g)}\right] \tag{4.14}$$

$$\max\{\ln[P(g/f)] + \ln[P(f)]\} \tag{4.15}$$

目前,对(4.15)式最大化计算主要有以下两种方法:

① 最大后概率法

如果取

$$\left\{\frac{\partial \ln[P(g/f)]}{\partial f} + \frac{\partial \ln[P(f)]}{\partial f}\right\}f = f'_{MAP} \tag{4.16}$$

由(4.16)式获得的 $f = f'_{MAP}$ 为最大后概率条件下的目标估值。

② 最大似然(ML)法

如果取

$$\left\{\frac{\partial \ln[P(g/f)]}{\partial f}\right\}f = f'_{ML} \tag{4.17}$$

由(4.17)式获得的 $f = f'_{ML}$ 为最大似然率条件下的目标估值。

要想实现以上计算,需确定 $P(g/f)$ 和 $P(f)$ 的分布,而 $P(g/f)$ 和 $P(f)$ 的分布取决于对图像的统计模型假设。目前常用和重要的图像统计模型有高斯(Gauss)模型,泊松(Poisson)模型,马尔可夫(Markov)模型和吉布斯(Gibbs)模型。在计算过程中,通常采用迭代法进行最优计算。例如,Hunt 等采用 Poisson MAP 算法,给出了以下迭代公式

$$f^{(n+1)}(x,y) = f^n(x,y) \cdot \exp\left\{\left[\frac{g(x,y)}{h(x,y)*f^n(x,y)} - 1\right] \oplus h(x,y)\right\} \tag{4.18}$$

其中,$\oplus$ 表示相关运算。

(3) 凸集投影法

假设 $S(x)$ 是一个未知信号,但其具有性质 $\pi_1, \pi_2, \cdots, \pi_m$。对于每一个 $\pi_i (1 \leqslant i \leqslant m)$ 都有一个相关的集 C_i,该集中所有的信号都有特性 π_i。通常 C_i 是闭凸集,即如果 S_1 和 S_2 属于 C_i,则 $\mu S_1 + (1-\mu)S_2$ 也属于 $C_i (0 \leqslant \mu \leqslant 1)$。设 P_i 代表把一个矢量投影到 C_i 的投影运算。假定 $C_0 = \bigcap_{i=1}^{m} C_i$ 为非空集,则 $S(x)$ 必属于解集 C_0。基于以上思想,如果 C_i 表示图像的先验信息,物体的估计可根据下式进行迭代运算

$$f^{(n+1)} = P_1, \cdots, P_m[f^n], f^{(0)} = f_0 \tag{4.19}$$

其中,f_0 为一个任意的开始点,其弱收敛于 C_0 中的可行解。因此,物体的估计可通过依次在各个独立集上的投影得到。从上面可以看到,所谓对凸集 C 的投影运算就是解下面的最小化问题,即

$$\min\|f_P - f\|^2, f_P, f \in C \tag{4.20}$$

其中,f 是需向 C 投影的信号(f^n),f_P 是 f 的投影(f^{n+1})。

2) 基于序列或多幅图像的超分辨率复原算法

对于视频序列图像或同一物体的多幅图像,如果图像之间存在着相互运动(如平移和旋转),则这些序列图像含有类似但不完全相同的信息。基于序列或多幅图像的超分辨率

复原就是利用这些不同但相互补充的信息以及物体的先验信息,从一系列低分辨率的图像恢复出高分辨率的单幅图像。该思想与前述的单幅图像超分辨率复原法相比,优点是除了利用物体的先验信息和单幅图像的信息之外,还充分利用了不同图像之间的补充信息。因此其超分辨率复原能力高于单幅图像超分辨率复原法。利用序列或多幅图像进行超分辨率的复原目前主要有 5 种方法。

(1)频域法。设 $f(x,y)$ 表示原物,k 表示一系列相互平移像的总数,则平移像用下式表示

$$\begin{cases} f_r(x,y) = f(x + \Delta x_r, y + \Delta y_r) \\ r = 1, 2, \cdots, k \end{cases} \tag{4.21}$$

如果对上述函数进行抽样,所得的抽样函数为

$$\begin{cases} y_r(m,n) = f(mT_x + \Delta x_r, nT_y + \Delta y_r) \\ m = 0, 1, \cdots, M - 1 \\ n = 0, 1, \cdots, N - 1 \end{cases} \tag{4.22}$$

T_x 和 T_y 分别为 x 和 y 方向的抽样间隔。对(4.22)式取傅里叶变换,则有

$$Y_k(k,l) = \alpha \sum_{p=-\infty}^{\infty} \sum_{q=-\infty}^{\infty} F_r \left[\frac{k}{MT_x} + pf_{sx}, \frac{l}{NT_y} + qf_{sy} \right] \tag{4.23}$$

其中,
$$f_{sx} = \frac{1}{T_x}, f_{sy} = \frac{1}{T_y}, \alpha = \frac{1}{T_x T_y}$$

(4.23)式把 f_r 的连续傅里叶变换 F_r 和 f_r 的离散傅里叶变换 $Y_k(k,l)$ 联系在一起。又

$$F_r(u,v) = e^{i \cdot 2\pi(\Delta x_r u + \Delta y_r v)} F(u,v) \tag{4.24}$$

其中,u 和 v 分别表示 x,y 方向上的空间频率。最后可得如下关系

$$Y = \Phi F \tag{4.25}$$

其中,Y 表示 $Y_k(k,l)$;F 表示 $F(u,v)$;Φ 表示运动估计。因此,通过确定 k 幅图像的离散傅里叶变换 $Y_k(k,l)$ 和 Φ,从(4.25)式就可解得 F,然后利用傅里叶逆变换求得 $f(x,y)$。

(2) 空域法。此时成像模型可描述为

$$Y = HF + N \tag{4.26}$$

其中,$Y = [y_1^T, \cdots, y_k^T]^T$ 表示像,$H = [H_1^T, \cdots, H_k^T]^T$ 表示运动补偿、欠采样和退化的影响,F 表示原物,N 表示噪声。

(3) MAP 法。该方法由前面所述的最大后概率法发展而来,复原表达式如下

$$\begin{aligned} F_{MAP} &= \arg \max[P_r(F/Y)] \\ &= \arg \max[\ln P_r(Y/F) + \ln P_r(F)] \end{aligned} \tag{4.27}$$

其特点是在复原过程中考虑到了物体的先验信息,适用于非线性和线性成像模型,取得的解具有唯一性,可同时实现运动估计和复原。

(4) POCS 法。该方法由前面所述的凸集投影法发展而来,复原表达式如下:

$$F^{n+1} = P_1, \cdots, P_m(F^n) \tag{4.28}$$

其特点是方法简单,可利用任何成像模型,很容易把先验信息考虑进去,但解不具有唯一性,收敛速度慢,计算量大。

（5）MAP/POCS 法。该方法把最大后概率法与凸集投影法结合在一起,综合利用了这两种算法各自的优点。

5. 基于混合像元分解的单幅遥感图像超分辨率算法

这一算法思想的实现基础是图像边缘检测,这里所谓的混合像元也就是图像的边缘。这里假设图像边缘是由其周边像元混合而成的,而混合方式只与通过该像元的边缘类型有关。也就是周边像元对混合像元的贡献大小完全取决于通过该混合像元的边界类型,不同的边界决定了不同的贡献方式。超分辨率实现过程中各个子像元像素值的确立与边界类型和该边界通过混合像元时的方式有关。边界通过混合像元时的方式是由混合像元和相应的周边像元的取值共同决定的。不同的边界类型和通过混合像元的方式决定了相应的周边像元在混合子像元中占的比重。以下将对该算法思想进行详细描述,包括基于边缘检测的混合像元标识和基于边缘类型的混合像元分解算法。

研究混合像元所在 3×3 邻域,判断其周围各像元是否为边缘,从而得到不同的连续边界类型。经分析,确定要研究如下边缘类型(3×3 邻域内)下混合像元分解模型:

（1）垂直边界（2 种情况）;
（2）左右边界（2 种情况）;
（3）正对角线边界（2×4 种情况）;
（4）折线边界（8×4 种情况）;
（5）直角边界（4×2 + 4×3 种情况）。
下面对各种边界进行简要说明。

（1）垂直边界

待处理像元及上、下两点同时为边缘像元时,假设边界竖直穿过该像元,如图 4.12 所示。

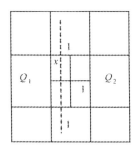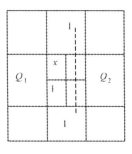

图 4.12　垂直边界通过混合像元的两种不同情况

（2）水平边界

当待处理像元及左、右两点同时为边缘像元时,则假设边界水平穿过该像元,如图 4.13 所示。

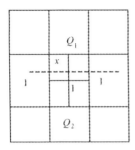 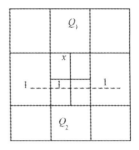

图 4.13　水平边界通过混合像元的两种不同情况

（3）正对角线边界

① 当待处理像元及左上、右下两点同时为边缘像元时，则假设边界以 45°穿过该像元，如图 4.14 所示。

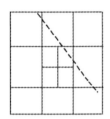 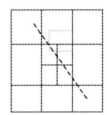 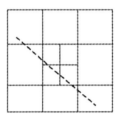 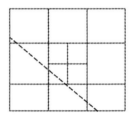

图 4.14　正对角线边界(一)通过混合像元的四种不同情况

② 当待处理像元及右上、左下两点同时为边缘像元时，则假设边界以 135°穿过该像元，如图 4.15 所示。

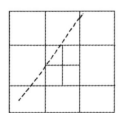 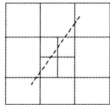 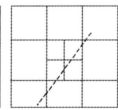 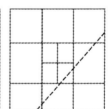

图 4.15　正对角线边界(二)通过混合像元的四种不同情况

（4）折线边界

① 当待处理像元及上、左下两点同时为边缘像元时，则假设边界以折线形式穿过该像元，如图 4.16 所示。

② 当待处理像元及上、右下两点同时为边缘像元时，则假设边界以折线形式穿过该像元，如图 4.17 所示。

③ 当待处理像元及左、右下两点同时为边缘像元时，则假设边界以折线形式穿过该像元，如图 4.18 所示。

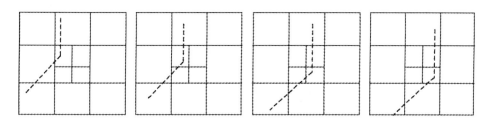

图 4.16　折线边界(一)通过混合像元的四种不同情况

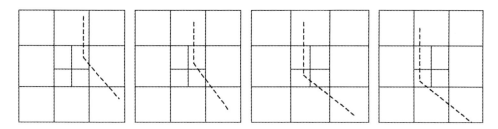

图 4.17　折线边界(二)通过混合像元的四种不同情况

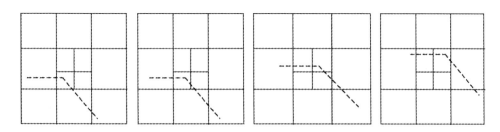

图 4.18　折线边界(三)通过混合像元的四种不同情况

④ 当待处理像元及左、右上两点同时为边缘像元时,则假设边界以折线形式穿过该像元,如图 4.19 所示。

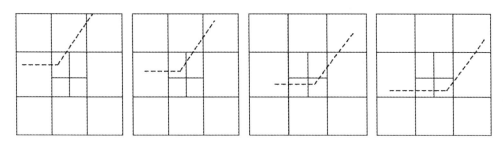

图 4.19　折线边界(四)通过混合像元的四种不同情况

⑤ 当待处理像元及下、右上两点同时为边缘像元时,则假设边界以折线形式穿过该像元,如图 4.20 所示。

⑥ 当待处理像元及下、左上两点同时为边缘像元时,则假设边界以折线形式穿过该像元,如图 4.21 所示。

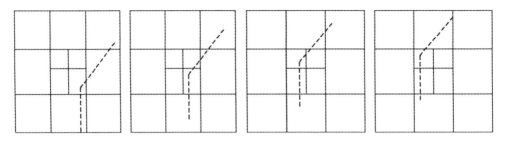

图 4.20　折线边界(五)通过混合像元的四种不同情况

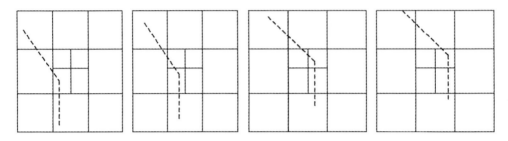

图 4.21　折线边界(六)通过混合像元的四种不同情况

⑦ 当待处理像元及右、左上两点同时为边缘像元时,则假设边界以折线形式穿过该像元,如图 4.22 所示。

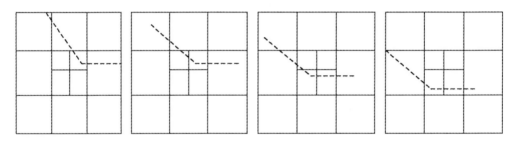

图 4.22　折线边界(七)通过混合像元的四种情况

⑧ 当待处理像元及右、左下两点同时为边缘像元时,则假设边界以折线形式穿过该像元,如图 4.23 所示。

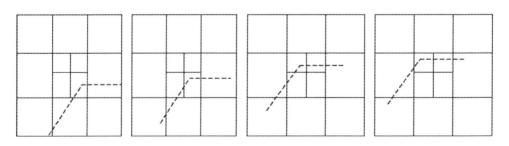

图 4.23　折线边界(八)通过混合像元的四种不同情况

(5) 直角边界

① 当待处理像元及上、左两点同时为边缘像元时,则假设边界以直角折线形式穿过该像元,如图 4.24 所示。

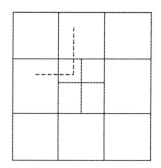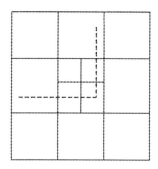

图 4.24　直角边界(一)通过混合像元的两种不同情况

② 当待处理像元及上、右两点同时为边缘像元时,则假设边界以直角折线形式穿过该像元,如图 4.25 所示。

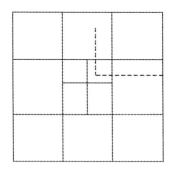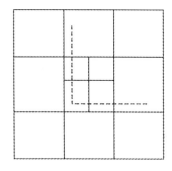

图 4.25　直角边界(二)通过混合像元的两种不同情况

③ 当待处理像元及下、右两点同时为边缘像元时,则假设边界以直角折线形式穿过该像元,如图 4.26 所示。

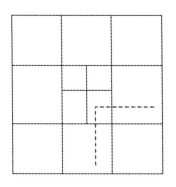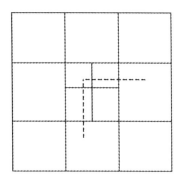

图 4.26　直角边界(三)通过混合像元两种不同情况

④ 当待处理像元及下、左两点同时为边缘像元时,则假设边界以直角折线形式穿过

该像元,如图 4.27 所示。

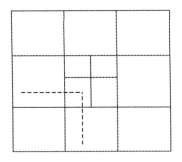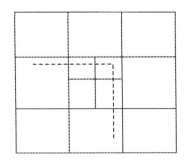

图 4.27 直角边界(四)通过混合像元的两种不同情况

⑤ 当待处理像元及左上、左下两点同时为边缘像元时,则假设边界以折线形式穿过该像元,如图 4.28 所示。

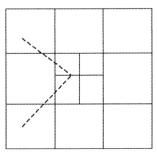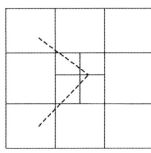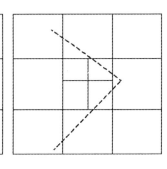

图 4.28 直角边界(五)通过混合像元的三种不同情况

⑥ 当待处理像元及右上、右下两点同时为边缘像元时,则假设边界以折线形式穿过该像元,如图 4.29 所示。

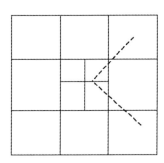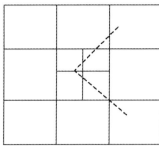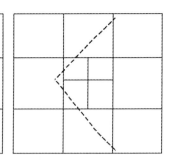

图 4.29 直角边界(六)通过混合像元的三种不同情况

⑦ 当待处理像元及左上、右上两点同时为边缘像元时,则假设边界以折线形式穿过该像元,如图 4.30 所示。

⑧ 当待处理像元及左下、右下两点同时为边缘像元时,则假设边界以折线形式穿过该像元,如图 4.31 所示。

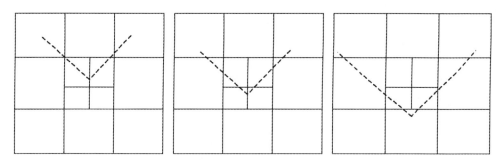

图 4.30　直角边界(七)通过混合像元的三种不同情况

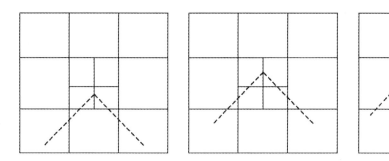

图 4.31　直角边界(八)通过混合像元的三种不同情况

6．基于边缘类型的混合像元分解算法

当待处理像元及上、下两点同时为边缘像元时,则假设边界竖直穿过该像元且偏左,如图 4.21 所示。假设左右两点为区域内点,取值分别为 Q_1 和 Q_2。

假设待处理像元中边界两侧部分取值分别与 Q_1 和 Q_2 相同,而混合后的取值仅与两侧面积之比有关,则可有如下分解模型。

设 x 为取值 Q_1 的目标像元所占的比例,由

$$Q_1 \times x + Q_2 \times (1 - x) = Q \qquad (4.29)$$

得

$$x = (Q - Q_2)/(Q_1 - Q_2) \qquad (4.30)$$

其中,Q 为待处理像元的取值。

在图 4.32(a)的情况下,$x < 0.5$,即边界在左侧部分,右侧两个亚像元直接赋值 Q_2,左侧两个亚像元按面积比混合,即

$$n_1 = n_3 = 4 * [0.5 * x * Q_1 + (0.25 - 0.5 * x) * Q_2] \qquad (4.31)$$

$$n_2 = n_4 = Q_2 \qquad (4.32)$$

其中,n_1、n_2、n_3、n_4 依次为左上、右上、左下、右下亚像元取值。

在图 4.32(b)的情况下,边界偏右侧($x > 0.5$),四个亚像元的取值也可以类似获得,即左侧两个赋值 Q_1,右侧两个赋值

$$n_1 = n_3 = Q_1 \qquad (4.33)$$

$$n_2 = n_4 = 4 * \{0.5 * (x - 0.5) * Q_1 + [0.25 - 0.5 * (x - 0.5)] * Q_2\} \qquad (4.34)$$

其中, n_1 、n_2 、n_3 、n_4 依次为左上、右上、左下、右下亚像元取值。

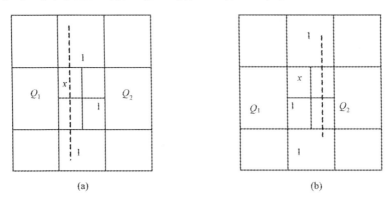

图 4.32　过混合像元的分解模型

其他混合像元所在边界模型分析方法与垂直边界类似。

7. 图像超分辨率处理

数字图像超分辨率处理总体思想如图 4.33 所示。

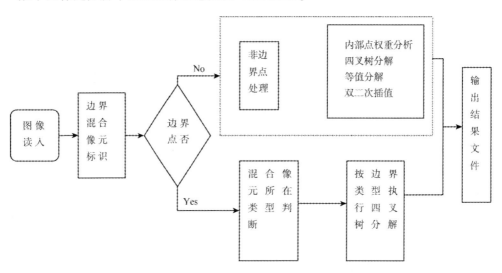

图 4.33　系统总体设计方案

8. 结果测试

按照上述算法,对实际的遥感图像进行了测试分析,效果较好。

1) 基于权重分析的混合像元四叉树分解超分辨率效果

结果见图 4.34。

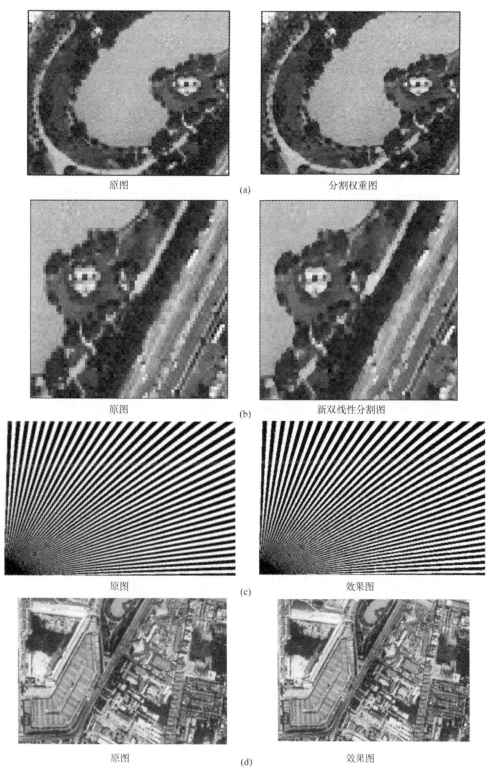

原图   (a)   分割权重图

原图   (b)   新双线性分割图

原图   (c)   效果图

原图   (d)   效果图

图 4.34 测试效果图

2）对比测试结果

此为两种方法四叉树拆分与常规的插值效果对比,结果见图4.35。

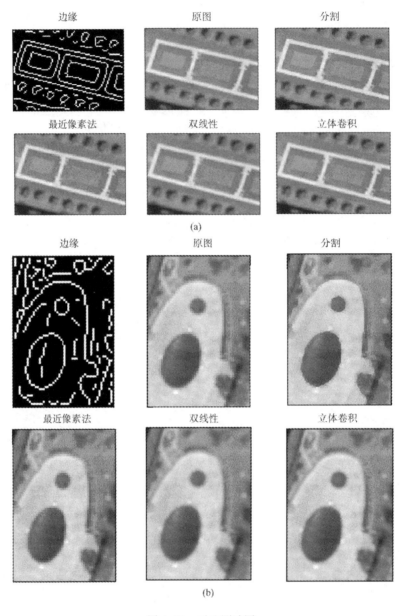

图4.35　对比测试图

4.2　GIS

GIS是以地理空间数据库为基础,在计算机软硬件的支持下,进行地理空间数据的采集、存储、提取、检索、分析、显示、制图,实现综合管理和分析应用的技术系统(曾文英等

2003)。它是近十年来发展起来的一门综合应用系统,它能把各种信息如地理位置和有关的视图结合起来,并融合了多门学科成果,包括计算机科学、地理学、测绘遥感学、环境科学、城市科学、信息论、应用数学、管理科学及各种应用对象、CAD 技术、遥感、GPS 技术、Internet、多媒体技术及虚拟现实技术等。根据用户需要将这些信息图文并茂地输送给用户,便于分析及决策使用。

GIS 始于 20 世纪 60 年代的加拿大与美国,尔后各国进行了大量的研究工作。1963年,加拿大学者 R. F. Tomlison 首先提出了地理信息系统这一概念,并开发出了世界上第一个地理信息系统——加拿大地理信息系统(Canadian geographic information system,CGIS)。随着计算机软硬件和通讯技术的不断进步,地理信息系统的理论和技术方法已得到了飞速的发展,其研究和应用已渗透到自然科学及应用技术的很多领域,并日益受到各国政府和产业部门的重视。现在广泛应用于金融、电信、交通、国土资源、城市规划和管理、土地利用与管理、资源利用、自然灾害预测、电力、水利、农林、环境保护、地矿测绘、勘探、管线、军事、人口统计等国民经济各领域。

GIS 系统主要包括空间数据输入子系统、空间数据存储与管理子系统、数据处理与分析子系统、输出子系统。GIS 系统的功能构成:①数据输入、存储、编辑;②操作运算;③数据查询、检索;④应用分析;⑤数据显示、结果输出;⑥数据更新。

GIS 技术依托的主要平台是计算机及其相关设备。20 世纪 90 年代以来,随着计算机技术的发展,计算机微处理器的处理能力越来越强,性价比越来越高,其存储器能实现将大型文件映射至内存的能力,硬盘也越来越大,读写数据的速度也越来越快,并且能存储海量数据。

随着网络技术的发展,GIS 与因特网技术的结合是 GIS 发展的一个新趋势,将对 GIS 应用的深度、广度产生重要影响(马小明等 1997)。网络不仅使数据转移快捷、成本低廉,能实现数据共享,而且可以使资源管理者在网上发送资源信息,提供了丰富的空间查询、空间分析及属性管理功能供公众或有关人员检视、查询和分析。网络 GIS 可在远距离空间数据共享与信息查询和交换、为公众提供 GIS 服务、建立大规模甚至超大规模的空间网络信息系统等方面发挥重要作用。

组件式 GIS 是一种新的 GIS 开发思想,是面向对象技术和组件式软件开发技术在 GIS 软件开发中的应用。它将 GIS 各个功能分别制作成不同的 ActiveX Control 和 Automation,每个控件完成不同的功能。这些 GIS 控件可以被任何支持它们的开发环境调用,以便在原有的或新开发的信息系统中加入 GIS 功能。组件式 GIS 为用户提供了高效的系统集成方案,它的开发也无需开发人员掌握专门的 GIS 开发语言,开发成本也较低。它的发展顺应了当今软件技术的发展潮流,极大地方便了 GIS 的应用和集成。

数据模型是地理信息系统的基础。地球以及各种物体都是以三维空间的形式存在的,但是目前 GIS 系统都是二维或二维半(平面 X、Y 坐标加高程)矢量空间数据模型,GIS 对于完整地描述地球上的对象是有一定限制的。因此,多维 GIS 的数据模型的研究和应用就成为研究的热点。需要用多维空间来描述的应用领域有如下几个方面:气象学、地质学、采矿学、石油勘探与开发、计算机辅助设计与制造(CAD/CAM)、医学影像和机器人学等。

在大多数 GIS 系统中,空间数据和属性数据都是将两者分别存放和管理的。这种数据管理和存放方式对于小型的 GIS 系统有一定的优越性,但对于建立以面向对象为基础的大型 GIS 系统就存在很多缺陷,数据的一致性和完整性得不到保证,因此极大地影响了数据的共享和正确应用。新的空间数据库管理工具能将空间数据与属性数据存放在同一个数据库管理系统中,对分布在不同节点的数据进行统一管理。如 ESRI 开发的空间数据引擎(spatial data engine,SDE)。

总体上来说,目前 GIS 主要呈现网络化、开放性、虚拟现实、集成化、空间多维性、数据标准化、系统智能化等发展趋势,在旅游行业有广阔的应用前景。

4.3 GPS

GPS 是测时测距导航系统/全球定位系统(navigation system time and ranging/global positioning system,NAVSTAR/GPS)的简称(曾文英等 2003)。GPS 是 20 世纪 70 年代由美国陆海空三军联合研制的新一代空间卫星导航定位系统,并于 90 年代投入实际应用的卫星定位系统。其主要目的是为陆、海、空三大领域提供实时、全天候和全球性的导航服务,如为飞机和船舶导航定位等多种目的,并用于情报收集、核爆监测和应急通讯等一些军事目的。GPS 技术已在航空、航天、航海、军事、地质、石油、勘探、交通、测绘等领域得到广泛的应用。经过 20 余年的研究实验,耗资 300 亿美元,到 1994 年 3 月,全球覆盖率高达 98% 的 24 颗 GPS 卫星星座已布设完成。

GPS 定位分为标准定位服务 SPS 和精确定位服务 PPS,其中标准定位服务的主要对象是广大的民间用户,精确定位服务的主要对象是美国军事部门和其他特许的部门(曾文英等 2003)。

全球定位系统由三部分构成:①控制部分,由主控站、地面天线、监测站和通讯辅助系统组成,GPS 主控站坐落在科罗拉多州施里弗空军基地;②空间部分,由 24 颗卫星组成,分布在 6 个轨道平面上,其轨道周期为 12 个小时,每颗卫星发送两个频率的信号;③用户部分,地球上所有的 GPS 接收器,主要由 GPS 接收机和卫星天线组成。

全球定位系统的主要特点为:①全天候、全方位,可在任意时刻对空间任何一点精确定位,其空间定位精度可达到毫米级;②三维定速定时高精度;③快速省时高效率;④应用广泛多功能。

全球定位系统的主要用途:①陆地应用,主要包括车辆导航、应急反应、大气物理观测、地球物理资源勘探、工程测量、变形监测、地壳运动监测、市政规划控制、土地勘测、森林火灾、病虫害监测等;②海洋应用,包括远洋船最佳航程航线测定、船只实时调度与导航、海洋救援、海洋探宝、水文地质测量以及海洋平台定位、海平面升降监测等;③航空航天应用,包括飞机导航、航空遥感姿态控制、低轨卫星定轨、导弹制导、航空救援和载人航天器防护探测等。

经过 20 余年的实践证明,GPS 系统具有多功能、高效率、高精度、全天候和全球性的无线电导航、定位和定时的特点,可在全球任意地点、为任意多个用户提供几乎是瞬时的三维测速、三维定位服务,将极大地改变传统的定位技术和导航技术。GPS 技术已经发展成为多领域、多模式、多用途、多机型的国际性高新技术产业。

随着冷战结束和全球经济的蓬勃发展,1996 年 3 月底美国政府宣布,2000~2006 年,在保证美国国家安全不受威胁的前提下,取消 SA 政策,即降低卫星轨道精度和对卫星钟标准频率施以 6 频率抖动,以降低 C/A 码伪距精度的政策。GPS 民用信号精度在全球范围内将得到显著的实质上的改善,其 C/A 码伪距的精度将立即消去 24.2m 的伪距误差值,用户实时单点定位的精度将从现在的 40~50m 变为 20m 左右,这将进一步推动 GPS 技术的应用,提高生产力、作业效率、科学水平以及人们的生活质量,刺激 GPS 市场的增长。

同时,GPS 在卫星系统、接收机技术等硬件方面也有很大的改善。目前 GPS 卫星主要由 II 型卫星中第一代的 II 和 IIA 型卫星组成。从 1997 年 7 月 22 日开始,发射了第一颗 IIR 型第二代卫星,今后 IIR 型卫星将很快地逐渐取代现有的 IIA 型卫星。IIR 型卫星与 IIA 型卫星相比有明显的优点:它备有新的枷原子钟,它的频率稳定性能比 IIA 型的原子钟高一个数量级;用户所能收到的 L1、L2 信号的功率增益也比 II 和 IIA 大,而且能够通过卫星在轨运行的 UHF 天线发送和接收其他卫星的导航数据,以形成卫星间互相定位的能力。II 型卫星的第三代卫星,即 IIF 型卫星也已设计完成,第一颗 IIF 型于 2001 年交货并于 2002 年 3 月发射。IIF 卫星将在 L2 上增加第二民用 C/A 码信号,有可能增加第三民用频率。IIF 卫星最主要的性能改善是增加了卫星的有效负载,增大了太阳能电池板,因而能够支持引进更多的功能和完成更多的潜在任务。

GPS 接收机应用模块(GRAM)是一个新概念,它是满足军事用途的接收机必须遵循的一个公用的、通用标准,在进一步发展后,民用接收机也将遵循同样的标准。这一标准把接收机生产从"行业替代单元"的整机时代带入到"用户替代单元"的插件时代,把接收机设计从非标准的专有技术型设计阶段带入到非专有技术型的标准化设计阶段。这是一次 GPS 接收机生产方式的飞跃。

GPS 的静态和动态定位精度、运行的可靠性正大幅度提高,GPS 接收机、GPS 导航系统、GPS 接收机与其他电器结合的通用设备等已形成相当规模的产业群体。GPS 的应用深入,与近年来通信技术和计算机技术的迅猛发展息息相关,如通信网络的完善、移动通信技术的发展,Internet 的普及,嵌入式移动芯片、嵌入式操作系统及移动数据库技术的发展等。基于位置的信息服务无疑将是未来卫星导航定位技术最广阔、最具潜力和最引人注目的发展方向之一。

世界上一些国家和地区,从自身的技术经济和国家安全利益出发,纷纷建立或规划建设自己的区域性的卫星定位系统,这一领域的国际竞争和国际合作正在出现新的格局。我国也参与了欧洲伽利略计划,并也在试验自己的卫星导航系统。

4.4　3S 集成技术

RS、GIS 和 GPS 这三门学科,数十年来各自独立平行发展,由各自的技术和发展趋势所决定,到 20 世纪 90 年代开始逐步走向综合,这种综合被称为一体化或集成。更为科学、严谨的名称至今尚未统一。有人称其为地学信息学(geomatics),也有人称其为图像信息学(iconic information)。1997 年国家自然科学基金委员会上则仍以遥感、地理信息系统、全球定位系统集成作为这一边缘学科的名称。该学科的一般定义可表述如下:通过各种非接触传感器,感知物体及其环境,并对所获取的信息进行存储、分析、解释和利用的一门科学(张友静等 1997)。3S集成是整个信息科学的重要组成部分,在90年代一经提出,立即得到各界高度重视。

当代科学技术向着多学科综合化发展是一种必然趋势。RS、GIS、GPS三种技术在各自独立发展的基础上,逐步走向集成化,从而形成一种新的技术体系,就是这种趋势的具体体现之一。随着科学技术进步,新学科、新技术和新产业不断诞生,学科之间、技术领域之间的相互利用、互相交叉和交融也越来越多,越来越深入。各个学科发展到一定阶段后,又重新走向集成也是科学技术发展的规律。近20年来,多个学科借助于信息科学和信息技术迅速发展起来,明显地加快了自己的发展速度。

遥感作为一种高效能的信息采集手段,正在走向多种传感器、多级分辨率、多谱段和多时相,数据量越来越大,数据处理的压力也越来越大,形成从信息获取、信息处理到应用的综合信息流程是技术发展的需要。为此,就必须实现遥感与GIS、GPS的整体结合,把遥感作为GIS的信息源和数据更新手段,而把GIS作为支持遥感信息提取和管理的平台,为其综合开发和应用提供支持。GPS作为定位信息采集技术和手段,可应用它的静态和快速静态定位方法,直接获取各类地面信息、基础地形信息和周期性的数据信息,应用它的动态定位技术解决传感器位置和姿态的快速自动定位,来解决遥感信息的定位问题,实现卫星遥感信息直接进入GIS数据库,使GPS也成为GIS的一种信息源和信息更新手段(刘文熙 1996)。

GIS能进行空间信息管理和空间分析,通过其所具有的多目标数据库、分析软件和应用模型,可实现空间信息的查询与检索、空间数据的统计与分析、地图和各类专题图的制作、区域地理的综合研究与评价,环境动态监测以及区域开发、管理、规划和决策等。地理数据的获取是建立GIS过程中的关键环节,也是建立GIS中工作量最大和费用最高的,据估计,要占到整个系统的70%左右。所以为了节省时间和费用开支,将GPS技术和遥感技术作为GIS的数据来源,就成为我们所追求的目标。可见,GPS、RS、GIS三者的一体化是科技发展的必然趋势(刘文熙 1996)。

GPS、RS、GIS技术的集成,需要在功能上紧密协作。GPS具实时定位、点位精确、动态监测的特性,RS则具瞬时信息获取能力、信息丰富、信息周期短的特性,它们在技术上可巧妙配合。地理信息获取后的存储、开发应用,则主要由GIS来实现,没有GIS的支持,将造成地理信息难以高效率、多功能和合理地使用,造成信息潜在作用和丰富信息量的极大浪费。所以在世界范围内,"3S"集成化的发展趋势已成定局(刘文熙 1996)。

这里所说的3S集成是指将GPS、GIS和RS三种新技术及其他相关技术有机地集成在一起。集成,是英文integration的中译文,是指一种有机的结合、在线的连接、实时的处理和系统的整体性。GPS、RS、GIS集成的方式可以在不同技术水平上实现。

全球定位系统的组合技术系统为遥感对地观测信息提供了准实时或实时的定位信息和地面高程模型;遥感对地观测的海量波谱信息为目标识别及科学规律的探测提供了定性或定量数据;遥感、全球定位系统、地理信息系统的一体化将使地理信息系统具有获取数据准确、定位快速的特征,因而数据库快速更新且在分析决策模型支持下,快速完成多维、多元复合分析。因此,3S技术将最终建成新型的地面三维信息和地理编码影像的实时或准实时获取与处理系统,形成快速、高精度信息处理流程。

由3S各自的技术特点和发展趋势可见,它们相互依赖、相互需要、相互支持的趋势愈来愈明显,它们间的联合应用日趋增多,集成理论的探索也日益深化。到20世纪90年代初,各技术系统逐步走向综合或集成,充分显示了学科发展从细分走向综合的规律。

1. 3S集成方式

就3S集成的方式来看,一般可有两种(张友静等 1997;潘宝玉等 1998)。

1) GIS为中心的集成系统

RS和GPS作为系统的重要信息源和更新手段,充实系统的信息和加强系统信息提取功能,以不断保持系统的现势性。

(1) GPS+GIS,即利用GIS中的电子地图和GPS接收机的实时差分定位技术,为GPS定位点上所采集的各种数据提供管理、分析、制图等手段。可以组成各种电子导航系统,可用于车船自行驾驶,航空遥感导航等。

(2) RS+GIS,对于各种GIS,RS是其重要的外部信息源,是其数据更新的重要手段。反之,GIS则为遥感的信息提取提供辅助信息和专家思维,以增大遥感图像的信息量和分辨率,提高遥感识别精度。

2) 以遥感图像处理系统为中心的集成

该集成系统的特征是数据处理和信息提取。GIS和GPS是为遥感影像处理服务的。如GPS和RS结合,可提高遥感对地观测精度,实现对地动态监测等。

2. 3S集成模式

就3S集成的模式看,根据其集成类型和技术水平可以有以下几种模式:

(1) 独立平行的结合模式。各技术系统拥有自己的用户界面、数据库和工具库,而在其内部通过数据通讯实现相互结合,如武汉测绘科技大学的ARIES图像处理系统+GPS+GIS等。

(2) 三者合一、各取一部的结合模式。这里的合一,并非真正意义上的系统融合,而是三者具有统一的用户界面,但各自仍拥有自己的数据库和工具库。各取一部,是取各技术系统之特点,构成专题性实用型集成系统,如"八五"国家科技攻关所建立的主要农作物估产系统、重大自然灾害监测与评估系统等。

(3) 整体结合的模式,即三者完全合一。集RS、GPS、GIS技术的功能为一体,可构成高度自动化、实时化和智能化的地理信息系统,为各种应用提高科学的决策咨询。其中,RS+GPS所获得的遥感图像和数据,是GIS极其重要的信息源。它既是一种综合性的地理信息(包括了各种地理要素),可提供区域的景观实体影像;又是一种空间信息,为地理现象的空间分布提供了较高精度的定位数据。GPS直接与系统相接,为实时动态监测提供定位和导航。而GIS强大的对空间数据的综合处理能力,又可将RS+GPS所获得的海量的地理信息和空间信息,从定量、动态和机制等方面进行综合集成,实现了图形、图像处理系统完全合一,采用统一的数据结构,可为解决具体问题提供有力的技术支持。这种结合要求集成系统具有统一的用户界面、统一的数据模型和统一的数据库管理系统及工具库,可同时实现对图形和图像数据的处理。3S技术的整体结合模式见图4.36。

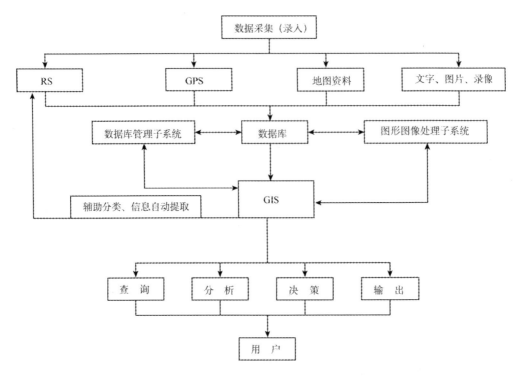

图 4.36　RS、GPS、GIS 的整体结合

参　考　文　献

陈述彭,童庆禧,郭华东.1998.遥感信息机理研究.北京:科学出版社

刘同明,夏祖勋,解洪成.1998.数据融合技术及其应用.北京:国防工业出版社

刘文熙,卓健成.1996.关于建立我国以"3S"集成技术为支撑的现代测绘技术体系的若干思考.西南交通大学学报,31(增刊)

刘文熙.1996.对"3S"集成技术的一些认识.四川测绘,19(3)

刘同明.1998.战术多源信息融合对 DBMS 的需求分析.雷达与对抗,(2)

马建文,赵忠明,布和敖斯尔.2001.遥感数据模型与处理方法.北京:中国科学技术出版社

马小明,叶文虎.1997.美国"3S"技术的最新进展及其应用.中国人口·资源与环境,7(4)

潘宝玉,王贵祥.1998.3S 技术集成及其在地质领域中的应用.山东地质,14(4)

曾文英,王明文.2003.3S 技术的发展、现状及其趋势综述.新余高专学报,8(2)

张文修,陈雁.1994.合情推理与发现逻辑.贵阳:贵州科学技术出版社

张友静,李浩,丁贤荣等.1997.3S 集成及其在水利工程中的应用.水利水电科技进展,17(5)

周良,刘经南,张全德.1998.GPS2000 年前后的进展和状况——记"导航 2000 年"学术会议展示的 GPS 政策和技术的变化.地理信息世界,(3)

Wald L. 1999. Some terms of reference in data fusion. IEEE Transactions on Geoscience and Remote Sensing,37(3):1190~1193

第5章　数据库技术

在数字化系统建设中,数据库技术发挥着举足轻重的作用。本章介绍当前数据库领域的两大热门研究技术:处理超大数据量的海量数据库技术及网络资源数据组织中的基本技术——元数据技术。

5.1　海量数据库技术

数字化和网络化的信息环境带来了数据库技术的变革,随着信息服务的高速网络化发展,信息与资源共享度越来越高,区域化甚至全国、全球范围内统一的海量资源数据库工程建设已开始启动。海量数据库的存储与索引技术日渐成为人们研究的热点。本节介绍海量数据库技术的基本概念及相关的关键技术。

5.1.1　海量数据库基本概念

1.　Internet 环境下信息数据的特点

信息社会的信息大体可以分为两类:一类信息能够用数据或统一的结构加以表示,称为结构化数据,如数字、符号等;另一类信息根本无法用数字或者统一的结构表示,如图像、声音乃至网页等,称为非结构化数据。随着网络和软件技术的飞速发展,Internet 时代的数据越来越显示出两个最主要的特点,即非结构化数据大量涌现和海量数据的产生(盛明颖等　2003)。

2.　海量数据库

随着人类信息化程度的提高,数据已超出它原始的范畴,它包含各种空间数据、报表统计数据、文字、声音、图像、超文本等各种环境和文化数据信息。

所谓海量,是指数据量巨大,空前浩瀚。目前,随着信息数字化的迅猛发展,各行各业的数据量急剧上涨。不仅所研究的内容丰富,细节增加,数据的维数也在上涨,同时信息服务的功能也急剧膨胀,用户数目飞涨,因此许多业务都面临着海量数据的问题。

随着数据库技术的广泛应用,各大主流数据库产品都支持海量数据库系统(very large data base,VLDB),众多数据库支持的数据量已达到 TB 级(田稷等　2003)。面对海量数据,如何有效地存储、管理并实现快速检索,从信息海洋中提取有价值的信息,进一步提高信息的利用率,已经成为海量数据库系统研究的主要问题。

对 VLDB 的支持并不仅仅指数据库系统的数据量(或称数据容量)达到了几百 GB 或 TB 级,VLDB 的性能更多地体现在对数据库系统的管理能力,包括日常管理、数据加载、索引建立、运行性能等。同时还需要支持大量的用户连接和大的工作负荷。

5.1.2　海量数据库相关的主要技术

如何有效地存储海量的非结构化数据,如何从海量信息中检索有用信息,成为了人们关注的热点,也是海量数据库技术的研究热点。

1. 海量存储技术

单个存储设备(硬盘、光盘、磁带等)在速率、容量等方面不能适应大规模数据增长的需要,因而海量存储技术逐渐发展起来并得到了广泛应用(赵相伟等　2003)。

1) 磁盘阵列

磁盘阵列(redundant array of independent disks,RAID)是美国加利福尼亚大学伯克利分校 D. A. Patterson 教授于 1988 年提出的,目的是利用多个硬盘的组合提供高效率及容错的功能。RAID 可将若干个小硬盘"组合"成一个大硬盘,可大大扩充硬盘的容量。

RAID 还提供了单个硬盘难以提供的冗余容错功能,大大提高了可靠性。例如,当 RAID5 阵列中的一个硬盘损坏时,数据依然不会丢失,可从阵列中的其他盘上恢复出来。利用容错功能可以实现数据的热备份(在线恢复)。目前,RAID 逐渐由高端向中低端用户渗透,应用范围变得更加广泛。

2) 光盘塔、光盘库和光盘镜像服务器

光盘具有存储容量巨大、成本低、体积小、信息可以保存 100 年至 300 年等很多优点,已被普遍用于文献资料、视听材料、影视节目等媒体信息存储,供广大用户重复只读。一张 CD 的容量为 650MB,一张 DVD 的容量为 4.7GB。要获得海量信息的存取,一张光盘显然不够,需要将几十、几百张光盘组合起来使用。

光盘塔由多个小型计算机系统接口(small computer system interface,SCSI)的 CD-ROM 驱动器串联而成,光盘预先放置在驱动器中,可通过软件来控制某台光驱的读写操作。用户访问光盘塔时,可以直接访问驱动器中的光盘。

光盘库是一种带有自动换盘机构(机械手)的光盘网络共享设备,一般配置 1~6 台驱动器,可容纳 100~600 张光盘。用户访问光盘库时,自动换盘机构首先将驱动器中的光盘取出并放置到盘架上的指定位置,然后再从盘架中取出所需的光盘并送入驱动器中。光盘库使用普通的 EIDE 光驱即可,安装简单,使用、维护方便,成本较低。

光盘镜像服务器则是在光盘塔和光盘库的基础上,结合网络服务器概念与硬盘 CaKdle 技术,将光盘缓存到硬盘或磁盘阵列上,用户实际访问的是硬盘上的数据,从而大大提高了访问速度和光盘利用率。它已逐步取代光盘库和光盘塔而成为主流产品。

3) 磁带库

磁带库产品是由自动磁带加载机、磁带驱动器和装有极多盘磁带的磁带匣有机结合组成的基于磁带的备份系统。自动磁带加载机能够从磁带匣中选取磁带并放入驱动器,或执行相反的过程。磁带库产品能实现连续备份、自动搜索磁带、智能恢复、实时监控和

统计等,备份效率高、无需人工干涉,存储容量可达到数百 PB;可接入存储区网(storage area network,SAN)实现远程访问或备份,可通过磁带镜像作多磁带库备份。磁带库在数据备份市场中居主流地位。

4）网络存储技术

该技术包括网络附加存储(network attached storage, NAS)和 SAN(Huai 2003)。传统的服务器连接存储叫做直接连接存储(direct attached storage,DAS),每一个主机管理它本身的文件系统,不能实现与其他主机共享数据,只能通过与其连接的主机进行访问。

NAS 是一种特殊的专用数据存储服务器,包括存储器件(如磁盘阵列、CD/DVD 驱动器、磁带驱动器或可移动的存储介质)和内嵌系统软件,可提供跨平台文件共享功能。NAS 通常在一个局域网上占有自己的节点,无需应用服务器的干预,允许用户在网络上存取数据。

SAN 是用专用的网络把各存储设备和各服务器连接起来,再接入局域网的一种区域网。SAN 是为在服务器和存储设备之间传输大块数据而进行优化的。各存储设备的连接采用高性能的光纤通道交换机和光纤通道网络协议。一个或多个光纤通道交换机以网络拓扑(SAN 架构)形式为主机服务器和存储设备提供互联,在主机服务器及其连接设备之间提供高性能光纤通道和扩展的距离。

5）虚拟存储技术

虚拟存储(刘玉山　2003)也就是逻辑存储,是智能存储设备。它把物理存储介质封装起来,对外是一个智能的逻辑存储接口;无论后端物理存储是什么设备,在服务器及其应用系统中看到的是存储设备的逻辑镜像。即使物理存储发生变化,逻辑镜像也不会发生变化,存储管理变得较为简单。虚拟存储后端的物理存储设备包括虚拟磁带、虚拟磁盘、虚拟 SAN 等。

2　新型的非结构化数据库

随着数量庞大的 Web 服务器站点的开通,海量的以 HTML 为代表的非结构化数据的应用,使人们意识到传统的关系型数据库已经远远不能满足这些实际应用。

1）传统的关系型数据库系统

传统的关系型数据库不能用于海量的非结构化数据管理。关系数据库的最初设计源于主机系统的业务处理应用,其服务模式以服务器为中心。电子商务以客户为中心,这就对数据库系统提出了更高的要求:在数据查询时要有高强度、瞬时、大规模、并发操作的能力。

关系模型中不允许对对象进行标识,导致对数据的索引和检索方式单一、有限,一般只支持关键词检索而不能支持高效的全文检索,无法满足用户在电子商务中对信息检索的要求。

随着电子商务的发展,用户的信息和数据随业务的发展而持续地急剧膨胀,数据访问量随着数据量本身增长而快速增长,关系数据库的索引和检索的执行效率会随着数据量的增加而降低。

在数据集中管理的大趋势下,关系数据库无法利用自然语言处理技术,因此不能满足用户对海量数据访问深层次挖掘和分析的需求。

在数据检索方面,海量信息对查询速度有较高的要求,查全率、查准率则是衡量检索效率的标准。我们知道,关系数据库的索引是基于 B⁺ 树的方法,这种方法对海量数据的检索效率是非常低的,甚至几乎是不可行的。而产生于 20 世纪 70 年代主要针对数值和字符处理的关系数据库模型由于当时应用的局限,在设计时几乎没有考虑到多媒体、网页等非结构化数据处理的问题。所以,关系数据库在 Internet 时代的非结构化数据和海量信息数据的处理方面存在着许多问题,特别是关系数据库对数据类型的处理只局限于数字、字符,对非结构化信息的处理只是停留在简单的二进制代码文件的存储,已经不适应用户从原先数据的简单存储上升为对数据的识别、检索和深入加工的要求。基于 Internet 内容的应用尤其使关系数据库相形见绌。因此有人说,数据库技术将进入“后关系数据库时代”,进入基于网络应用和内容管理的非结构化数据库时代,数据的存储管理技术和检索技术也会随之发生相应的变化。

2) 新型的非结构化数据库系统

通俗地理解非结构化数据库,就是能够处理记录变长、字段可重复、支持全文检索、支持多媒体信息的新型数据库。

正是基于原有数据库在海量数据查询上的局限,对海量数据快速、准确地查询成为大型电子商务平台性能和效率提升的瓶颈。因此,大公司引入了新的克服上述问题的数据库检索引擎,如北京国信贝斯软件有限公司的 iBASE 数据库软件。

作为新型的数据库产品,国信贝斯公司的 iBASE 数据库在处理非结构化信息和全文检索方面获得了突破(张启瑞等 2001)。它能够处理包括结构化和非结构化数据在内的复杂的 Web 数据,能通过独特的子字段、变长字段和重复字段的数据模型结构,来处理复杂的嵌套和变长数据;支持全文检索,支持图像、声音等多媒体数据。

iBASE 数据库最核心的技术,实际上就是对数据的变长存储和智能检索技术。在数据存储上,iBASE 数据库在数据模型上主要采用了面向对象技术,以可扩展标记语言(eXtensible Markup Language,XML)技术为其核心,能根据数据对象自动分配存储空间,实现数据自适应存储和管理,大大节省了存储空间;同时,iBASE 数据库的数据表突破关系数据库严格的二维表结构,数据库记录内的每一个字段都是可以重复的,而每一个字段可以有一个或者多个子字段,甚至可以嵌套一个二维表,从而解决原来关系数据库需要多个表来表示复杂关系的问题。

三星 SDS 是韩国最大的全球化 IT 解决方案提供商,为整个三星集团独家提供整体 IT 服务和电子商务服务。随着数据量和业务量的不断高速增长,由于关系数据库最初设计的局限,其数据查询效率和性能已越来越成为制约电子商务平台发展的瓶颈。于是三星 SDS 决定在原有数据库基础上引入 iBASE 非结构化数据库,将原有数据库与这一新型数据库链接起来,既不影响原有业务,又提高了效率。通过采用 iBASE 作为数据库检索服务器,新的三星 SDS 电子商务平台关于各种海量电子商务信息的查询具有如下特点：一体化的信息查询、稳定高效的查询效率、丰富的查询手段。

非结构化的数据处理将成为新的研究方向，也是海量数据库建设中需要考虑的重要问题之一。

3 搜索引擎技术[①]

搜索引擎(search engine)是随着 Web 信息的迅速增加，从 1995 年开始逐渐发展起来的技术。随着因特网的迅猛发展、Web 信息的增加，用户要在如此浩瀚的信息海洋里查找信息，就像大海捞针一样。搜索引擎技术正是针对这一难题而产生的，它可以为用户提供信息检索服务。目前，搜索引擎技术正成为计算机工业界和学术界争相研究、开发的对象。

搜索引擎以一定的策略在互联网中搜集、发现信息，对信息进行理解、提取、组织和处理，并为用户提供检索服务，从而起到信息导航的目的。按照信息搜集方法和服务提供方式的不同，搜索引擎系统可以分为以下三大类(王江涤 2004)。

目录式搜索引擎：以人工方式或半自动方式搜集信息，由编辑员查看信息之后，人工形成信息摘要，并将信息置于事先确定的分类框架中。信息大多面向网站，提供目录浏览服务和直接检索服务。该类搜索引擎因为加入了人的智能，所以信息准确、导航质量高，缺点是需要人工介入，维护量大，信息量少，信息更新不及时。

机器人搜索引擎：由一个被称为蜘蛛(Spider)的机器人程序以某种策略自动地在互联网中搜集和发现信息，由索引器为搜集到的信息建立索引，由检索器根据用户的查询输入检索索引库，并将查询结果返回给用户。服务方式是面向网页的全文检索。该类搜索引擎的优点是信息量大，更新及时，无须人工干预；缺点是返回信息过多，有很多无关信息，用户必须从结果中进行筛选。

元搜索引擎：这类搜索引擎没有自己的数据，而是将用户的查询请求同时向多个搜索引擎递交，将返回的结果进行重复排除、重新排序等处理后，作为自己的结果返回给用户(陈伟雄等 2004)。服务方式为面向网页的全文检索。这类搜索引擎的优点是返回结果的信息量更大、更全，缺点是不能够充分利用所使用的搜索引擎的功能，用户需要做更多的筛选。

1) 搜索引擎的性能指标

我们可以用衡量传统信息检索系统的性能参数召回(recall)率和精度(precision)衡量一个搜索引擎的性能。召回率是检索出的相关文档数和文档库中所有的相关文档数的比率，衡量的是检索系统(搜索引擎)的查全率；精度是检索出的相关文档数与检索出的文档总数的比率，衡量的是检索系统(搜索引擎)的查准率。

影响一个搜索引擎系统的性能有很多因素，最主要的是信息检索模型，包括文档和查询的表示方法、评价文档和用户查询相关性的匹配策略、查询结果的排序方法和用户进行相关度反馈的机制。

---

① 李晓明,刘建国.2000.搜索引擎技术发展趋势.中国计算机用户,(9):77~78

2) 搜索引擎的主要技术

一个搜索引擎由搜索器、索引器、检索器和用户接口等四个部分组成。

(1) 搜索器。搜索器的功能是在互联网中漫游,发现和搜集信息。它常常是一个计算机程序,日夜不停地运行。目前有两种搜集信息的策略:从一个起始 URL 集合开始,顺着这些 URL 中的超链接(hyperlink),以宽度优先、深度优先或启发式方式循环地在互联网中发现信息。这些起始 URL 可以是任意的 URL,但常常是一些非常流行、包含很多链接的站点。搜索器搜集的信息类型多种多样,包括 HTML、XML、Newsgroup 文章、FTP 文件、字处理文档、多媒体信息。

(2) 索引器。索引器的功能是理解搜索器所搜索的信息,从中抽取出索引项,用于表示文档以及生成文档库的索引表。

(3) 检索器。检索器的功能是根据用户的查询在索引库中快速检出文档,进行文档与查询的相关度评价,对将要输出的结果进行排序,并实现某种用户相关性反馈机制。检索器常用的信息检索模型有集合理论模型、代数模型、概率模型和混合模型四种。

(4) 用户接口。用户接口的作用是输入用户查询、显示查询结果、提供用户相关性反馈机制。主要的目的是方便用户使用搜索引擎,高效率、多方式地从搜索引擎中得到有效、及时的信息。用户接口的设计和实现使用人机交互的理论和方法,以充分适应人类的思维习惯。

4 海量图像数据的检索

数据库最核心的技术之一就是数据检索技术。在现有的关系数据库中,支持的索引只限于单字段索引、复合索引(多字段索引)等方式,在非结构化数据库中支持的索引则有很多种,可以满足极其复杂的数据检索需要。非结构化数据库中的字段索引兼容关系数据库的索引,并在此基础上增加了子字段索引和全文索引(英文单词索引和中文单汉字索引),甚至可以支持人工标引索引、中文英文混合索引等方式,还可以对同一字段进行若干种不同的索引,以满足特殊检索的需求。

海量图像数据的检索是海量数据检索的热点研究之一。

1) 文本关键词检索技术

文本关键词检索是一种非常方便而重要的检索方式,也是目前图像数据的主要检索方式。利用传统的文本检索技术,为图像作出文字化的注释,以解释图像的内容。例如在医学影像数据库中,可以根据病人姓名、病人住院号等存储并查询患者图像,也可根据疾病名称,存储并查询某种疾病的典型图像。海量图像数据的文本检索有以下缺点。

(1) 不充分性。图像丰富的细节和它的许多引申意义是难以用文字全部表达出来的,区区几个关键词很难将图像所反映的内容描述清楚。

(2) 主观性。对同一幅图像,不同的人可能作出不一致的理解,因此用户在查询时输入的关键词和存储所用的关键词可能不一致。

(3) 低效率。对图像加注文本信息要由手工完成,图像数据来源日益广泛,数量急剧增加,这种方法显得费时费力,所需的工作量太大,处理速度慢。

2) 基于内容的图像检索技术

为了突破文本检索方式的诸多弊端,人们开始研究把图像中所包含的内容信息作为图像的索引。

所谓基于内容的图像检索(content based image retrieval,CBIR)技术,是基于内容的检索(content based retrieval, CBR)技术的一种,又称图像内容查询(query by image content,QBIC)技术,是指利用图像的颜色(灰度)、形状、纹理、语义等特征对图像进行查询,试图在理解图像内容的基础上,检索出与示例相类似的图像(张建东等 2004)。这种查询融传统的模式识别技术与多媒体人机交互技术为一体,是多种高技术合成的新兴的检索技术,涉及到图像处理与理解、模式识别技术、相似检索技术、数据库等关键技术。

CBIR 系统,根据其处理的对象可分为静止图像检索和活动视频检索。根据图像存储位置不同,分为集中式图像检索和分布式图像检索(如 Web 图像检索)。根据应用领域不同又可分为通用检索系统和专用检索系统,通用检索系统适合于所有图像,而专用检索系统则是为某一领域而研究的专门检索技术,如医学图像检索(姜洪溪 2004)。

CBIR 已成为国内外研究的热点,其应用领域涉及到商标管理、医学图像管理、公安系统、卫星图像管理等领域。

5.2　元数据技术

元数据为各种形态的数字化信息单元和资源集合提供了规范、普遍的描述方法和检索工具。

5.2.1　元数据概述

1.元数据的概念

元数据(metadata)即关于数据的数据,是关于数据和信息资源的描述性信息。例如,有一本书我们对它的书名、作者、出版社等信息做一个简单的摘要,那么这个摘要信息就可以称作元数据。同样的,关于物质世界的和初始事物的简单(相对于源)再描述所得到信息都可以称作元数据,这是元数据的一般定义(吴金华等 2004)。元数据最基本的用途就是管理数据,从而实现查询、阅读、交换和共享。

2.元数据的应用

元数据为由多种数字化资源有机构成的信息体系(如数字图书馆)提供整合的工具与纽带。离开元数据的数字图书馆将是一盘散沙,将无法提供有效的检索和处理。元数据主要应用于以下几个方面[①]。

(1) 确认和检索。元数据主要致力于如何帮助人们检索和确认所需要的资源,数据

---

① 国家基础地理信息中心.2003.《地理信息元数据》(国家标准)(征求意见稿).北京

元素往往限于作者、标题、主题、位置等简单信息。

（2）著录描述。元数据用于对数据单元进行详细、全面的著录描述，数据元素囊括内容、载体、位置与获取方式、制作与利用方法甚至相关数据单元方面等，数据元素数量往往较多。

（3）资源管理。元数据支持资源的存储和使用管理。数据元素除比较全面的著录描述信息外，还往往包括权利管理、电子签名、资源评鉴、使用管理、支付审计等方面的信息。

（4）资源保护与长期保存。元数据支持对资源进行长期保存。数据元素除对资源进行描述和确认外，往往包括详细的格式信息、制作信息、保护条件、转换方式、保存责任等内容。

3．元数据的格式[①]

根据不同应用领域的数据特点和应用需要，20世纪90年代以来，在各个不同领域出现了许多元数据格式，举例如下。

网络资源：都柏林核心（Dublin Core，DC）、IAFA Temsplate、CDF、Web Collections、EEVL。

文献资料：MARC(with 856 Field)、DC。

人文科学：TEI Header。

社会科学数据集：ICPSR SGML Codebook。

博物馆与艺术作品：CIMI、CDWA、RLG REACH Element Set、VRA Core。

政府信息：GILS。

地理空间信息：FGDC/CSDGM。

数字图像：MOA2 Metadata、CDL Metadata、Open Archives Format、VRA Core、NISO/CLIR/RLG Technical Metadata for Images。

档案库与资源集合：EAD。

技术报告：RFC 1807。

连续图像：MPEG-7。

不同领域的元数据应用格式处于不同的标准化阶段。

在网络资源描述方面，DC经过多年国际性努力，已经成为一个广为接受和应用的事实标准。

在政府信息方面，由于美国政府大力推动和有关法律、标准的实行，GILS已经成为政府信息描述标准，并在世界若干国家得到相当程度的应用。与此类似的还有地理空间信息处理的FGDC/CSDGM。

但在某些领域，由于技术的迅速发展变化，仍然存在多个方案竞争，典型的是数字图像的元数据，现在提出的许多标准都处于实验和完善的阶段。

元数据开发应用经验表明，很难有一个统一的元数据格式来满足所有领域的数据描述需要。即使在同一个领域，也可能为了不同目的而需要不同的、但可相互转换的元数据格式。同时，统一的集中计划式元数据格式标准也不适合 Internet 环境，不利于充分利用市场机制和各方面力量。但在同一领域，应争取标准化；在不同领域，应妥善解决不同格

---

① 张晓林.2001.元数据开发应用的标准化框架.图书馆自动化,(2)

式的互操作问题。

4．元数据结构[①]

1）元数据结构定义方式

一个元数据格式由多层次的结构予以定义。

(1) 内容结构(content structure)，对该元数据的构成元素及其定义标准进行描述；

(2) 句法结构(syntax structure)，定义元数据结构以及如何描述这种结构；

(3) 语义结构(semantic structure)，定义元数据元素的具体描述方法。

2）内容结构

内容结构定义元数据的构成元素，可包括描述性元素、技术性元素、管理性元素、结构性元素(如与编码语言、Namespace、数据单元等的链接)。这些数据元素很可能依据一定标准来选取，因此在元数据内容结构中需要对此进行说明，如 MARC 记录所依据的 ISBD、EAD 所参照的 ISAD(G)、ICPSR 所依据的 ICPSR Data Preparation Manual (《ICPSR 数据准备手册》)。

3）句法结构

句法结构定义格式结构及其描述方式，例如元素的分区分段组织、元素选取使用规则、元素描述方法(例如，D C 采用 ISO/IEC 11179 标准)、元素结构描述方法(如 MARC 记录结构、SGML 结构、XML 结构)、结构语句描述语言(如 EBNF Notation)等。

有时，句法结构需要指出元数据是否与所描述的数据对象捆绑在一起，或作为单独数据存在但以一定形式与数据对象链接，还可能描述与定义标准、DTD 结构和 Namespace 等的链接方式。

4）语义结构

语义结构定义元素的具体描述方法，例如描述元素时所采用的标准、最佳实践(best practice)或自定义的描述指令(instruction)。

有些元数据格式本身定义了语义结构，而另外一些则由具体采用单位规定语义结构，例如，D C 建议日期元素采用 ISO 8601，资源类型采用 Dublin Core Types，数据格式可采用 MIME，识别号采用 URL 或 DOI 或 ISBN；OhioLink 在使用 VRA Core 时要求主题元素使用 A&AT、TGM 和 TGN，人名元素用 ULAN。

5．元数据编码语言与制作方式[①]

1）元数据编码语言

元数据编码语言(metadata encoding language)指对元数据元素和结构进行定义和描

① 张晓林.2001.元数据开发应用的标准化框架.图书馆自动化,(2)

述的具体语法和语义规则,常称为定义描述语言(DDL)。

在元数据发展初期人们常使用自定义的记录语言(如 MARC)或数据库记录结构(如 ROADS 等),但随着元数据格式的增多和互操作的要求,人们开始采用一些标准化的 DDL 来描述元数据,如 SGML 和 XML,其中以 XML 最有潜力。

2) 元数据制作方式

(1) 专门编制模块(如编制 MARC、GILS、FGDC 等);
(2) 数据处理时自动编制(如编制 Dublin Core 等);
(3) 数据物理处理时自动编制(如数字图像扫描时的某些元数据参数);
(4) 共享元数据(如 OCLC/CORC、IMESH)。

6. 元数据互操作性[①]

由于不同的领域(甚至同一领域)往往存在多个元数据格式,当在用不同元数据格式描述的资源体系之间进行检索、资源描述和资源利用时,就存在元数据的互操作性(Interoperability)问题:多个不同元数据格式的释读、转换和由多个元数据格式描述的数字化信息资源体系之间的透明检索(韩夏 2004)。

1) 元数据格式映射

利用特定转换程序对不同元数据元格式进行转换,称为元数据映射(Metadata Mapping/Crosswalking)。

目前已有大量的转换程序存在,供若干流行元数据格式之间的转化,如 DC 与 USMARC,DC 与 EAD,DC 与 GILS,GILS 与 MARC,TEI Header 与 MARC,FGDC 与 MARC。也可利用一种中介格式对同一格式框架下的多种元数据格式进行转换。例如,UNIverse 项目利用 GRS 格式进行各种 MARC 格式和其他记录格式的转换。格式映射转换准确、转换效率较高。不过,这种方法在面对多种元数据格式并存的开放式环境中的应用效率明显受到限制。

2) 标准描述方法

解决元数据互操作性的另一种思路是建立一个标准的资源描述框架,用这个框架来描述所有元数据格式,那么只要一个系统能够解析这个标准描述框架,就能解读相应的元数据格式。实际上,XML 和资源描述框架(resource description framework,RDF)从不同角度起着类似的作用。

XML 通过其标准的文档类型定义(document type definition,DTD)的定义方式,允许所有能够解读 XML 语句的系统辨识用 XML-DTD 定义的元数据格式,从而解决对不同格式的释读问题。

RDF 定义了由 Resources、Properties 和 Statements 等三种对象组成的基本模型,其中 Resources 和 Properties 关系类似于 E-R 模型,而 Statements 则对该关系进行具体描

---

① 张晓林.2001.元数据开发应用的标准化框架.图书馆自动化,(2)

述。RDF通过这个抽象的数据模型为定义和使用元数据建立了一个框架,元数据元素可看成其描述的资源的属性。RDF进一步定义了Schema标准,规定了声明资源类型、声明相关属性及其语义的机制,以及定义属性与其他资源间关系的方法。另外,RDF还规定了利用XML Namespace方法调用已有定义规范的机制。

3)数字对象方式

建立包含元数据及其转换机制的数字对象可能可以从另一个角度解决元数据互操作性问题。

Cornell/FEDORA项目提出由内核(structural kernel)和功能传播器层(disseminator layer)组成的复合数字对象。

内核可以容纳以比特流形式存在的文献内容、描述该文献的元数据以及对这个文献及元数据进行存取控制的有关数据。

功能传播器层包括初始功能传播器(primitive disseminator)(支持有关解构内核数据类型和对内核数据读取的服务功能)和内容型传播器(content-type disseminator),它们可内嵌元数据格式转换机制。例如,在一个数字对象的内核中存有MARC格式的元数据,在功能传播器层装载有请求DC格式及其转换服务的内容类型传播器。当数字对象使用者要求读取以DC表示的元数据时,相应的内容类型传播器将通过网络请求存储有DC及其转换服务程序的数字对象,然后将被请求数字对象中的MARC形式元数据转换为DC形式,再输出给用户。

5.2.2 XML概述

1. XML的产生与发展

XML由万维网联盟(World Wide Web Consortium,W3C)设计,属于为Web应用服务的标准通用标识语言(standard general markup language,SGML)的一个重要分支。总的来说,XML是一种元标记语言[①](meta-markup language),可提供描述结构化资料的格式。详细来说,XML是一种类似于HTML,被设计用来描述数据的语言。XML提供了一种独立的运行程序的方法来共享数据,它是用来自动描述信息的一种新的标准语言,它能使计算机通信把Internet的功能由信息传递扩大到人类其他多种多样的活动中去。XML由若干规则组成,这些规则可用于创建标记语言,并能用一种被称作分析程序的简明程序处理所有新创建的标记语言,正如HTML为第一个计算机用户阅读Internet文档提供一种显示方式一样,XML也创建了一种任何人都能读出和写入的世界语。XML解决了HTML不能解决的两个Web问题,即Internet发展速度快而接入速度慢的问题和可利用的信息多但难以找到自己需要的信息的问题。XML能增加结构和语义信息,可使计算机和服务器即时处理多种形式的信息。因此,运用XML的扩展功能不仅能从Web服务器下载大量的信息,还能大大减少网络业务量。

---

① 格式交换语言,可以用于不同数据之间的中介交换

XML 中的标志(TAG)是没有预先定义的,使用者必须要自定义需要的标志,XML
是能够进行自描述(self describing)的语言。XML 使用 DTD 来显示这些数据,扩展样式
表语言(extensible style sheet language,XSL)是一种用来描述这些文档如何显示的机
制,它是 XML 的样式表描述语言。XSL 的历史比 HTML 用的层叠样式表(cascading
style sheet,CSS)还要悠久。XSL 包括两部分:一部分用来转换 XML 文档的方法,一部
分用来格式化 XML 文档的方法。扩展链接语言(extensible link language,XLL)是 XML
链接语言,它提供 XML 中的链接,与 HTML 中的类似,但功能更强大。使用 XLL,可以
多方向链接,且链接可以存在于对象层级,而不仅仅是页面层级。由于 XML 能够标记更
多的信息,所以它就能使用户很轻松地找到他们需要的信息。利用 XML,Web 设计人员
不仅能创建文字和图形,而且还能构建文档类型定义的多层次、相互依存的系统、数据树、
元数据、超链接结构和样式表。

2. XML 的主要特点

正是 XML 的特点决定了其卓越的性能表现。XML 作为一种标记语言,有许多
特点:

1) 简单

XML 经过精心设计,整个规范简单明了,它由若干规则组成,这些规则可用于创建标
记语言,并能用一种常常称作分析程序的简明程序处理所有新创建的标记语言。XML 能
创建一种任何人都能读出和写入的世界语,这种创建世界语的功能叫做统一性功能。
XML 创建的标记总是成对出现,据此制订统一代码新的编码标准。

2) 开放

在市场上有许多成熟的软件可用来帮助编写、管理 XML 语言,开放式标准 XML 是
经过验证的标准技术。XML 解释器可以使用编程的方法来载入一个 XML 的文档,当这
个文档被载入以后,用户就可以通过 XML 文件对象模型来获取和操纵整个文档的信息,
加快了网络运行速度。

3) 高效且可扩充

支持复用文档片断,使用者可以发明和使用自己的标签,也可与他人共享,可延伸性
大。在 XML 中,可以定义无限量的一组标注。XML 提供了一个标示结构化资料的架
构。一个 XML 组件可以宣告与其相关的资料为零售价、营业税、书名、数量或其他任何
数据元素。随着世界范围内的许多机构逐渐采用 XML 标准,将会有更多的相关功能出
现:一旦锁定资料,便可以使用任何方式透过电缆线传递,并在浏览器中呈现,或者转交到
其他应用程序做进一步的处理。XML 提供了一个独立的运用程序的方法来共享数据,使
用 DTD,不同组中的人就能够使用共同的 DTD 来交换数据。你的应用程序可以使用这
个标准的 DTD 来验证你接受到的数据是否有效,你也可以使用一个 DTD 来验证你自己
的数据。

4) 国际化

标准国际化,且支持世界上大多数文字。这源于依靠它的统一代码的新的编码标准,这种编码标准支持世界上所有以主要语言编写的混合文本。在 HTML 中,就大多数字处理而言,一个文档一般是用一种特殊语言写成的,不管是英语,还是日语或阿拉伯语,如果用户的软件不能阅读特殊语言的字符,那么他就不能使用该文档。但是能阅读 XML 语言的软件就能顺利处理这些不同语言字符的任意组合。因此,XML 不仅能在不同的计算机系统之间交换信息,而且能跨国界和超越不同文化疆界交换信息。

3. XML 的应用

XML 已经成为正式的规范,开发人员能够用 XML 的格式标记和交换数据。XML 在三层架构上为数据处理提供了很好的方法。使用可升级的三层模型,XML 可以从存在的数据中产生出来,使用 XML 结构化的数据可以从商业规范和表现形式中分离出来。数据的集成、发送、处理和显示是下面过程中的每一个步骤。

促进 XML 应用的是那些用标准的 HTML 无法完成的 Web 应用。这些应用从大的方面讲可以被分成以下四类:需要 Web 客户端在两个或更多异质数据库之间进行通信的应用;试图将大部分处理负载从 Web 服务器转到 Web 客户端的应用;需要 Web 客户端将同样的数据以不同的浏览形式提供给不同的用户的应用;需要智能 Web 代理根据个人用户的需要裁减信息内容的应用。显而易见,这些应用和 Web 的数据挖掘技术有着重要的联系,基于 Web 的数据挖掘必须依靠它们来实现。

XML 给基于 Web 的应用软件赋予了强大的功能和灵活性,因此它给开发者和用户带来了许多好处,比如进行更有意义的搜索,并且 Web 数据可被 XML 唯一地标识。没有 XML,搜索软件必须了解每个数据库是如何构建的,但这实际上是不可能的,因为每个数据库描述数据的格式几乎都是不同的。由于不同来源数据的集成问题的存在,现在搜索多样的不兼容的数据库实际上是不可能的。XML 能够使不同来源的结构化的数据很容易地结合在一起。软件代理商可以在中间层的服务器上对从后端数据库和其他应用处来的数据进行集成。然后,数据就能被发送到客户或其他服务器做进一步的集合、处理和分发。XML 的扩展性和灵活性允许它描述不同种类应用软件中的数据,从描述搜集的 Web 页到数据记录,从而通过多种应用得到数据。同时,由于基于 XML 的数据是自我描述的,数据不需要有内部描述就能被交换和处理。利用 XML,用户可以方便地进行本地计算和处理,XML 格式的数据发送给客户后,客户可以用应用软件解析数据并对数据进行编辑和处理。使用者可以用不同的方法处理数据,而不仅仅是显示它。XML 文档对象模式(document object mode,DOM)允许用脚本或其他编程语言处理数据,数据计算不需要回到服务器就能进行。XML 可以被利用来分离使用者观看数据的界面,使用简单灵活开放的格式,可以给 Web 创建功能强大的应用软件,而原来这些软件只能建立在高端数据库上。另外,数据发到桌面后,能够用多种方式显示。

XML 还可以通过以简单开放扩展的方式描述结构化的数据,XML 补充了 HTML,被广泛地用来描述使用者界面。HTML 描述数据的外观,而 XML 描述数据本身。由于数据显示与内容分开,XML 定义的数据允许指定不同的显示方式,使数据更合理地表现出来。本地的数据能够以客户配置、使用者选择或其他标准决定的方式动态地表现出来。CSS 和 XSL 为数据的显示提供了公布的机制。通过 XML，数据可以粒状地更新。每当一部分数据变化后，不需要重发整个结构化的数据。变化的元素必须从服务器发送给客户，变化的数据不需要刷新整个使用者的界面就能够显示出来。但在目前，只要一条数据变化了，整一页都必须重建。这严重限制了服务器的升级性能。XML 也允许加进其他数据，比如预测的温度。加入的信息能够进入存在的页面，不需要浏览器重新发一个新的页面。XML 应用于客户需要与不同的数据源进行交互时，数据可能来自不同的数据库，它们都有各自不同的复杂格式，但客户与这些数据库间只通过一种标准语言进行交互，那就是 XML。由于 XML 的自定义性及可扩展性，它足以表达各种类型的数据。客户收到数据后可以进行处理，也可以在不同数据库间进行传递。总之，在这类应用中，XML 解决了数据的统一接口问题。但是，与其他的数据传递标准不同的是，XML 并没有定义数据文件中数据出现的具体规范，而是在数据中附加 TAG 来表达数据的逻辑结构和含义。这使 XML 成为一种程序能自动理解的规范。

XML 应用将大量运算负荷分布在客户端，即客户可根据自己的需求选择和制作不同的应用程序以处理数据，而服务器只需发出同一个 XML 文件。如按传统的客户机程序/服务器(client/server)工作方式，客户向服务器发出不同的请求，服务器分别予以响应，这不仅加重服务器本身的负荷，而且网络管理者还须事先调查各种不同的用户需求以做出相应不同的程序，但假如用户的需求繁杂而多变，则仍然将所有业务逻辑集中在服务器端是不合适的，因为服务器端的编程人员可能来不及满足众多的应用需求，也来不及跟上需求的变化，双方都很被动。应用 XML 则将处理数据的主动权交给了客户，服务器所作的只是尽可能完善、准确地将数据封装进 XML 文件中，正是各取所需、各司其职。XML 的自解释性使客户端在收到数据的同时也理解数据的逻辑结构与含义，从而使广泛、通用的分布式计算成为可能。

XML 还被应用于网络代理，以便对所取得的信息进行编辑、增减以适应个人用户的需要。有些客户取得数据并不是为了直接使用而是为了根据需要组织自己的数据库。比如，教育部门要建立一个庞大的题库，考试时将题库中的题目取出若干组成试卷，再将试卷封装进 XML 文件，接下来在各个学校让其通过一个过滤器，滤掉所有的答案，再发送到各个考生面前，未经过滤的内容则可直接送到老师手中，当然考试过后还可以再传送一份答案汇编。此外，XML 文件中还可以包含进诸如难度系数、往年错误率等其他相关信息，这样只需几个小程序，同一个 XML 文件便可变成多个文件传送到不同的用户手中。

5.2.3　基于 XML 的元数据

目前，元数据是网络资源组织发展的热点，它与 XML 的发展密不可分。基于 XML 的元数据格式将走向标准化，为网络环境下资源的高效组织和利用提供必要的手段，元数据和 XML 的结合将在不断发展的网络信息资源共享和组织中发挥有效的、强大的作用（刘飞等　2004）。

1．DC 元数据

基于 XML 的都柏林核心元素集(Dublin Core Element Set)简称都柏林核心,是 1995 年都柏林核心元数据研究行动(Dublin Core Metadata Initiative,DCMI)拟定的用于标识电子信息资源的一种简要目录模式。它有简练、易于理解、可扩展及能与其他元数据形式进行链接等优点。目前,它由 15 个数据单元(element)组成。

(1) Title(题名)。用于说明由创建者或出版者赋予资源的名称。例如网站名称、网页名称等。

(2) Creator(创建者)。用于说明创建资源内容的主要责任者。

(3) Subject(主题)。用于说明有关资源主题内容和学科内容的关键词、词组、短语或分类号。

(4) Description(说明)。用于以文本形式说明资源的内容,如文摘、目录、版本说明、注释或视觉作品的内容等。

(5) Publisher(出版者)。用于说明负责使资源成为可取得和利用状态的责任者,如出版社或公司等。

(6) Contributor(贡献者)。用于说明在 Creator 单元中没有列出,但是对资源的知识内容的贡献仅次于创建者的个人或团体,如编辑者、插图者等。

(7) Date(日期)。用于说明当前资源的制作日期。

(8) Type(类型)。用于说明资源内容的特征和类型,如小说、诗歌、报告、论文等。

(9) Format(格式)。用于说明资源的数据格式,注明需要什么软件或硬件来显示和执行这一资源,如文本、JPG 图像、应用程序等。

(10) Identifier(标识符)。用于记录标识资源的字符串或数字,如网络资源标识中的 URL 和 URN、ISBN(国际标准书号)、ISSN(国际标准刊号)等。

(11) Source (来源)。如果当前资源来源于其他资源的一部分或全部,则此元素用于记录当前资源的出处信息。

(12) Language(语种)。用于说明资源内容所用的语种。

(13) Relation(关联)。用于说明当前资源与其他资源之间的关系,如翻译自……、节选自……(Is Part Of…)、格式转换自……。

(14) Coverage(覆盖范围)。用于说明资源知识内容的时空特征。包括空间位置描述,如地名或经纬度等;时间范围指资源内容涉及的时间,而不是资源制作、产生的时间。

(15) Right(权限)。用于说明资源本身所具有的或被赋予的权限信息。一般包括知识产权等信息。

以上各元素都是可选的,没有必备项与可选项之分,同时各元素是可重复的,可以根据信息资源属性的多样性进行重复著录。必要时可以增设子元素加以限定。例如,在 Date 元素之下可增设创建时间(Created)、发布时间(Issued)、修改时间(Modified)、有效时间(Valid)等子元素。

1) DC 元数据的描述方法

目前,对 DC 元数据进行描述主要采用 HTML 或 XML 标记语言,从发展趋势来看,今后主要采用 XML 进行描述。XML 是可扩展标记语言(extensible markup language)的简称,是继 HTML 之后的又一种 Web 标记语言,它为用户提供了灵活的标记扩展机制,使得不同内容的资源能以自定义的标记元素来表现。为了便于与其他格式的元数据进行相互交换和利用,DC 元数据采用 RDF 模式。RDF 是 W3C 于 1997 年 10 月正式发布的一个草案。它的功能是利用当前存在着的多种元数据标准来描述各种网络资源,形成人机可读的结果,并可以由计算机自动处理。RDF 的目标是建立一个供多种元数据标准共存的框架。在这个框架中能够充分利用各种元数据的优势,并能够进行基于 Web 的数据交换和再利用。

2) DC 元数据的主要特点

(1) 简单易用性。DC 元数据共包含 15 个元素,不论是图书情报专业人员还是用户,都能容易地掌握和使用。

(2) 可选择性。在 DC 元数据中,所有的元素都是可选择的。根据资源的内容及针对的行业不同,可以选择不同的元素进行描述。

(3) 可重复性。DC 元数据中的所有元素都可以重复使用,这就解决了多创建者、多版本、多语种资源的著录问题。如果一个主页有几个语种的版本,则可以通过 DC 的可重复性来解决。

(4) 描述灵活性。在网络资源的描述中,既可用规范词来标引,也可用自由词(关键词)来标引。

(5) 国际一致性。经过多次修订和补充,DC 越来越完善,有望成为国际标准而为大多数国家所采用。

3) DC 元数据的应用

由于 DC 元数据具有简单易用性、国际一致性、灵活性等特点,因此受到了广泛的重视。到 1999 年为止,在 10 多个国家已有 50 多个与 DC 相关的项目,分布于各学科各领域。例如,澳大利亚政府定位器服务(Australian Government Locator Service)宣布采用 DC 元数据格式作为其电子政府文献的信息著录标准;丹麦国家图书馆将 DC 作为元数据的标准,已成为一项国家政策。为了推广和使用元数据,自动编辑网站、网页元数据的软件已经出现。有了这种元数据自动生成工具,我们就可以对 Web 上巨量的网络资源进行编目描述,从而使 Web 上的一次信息加工为二次信息,对网络信息资源进行高效组织,为充分开发利用这种资源提供了前提条件和可能。目前将这些自动生成元数据的工具分为两类:编辑器(editor)和生成器(generator)。元数据编辑器是指通过提供一个符合某种标准的元数据模板,网页制作者根据模板编写网页的元数据,支持软件将这些描述网站的元数据自动置于 HTML 文件或 XML 文件的元标记中。而元数据生成器是指从已存在的网站 HTML 文件中截取信息,生成元数据,并将这些元数据置于元标记中。有的元数据生成工具同时具备以上两种功能。这些工具的典型代表是:属于编辑器类型的英国 ROADS 计划元数据编辑器和属于生成器类型的澳大利亚 MWP 计划的元数据生成工具。

4）DC 元数据在元数据体系中的地位问题

由于历史的原因,以往的数据库创立者在构建自己的数据库时,没有考虑或很少考虑元数据的互操作问题。这样做的一个最直接的后果就是不同领域(甚至同一个领域)存在多种不同元数据格式,不同的团体也有自己的元数据标准。除了 DC、ROADS Template 和 EEVL 等用于一般网络资源的元数据外,其他不同领域还开发和采用了以下的元数据:用于人文科学的元数据有 TEI Herder;用于政府信息的元数据有 GILS;用于地理空间信息的元数据有 FGDC/CSDGM;用于数字图像的元数据有 MOA2 Metadata, CDL Metadata,Open Archives Format,VRA Core Categories for Visual Resources 和 NISO/CLIR/RLG Technical Metadata for Images;用于连续图像的元数据有 MPEG-7;用于档案领域的元数据有 EAD;用于技术报告的元数据有 RFC 1807(文献学记录格式);用于 FTP 文件和 FTP 文件库的元数据有 IAFA Templates。这些格式和标准互不兼容,符合某种格式的元数据不能被其他格式所接受,从而导致不同数据库之间根本无法互相访问和检索。为了解决这个问题,需采用一个通用的元数据准则进行管理。元数据正式而通用的管理方法要求元数据准则是一个树形的层次结构。最上层是根级元数据准则,它是各种数据库及其专业子库所遵循的标准。根级元数据准则下将是枝级元数据准则,它是各专业学科所遵循的标准。接下来是一些同类数据库或应用领域的元数据准则。每个枝级元数据准则又是它下级元数据准则的根级元数据准则。这样,顺着根级标准往下,逐级衍生,最终形成一个树形的元数据准则结构。总体上看,它是一个以数据管理为主、数据描述为辅的多层次多元数据准则体系。由于 DC 元数据基本达到了简单、灵活、易于操作的要求,并且 DC 的整个元素集都可以扩展,DC 的每一个元素都可以有子类型或子模式,都可以被重复使用或选择性地使用,因此,DC 元数据在这种多层次多元数据准则体系中可以充当根级元数据准则。

2．基于 XML 的 RDF

1）RDF 简介

资源描述框架(resource description framework,RDF)是由 W3C 组织开发的另一种元数据格式。RDF 几乎能够描述所有用统一资源标识符(unified resource identifier, URI)命名的资源。RDF 通过抽象的数据模型为定义和使用元数据建立一个框架,元数据元素可看成其描述资源的属性。进一步地,RDF 定义了标准 Schema,规定了声明资源类型、声明相关属性及其语义的机制,以及定义属性与其他资源间关系的方法。另外, RDF 还规定了利用 XML Namespace 方法调用已有定义规范的机制。

RDF 是一个处理元数据的 XML 应用。众所周知,对资源的描述是和应用领域相关的。例如,对一本书的描述和对一个 Web 站点的描述是不一样的,即对不同资源的描述需要采取不同的词汇表。因此 RDF 规范并没有定义描述资源所用的词汇表,而是定义了一些规则,这些规则是各领域和应用定义用于描述资源的词汇表时必须遵循的。当然, RDF 也提供了描述资源时应用的基础性的词汇表。

通过 RDF,人们可以使用自己的词汇表描述任何资源,但人们更乐意将它用于描述

Web 站点和页面。由于使用的是结构化的 XML 数据,搜索引擎可以理解元数据的精确含义,使得搜索变得更为智能和准确,完全可以避免当前搜索引擎经常返回无关数据的情况。当然前提是 RDF 和标准化的 RDF 词汇表在 Web 上广泛使用,而且搜索引擎能够理解使用的词汇表。

简单而言,一个 RDF 文件包含多个资源描述,而一个资源描述是由多个语句构成,一个语句是由资源、属性类型、属性值构成的三元体,表示资源具有的一个属性。资源描述中的语句可以对应于自然语言的语句,资源对应于自然语言中的主语,属性类型对应于谓语,属性值对应于宾语。由于自然语言的语句可以是被动句,因此前面的简单对应仅仅是一个概念上的类比。

下面的例子描述了三个知名的 XML 站点,其中使用的词汇表是 DC 定义的元素集合,由命名空间 http://purl.org/DC/指定,标记 CREATOR 表示资源的人员或组织,标记 TITLE 表示资源的名称。DC 包括其他已经确定的元素,另有一些元素还处于实验阶段,感兴趣的读者可以查阅相关资料。

```
<rdf:RDF xmlns:rdf = "http://www.w3.org/1999/02/22-rdf-syntax-ns # "
         xmlns:dc = "http://purl.org/DC/" >
<rdf:Description about = "http://www.w3.org/XML/" >
<dc:CREATOR >World Wid Web Consortium </dc:CREATOR >
<dc:TITLE >W3C XML Resource </dc:TITLE >
</rdf:Description >
<rdf:Description about = "http://www.XML.org" >
<dc:CREATOR >OASIS GROUP </dc:CREATOR >
<dc:TITLE >XML.org </dc:TITLE >
</rdf:Description >
<rdf:Description about = "http://www.XML.com" >
<dc:CREATOR >XML.commune </dc:CREATOR >
<dc:TITLE >XML.com </dc:TITLE >
</rdf:Description >
</rdf:RDF >
```

下面我们逐个来看 RDF 这三个字母的意思。

R——Resource(资源):所有在 Web 上被命名、具有 URI 的内容,如网页、XML 文档中的元素等。

D——Description(描述):对资源属性(Property)的一个陈述(Statement),以表明资源的特性或者资源之间的联系。

F——Framework(框架):与被描述资源无关的通用模型,以包容和管理资源的多样性、不一致性和重复性。

综合起来,RDF 就是定义了一种通用的框架,即资源-属性-值的三元组,以不变应万变,来描述 Web 的各种资源。

下面我们来看一个简单的 RDF 例子。

```
<rdf:Description about = http://www.textuality.com/RDF/Why-RDF.html >
```

(指明被描述资源的 URI)

      <Author > Tim Bray </Author >(被描述资源有 Author(作者)的属性,其值是 Tim Bray)

      <Home-Page rdf:resource = http://www.textuality.com/ >(被描述资源有一个叫 Home-Page 即主页的属性,其值指向另一资源)

    </rdf:Description >(结束标志)

2) RDF 实现 Web 元数据描述与交换的机制

(1) RDF 的两大关键技术

RDF 有两大关键技术——URI 和 XML。URI 是 Web 资源的唯一标识,它是更常用的统一资源定位符 URL 的超集,除了网页以外,它还可以标识页面上的元素、书籍、电视等资源,甚至可以标识某一个人。在 RDF 中,资源无所不在,资源的属性是资源,属性的值可以是资源,甚至于一个陈述也可以是资源,也就是说,所有这些都可以用 URI 标识,可以再用 RDF 来描述。那 RDF 怎样放在网络上让人使用呢? XML 作为一种通用的文件格式承担了这个责任,它定义了 RDF 的表示语法,这样就可以方便地用 XML 来交换RDF 的数据。

(2) 词汇集

我们可以看到,RDF 只定义了用于描述资源的框架,它并没有定义用哪些元数据来描述资源。这正是其高明之处。因为显然描述不同资源的元数据是不同的,而如果要定义一种元数据集,包括所有种类的资源,这在目前还是不现实的,不但工作量巨大,而且即使定义出这样的元数据集,能不能被大家采纳还是个问题。对于图书馆这样已经用元数据描述其资源的系统,要放弃原来的元数据集采用一种新的元数据集,其工作量是可想而知的,估计实施过程中遇到的阻力会很大。

RDF 采用的是另外一种方法,即它允许任何人定义元数据来描述特定的资源。由于资源的属性不止一种,因此实际上一般是定义一个元数据集,这在 RDF 中被称作词汇集(vocabulary)。词汇集也是一种资源,可以用 URI 来唯一标识,这样,在用 RDF 描述资源的时候,可以使用各种词汇集,只要用 URI 指明它们即可。当然,各种词汇集的受欢迎程度可能不同,有的也许只是被定义它的人使用,有的却由于其定义的科学性为许多人所接受,如以类似图书馆卡片目录的方式来定义资源的词汇集 DC,定义教育内容 IMS 元数据,定义个人信息的 V-Card 元数据等。既然词汇集是资源,当然可以用 RDF 来描述它的属性以及和其他词汇集间的关系。W3C 为此特地提出 RDF Schema 来定义怎样用RDF 来描述词汇集,也就是说 RDF Schema 是定义 RDF 词汇集的词汇集,但这个 RDFSchema 可不是随便什么人都可以定义的,它只有一个,就是 W3C 定义的版本,举例如下。

    http://mymetadata.vocab.org/Author

    —rdfs:subPropertyOf— >

    http://purlorg/dc/elements/1.0/Creator

这表示某人自己定义的元数据 Author 是 DC 的元数据 Creator 的特殊形式。RDF Schema 正是通过这样的方式来描述不同词汇集的元数据之间的关系,从而为元数据交换打下基础。

(3)实现机制

我们可以发现 RDF 是怎么来实现 Web 上的元数据描述和交换的了。它使用 XML 语法,首先指定词汇集的 URI,词汇集可以是多个,视需要而定,然后使用指定的词汇集来描述资源,不同的词汇集间怎么联系——用 RDF Schema。

为了更加清楚地理解这个机制,下面我们来看一个用 XML 表达的 RDF 的例子。

```
<rdf:RDF
xmlns:rdf = "http://www.w3.org/1999/02/22-rdf-syntax-ns#"
xmlns:dc = "http://www.purl.org/DC/"(词汇集1的URI)
xmlns:nm = "http://www.metalab.unc.edu/xml/names/" >(词汇集2的URI)
    <rdf:Description about = "http://www.metalab.unc.edu/xml" >(被描述资源
的URI)
        <dc:CREATOR parsetype = "Literal" >(用词汇集1的元数据CREATOR描
述作者属性)
            <nm:FirstName > Elliotte </nm:FirstName >(用词汇集2的元数据描述
作者的姓名属性)
            <nm:MiddleNmae > Rusty </nm:MiddleName >
            <nm:LastName > Harold </nm:LastName >
        </dc:CREATOR >
    </rdf:Description >
</rdf:RDF >
```

3) RDF 的特点

(1) 易控制。RDF 使用简单的资源-属性-值三元组,所以即使是数量很大的时候也很容易控制。这个特点很重要,因为现在 Web 资源越来越多,如果用来描述资源的元数据格式太复杂,势必会大大降低元数据的使用效率。其实从功能的角度来看,完全可以直接使用 XML 来描述资源,但 XML 结构比较复杂,允许复杂嵌套,不容易进行控制。采用 RDF 可以提高资源检索和管理的效率,从而真正发挥元数据的功用。

(2) 易扩展。在使用 RDF 描述资源的时候,词汇集和资源描述是分开的,所以可以很容易扩展。例如如果要增加描述资源的属性,只需要在词汇集中增加相应元数据即可,而如果使用的是关系数据库,增加新字段可不是件容易的事情。

(3) 包容性。RDF 允许任何人定义自己的词汇集,并可以无缝地使用多种词汇集来描述资源,以根据需要来使用,使各尽其能。比如,在上个例子里描述网页资源时用 DC 描述其作者属性,而在描述作者的姓名时又使用了另外一个专门描述人的词汇集来描述。

(4) 可交换性。RDF 使用 XML 语法,可以很容易的在网络上实现数据交换;另外,RDF Schema 定义了描述词汇集的方法,可以在不同词汇集间通过指定元数据关系来实现含义理解层次上的数据交换。

(5) 易综合。在 RDF 中资源的属性是资源,属性值可以是资源,关于资源的陈述也可以是资源,都可以用 RDF 来描述,这样就可以很容易地将多个描述综合,以达到发现知识的目的。例如,在描述某书籍时指明其作者属性值是另一资源,我们就可以根据描述作者的 URI 来获得作者的信息,如毕业院校等,从而知道这本书是某一院校的毕业生写的,于是在表面上看来没任何关系的两者间建立起联系,而这种联系往往是知识发现的前奏。

4) RDF 与若干 Web 新技术

(1) RDF 与资源发现(resource discovery)技术。RDF 采用简单的资源-属性-值三元组来描述资源,试想,如果 Web 上的资源都用 RDF 进行描述,由于 RDF 采用 XML 语法,这样就可以很容易地实现资源的自动搜索,而不需要人工进行标引,并且可以达到很高的查全率和查准率。另外,RDF 描述可以很容易进行综合,产生表面不易观察出来的信息。所有这些都将对资源发现技术产生革命性的影响。

(2) RDF 与个性化服务。随着 Web 技术的发展,个性化服务被提上日程。W3C 提出的集成能力/偏好界面(composite capability/preference profile,CC/PP)推荐标准是定义网络上用户以及其用来上网工具(包括硬件平台、系统软件和应用软件)的性能和偏好的集合,它使用了 RDF 技术。我们可以简单认为用户及工具的能力和偏好都是用户的属性,是用户的元数据,于是可以用 RDF 来描述,这样就可使用同一种方法来描述 Web 内容和用户的能力与偏好。在用户获取信息的时候,可以通过某一种规则进行折中,以使得获取的信息符合用户的能力和偏好,为用户提供个性化服务。例如,某 Web 内容是用多种语言实现的,但由于翻译的问题,各语种的可信度有高有低,而用户对各种语言的掌握程度也不同,这样就需要某一种规则进行折中,以让用户选择一种他可以理解的最忠实于原文档的语种进行阅读,使用 RDF 描述 Web 内容和用户能力/偏好可大大简化这种折中的过程。

(3) RDF 与 Web 信息过滤。RDF 最初提出就是为了配合 W3C 提出的因特网内容选择平台(platform for internet content selection,PICS)规范。PICS 是由服务器向客户机传递 Web 内容等级的一种机制,比如说某一网页是否包含有色情、暴力的内容。不同的机构可以按自己的价值标准将 Web 内容进行分级,这样用户就可以很容易地通过设置浏览器将某些网页过滤掉。RDF 设计的一个要求就是可以表达 PICS 1.1 能表达的所有内容,以使得可以自动地将 PICS 1.1 标签翻译成 RDF 的标识,而不损失任何信息,这样做的好处就是可以用 RDF 来进行数据的交换。

(4) RDF 与可信任 Web(Web of Trust)。现在网络要解决的一个重要问题是建立信任机制,这个问题比较复杂,涉及到社会和技术上的许多问题。信任的一个方面是将某一陈述可靠的与做出此陈述的人或机构联系起来,数字签名技术则是技术上实现可信任 Web 的关键技术。W3C 提出的数字签名初步(digital signature initiative,DSig)提出了一种为元数据签名的机制,以确认是谁做了这种机器可读的陈述,规定了如何由 RDF/PICS 描述签名陈述,使其成为机器可识别的描述。具有数字签名的 RDF 将成为构建可信任 Web 以满足电子商务等应用需要的关键技术。

(5) RDF 与智能浏览(smart browsing)技术。Mozilla 浏览器的 pre-Nglayout 版本和

Netscape 浏览器的 4.07 或 4.5 + 版本都大量采用 RDF 技术,实现了智能浏览。智能浏览即浏览器帮助浏览网页的用户提供其他与其浏览内容有关的信息,例如,如果你通过 www.whitehouse.gov 浏览白宫的网页,就有可能需要国会、国防部或者总统个人主页的 URL,而这些浏览器本身就可以提供给用户。智能浏览技术是未来浏览器发展的一个方向。

(6) RDF 与语义 Web(semantic Web)。语义 Web 是最近才提出的一个概念,即 Web 的内容不仅仅用来显示,更重要的是具有真正的含义,使得可以用软件工具在 Web 中漫游来处理用户提出的复杂任务。而实现语义 Web 的一个关键技术就是 RDF,因为 RDF 提供了资源的通用描述方式。语义 Web 的一个目标是突破虚拟世界的界限来控制现实世界。当我们可以用 RDF 描述电视机、电话等设备来实现对它们的协调控制的时候,想一想那是多么美好的未来!

RDF 为 Web 资源描述提供了一种通用框架,它以一种机器可理解的方式被表示出来,可以很方便地进行数据交换,RDF 提供了 Web 数据集成的元数据解决方案。通过 RDF 的帮助,Web 可以实现目前还很难实现的一系列应用,如可以更有效的发现资源,提供个性化服务,分级与过滤 Web 的内容,建立信任机制,实现智能浏览和语义 Web 等。当然,现在的 RDF 还处于标准的制定和推广阶段,要在整个网络上都实现用 RDF 来描述资源,还有很长的一段路要走,这需要各方面的共同努力。

3．其他的基于 XML 的元数据

其他的基于 XML 的元数据还有 PICS、Web Collection(Web 收集)、频道定义格式(channel definition format,CDF)、元内容框架(meta content framework,MCF)等。

PICS 由 W3C 组织开发。PICS 的特点是它的内容分类定级机制,不同的人和机构可以根据各自的目的和观点标记网页内容,从而进行控制,而不必对信息提供者进行控制。PICS2.0 版已移至 XML 环境下。Web Collection 是一个较早的基于 XML 的元数据规范。基于 XML 的 Web Collection 元数据能深入地描述网络资源,给用户提供方便。CDF 是由 Microsoft 提出的基于 XML 的元数据规范,它对 Web Collections 进行了扩充,用于描述活动频道的内容和桌面部件。MCF 是由 Netscape 公司于 1997 年 6 月提出的一个基于 XML 的元数据方案。MCF 使用 XML-MCF 标记,它与 CDF 形成频道转换技术的两大标准,促进了信息推送技术的发展。

5.2.4 地理空间元数据和基于网络的数据分发技术

1．地理空间元数据基本概念

地理空间元数据(geographical spatial metadata)是指地理空间相关数据和信息资源的描述信息,它是对于地理数据特征的概括和抽取。地理空间元数据可提供空间数据集的特征资料,使数据用户可据此来确定该数据的名称、来源、组织结构、适用范围等。地图整饰要素就是一种纯粹的地理空间元数据,它提供了关于地图出版者、出版日期、地图类型、地图描述、地图比例尺及其精度等方面的信息。只是近些年,特别是当计算机技术、数

据库技术、互联网技术和其他 GIS 相关技术被引入地理信息产业后,地理空间元数据的重要性才被人们逐渐认识到。用地理空间元数据标识地理空间数据,既有助于数据生产者对自己的产品进行发布,又有助于数据用户更快捷、更有效地查询、访问、获取和使用自己需要的现势性强、精度高、易管理和易访问的地理空间数据。具体来说,地理空间元数据的主要功能可以归纳为以下五个方面。

(1) 用来组织和管理空间信息,并挖掘空间信息资源。通过它可以在广域网或因特网上准确地识别、定位和访问空间信息。

(2) 帮助数据使用者查询所需空间信息。例如,可以按照不同的地理区间、指定的语言以及具体的时间段来查找空间信息资源。

(3) 组织和维护一个机构对数据的投资。

(4) 用来建立空间信息的数据目录和数据交换中心。通过数据目录和数据交换中心等提供的空间元数据内容,用户可以共享空间信息、维护数据结果以及对它们进行优化等。

(5) 提供数据转换方面的信息。使用户在获取空间信息的同时可以得到空间元数据信息。通过空间元数据,人们可以接受并理解空间信息,与自己的空间信息集成在一起,进行不同方面的科学分析和决策。

总之,地理空间元数据对于促进地理空间数据的管理、使用和共享均有重要的作用。

2. 地理空间元数据的管理

实现地理空间元数据的存储形式可以多种多样,如文本方式、二进制方式、网页方式等。但作者认为:在网络条件下,为了方便对地理空间元数据的管理和使用,地理空间元数据应以数据库表的方式来存储,即建立地理空间元数据库。原因如下:

(1) 便于生产者统计分析,确定现有数据的分布,进而确定生产目标;

(2) 便于元数据管理者利用其他开发语言、开发工具建立元数据库管理系统,实现对元数据的录入、查询、编辑修改、输出等工作;

(3) 便于使用者远程查询,按自己关心的数据项查询到感兴趣的数据;

(4) 便于促进制定统一的地理空间元数据标准,实现地理空间数据、元数据的共享;

(5) 便于利用开放式数据库互联(Open DataBase Connectivity,ODBC)技术、服务器端动态网页(active server page,ASP)技术,建立地理空间元数据和数据实体的关联关系,方便用户购买、下载数据。

建立地理空间元数据库的数据库系统可以采用 Access、SQL Server、Oracle、Sybase 等。

3. 网络地理数据分发的可行性

互联网技术的发展为许多传统工作提供了改进的契机。长久以来,GIS 用户一直希望能容易地得到自己所需要的数据,这些数据如果能在网络上方便、灵活、准确地分发,必定能节约大量的人力、物力、财力。从目前网络技术及其相关技术的发展状况来看,实现基于网络的各种地图数据分发是绝对可行的,主要原因有以下几点。

(1) 建立地理空间元数据标准是可行的。地理信息产业的标准化问题一直是国际

GIS 领域研究的热点之一。对于地理空间元数据的标准化问题在国际上早有研究,目前已制定的或正在制定的元数据标准主要有以下 3 个:①美国联邦地理数据委员会(Federal Geographic Data Committee,FGDC)于 1994 年通过的数字地球空间元数据内容标准;②欧洲标准化委员会(European Committee for Standardization,CEN)于 1992 年用的"ENV12657 地理信息数据描述元数据";③国际标准化委员会负责地理信息/地球空间信息学研究的技术委员会制定的标准。我国目前也正在致力于地理空间元数据标准的研究,并提出了一个关于元数据标准的草案。总之,建立地理空间元数据标准势在必行,在不远的将来也必定会出现通用的地理空间元数据标准。

(2) 建立元数据库是可行的。一旦建立了元数据标准,对元数据实现数据库管理是可行的。开发者可以通过 ODBC 技术、Java 数据库链接(Java DateBase Connectivity,JDBC)技术、X 控件数据对象(Active X Data Qbject,ADO)技术等手段实现对元数据库的各种操作;使用者可以通过已建立的元数据库管理系统实现对元数据的查询、检索等操作,查找自己关心的数据。因为有了统一的元数据标准,必定能实现不同系统下元数据的共享。

(3) 建立基于 Web 的数据库网站是可行的。互联网信息系统(internet information system,IIS)技术、ASP 技术以及 ODBC 等相关技术的出现是数据库网站建设的革命,可以很好地解决建立数据库网站的问题。

(4) 基于网络传输海量数据是可行的。文件传送协议(file transfer protocol,FTP)是 Internet 主要的技术之一。它允许用户登陆到一台远程计算机上,把其中的文件传回个人计算机,或者将本地计算机上的文件传送并上载到远程计算机上。

(5) 建立网络收费系统是可行的。GIS 的数据采集耗费了大量的人力、物力、财力,因而,数据供应商当然希望能收回成本甚至有所盈利。所以,必须建立基于网络的收费系统。目前,这一技术已完全成熟,供应商可以通过 Internet 和银行建立互相监控的面向用户的网络收费系统。用户在购买数据时,只需输入自己相应银行的储蓄卡号、密码,得到验证后即可完成基于网络的数据购买,节省了时间、费用。

4. 基于网络的地理数据分发系统中涉及的关键问题

1) 地理数据和地理元数据的分类

为了实现远程用户对地理元数据库的高效查询以及对地理数据库的高效检索,必须对地理元数据和地理数据进行有效的分类。一种根据地图比例尺分类,即分为 1:100 万、1:50 万、1:25 万、1:10 万、1:5 万、1:2.5 万和 1:1 万等 7 类;另一种根据地图产品划分,即分为数字高程模型(digital elevation model,DEM)、数字正射影像(digital orthophoto quadrange,DOQ)、数字线性地图(digital line graphic,DLG)和数字栅格地图(digital raster graphic,DRG)。当然,将上述两种分类方式结合起来实现对地理元数据和地理数据的分类,会取得更好的效果。

2) 元数据的内容

按照国际、国内对元数据内容的划分标准,系统应将元数据分为基本元数据和完全元数据两级。

(1) 基本元数据。基本元数据提供描述元数据资源本质和内容的最少量信息,它属于较宽泛的范畴,回答地理空间元数据中 what,why,when,who,where 和 how 一类的问题。what 表示数据集的标题和描述;why 描述有关数据采集理由和用途;when 说明数据集的采集时间以及更新周期;who 为数据的第一生产者、提供者和可能的用户;where 为数据集的地理范围;how 表示如何访问该数据。

(2) 完全元数据。完全元数据提供完整的地理数据源(单独的数据集、数据集系列、各种地理要素)文档所需要的必选的和可选的元数据元素集。它完整地定义全部元数据,以便标识、评价、摘录、使用和管理地理信息。完全元数据内容包括 8 个不重复使用的主要子集和 3 个可重复使用的次要子集,用于全面、详细描述数据集、数据集系列、要素和属性。

3) 元数据库的查询方式

考虑到系统的通用性、灵活性问题,系统应提供多途径、多方式的查询手段,在按照元数据基本分类查询的条件下,在每一种条件中再采用以下几种方式查询。

(1) 基于底图的查询方式。用户可以按照底图(中国全图和各省、市地图)层层选取,直到找到查询结果。

(2) 基于行政等级的查询方式。对于比例尺较大的地图产品,由于每幅图所涉及的区域太小,用基于底图的查询方式已不可能实现,此时应考虑采用基于行政等级的查询方式。

(3) 基于 SQL 的查询方式。由于地理空间元数据库是按照关系数据库的存储模式管理的,并且元数据库所涉及的字段内容太多,所以按照用户自定义的查询条件,用 SQL 查询必然能得到较好的效果。

(4) 基于经纬度的查询方式。按照给定的某经纬度值,系统自动求解该经纬度值所在图的图号,进而转入基于 SQL 的查询方式。

4) 查询结果处理

系统对数据库的查询结果是生成的动态数据库结果集,采用动态超级链接技术可以设定和某些数据文件的链接,当用户点击查询结果时,可以实现数据的下载或购买,达到网络数据分发的目的。

地理空间元数据和基于网络的数据分发技术的研究是互联网时代人们渴望改变传统数据分发手段的新要求。对这一问题的有效、深入研究,有利于高效利用现有数据,节省资金,对促进 GIS 产业的长足发展必然会产生深远的影响。

参 考 文 献

陈伟雄,马少平,步建华.2004.基于元搜索引擎的多关键词检索技术.计算机工程与应用,40(24)

韩夏.2004.元数据的互操作研究.情报科学,(7)

姜洪溪.2004.基于内容的图像检索技术与医学图像检索.计算机工程与设计,25(6)

刘飞等.2004.XML 和 RDF 在科学数据库元数据标准建设中的应用.微电子学与计算机,(7)

刘玉山.2003.虚拟存储技术及其应用.有线电视技术,10(12)

盛明颖,顾君忠.2003.新一代面向 Internet 的数据库访问技术研究.计算机应用,23(6)

田稷,田鹏.2003.海量空间信息的存储技术——基于多比例尺空间信息的单精度空间数据库研究.情报学报,22(5)

王江涤.2004.多搜索引擎的设计与实现.哈尔滨理工大学学报,9(3)

吴金华,祝国瑞.2004.空间数据仓库元数据的结构体系.华东理工学院学报(自然科学版),27(2)

张建东,苏鸿根.2004.基于内容的图像检索关键技术研究.计算机工程,30(14)

张启瑞,闫蕾.2001.基于 iBASE 非结构化网络数据库的 iPAC 图书馆网上资源发布与检索系统.情报杂志,20(12)

赵相伟,许捍卫.2002.海量空间数据组织研究与实践.江苏测绘,25(4)

Huai R J.2003.网络存储走向开放架构.中国计算机用户,(11)

第6章 网络技术

6.1 高速信息网络

高速信息网络已成为现代社会的标志特征之一。自从 1993 年美国宣布国家信息基础设施(national information infrastructure, NII)计划之后,全球涌起了建设信息高速公路的热潮。全球性的高速信息网络是网路信息服务的基石。

1 高速信息网络的特点

高速信息网络即全球信息基础设施(global information infrastructure, GII),亦即信息高速公路(information highway, IH),由全球通信基础设施和全球"信息上层建筑"构成。前者指专用网络和公用网络的物理通信平台,包括线路交换功能和网络路由功能,后者指信息资源和信息服务的应用系统。高速信息网提供的服务主要特点是双向传播、互动沟通和个性化服务。

因特网(Internet)作为世界上最大的全球信息网,已经成为建设高速信息网不可替代的基础,被视为未来高速信息网的雏形和信息时代的重要支柱。因特网目前所依赖的高速骨干网将成为高速信息网的重要通信基础结构,其上丰富的信息资源和种类繁多的网络化信息服务方式将成为未来高速信息网络信息上层建筑的重要组成部分。

高速信息网络应该具备以下三大特点:①以光纤为骨干网的高速通信平台;②连接各类应用信息系统,从而形成统一的信息网络平台;③传送视频、音频、数字、图像等多媒体信息服务。

随着光纤传输网络技术、高性能网络交换技术、传输控制协议/互联网络协议(transmission control protocol/internet protocol, TCP/IP)技术、计算机技术、软件技术、多媒体技术及其他相关技术的最新发展,下一代的网络服务将具有高性能、多样化的特点。

2 宽带网络

当今的"高速网络",主要是发展高速宽带网络。一般来说,当传输速度达到 1.5MB 的时候,就可以直接输送电视图像。国际上把传输速度在 2MB 以上的通信技术统称为宽带技术,能将因特网、有线电视和电话等传统信息网络融合在一起,在同一条光缆上进行快速、高容量的视频、音频和数据信号传输。

目前宽带高速网占领了大部分的因特网市场,能提供高质量的音视频效果,用户可以通过高速网快速访问网页并快速下载数据资料。在社区铺设宽带网,可以提供远程医疗、网上购物、视频点播、网上教育、多媒体游戏等多种服务,还可以实现小区的智能化管理,进行远程抄表、远程监控、家电网络化等。可以说,宽带网络是真正的信息高速公路。

3. 高速信息网络分类

建设高速信息网络,首先要具备通信基础设施,如传输媒介、交换机、集线器、服务器等。

按照传输媒介,网络分为有线、无线两大类。光纤、双绞线、同轴电缆等都属于有线介质,当前高速网的发展集中在光纤通信和无线通信上。

按照业务类型划分,目前的基础网络设施主要有电信网、有线电视网、计算机网等,在服务类型、服务范围、网络结构和传输线路上各不相同。

按照功能的不同,宽带高速网络可以分为传输网、交换网和接入网三大部分。

4. 高速信息网络的关键技术[①]

高速信息网络的关键技术包括交换技术、传输技术、公用传输系统技术和宽带用户接入网技术等。

1) 网络交换技术

在实现计算机互连通信时,网络采用的交换技术有三种:线路交换、分组交换和报文交换。目前,计算机网络的交换技术有线路交换和分组交换两大主流。线路交换主要用于语音通信,分组交换主要用于数据通信。

异步传输模式(asynchronous transfer mode,ATM)交换技术是目前先进的交换技术,而 IP 交换技术是新的研究方向,IP 技术和 ATM 技术正进行激烈的竞争和融合。今后的发展是利用 ATM 和 IP over SONET 构造宽带 Internet 的骨干网,这样不仅可以解决带宽问题,也为将来提供具有高服务质量的 IP 服务奠定基础。

随着 Internet 的高速发展,IP 事实上已成为统一的网络标准协议。IP 不仅可提供传统的数据业务,也可以提供传统的语音和视频业务。根据国内外的发展趋势预测,最终数据业务将成为整个网络业务的主体,网络体系结构将由传统的电路交换向包(分组)交换转变。

2) 网络传输技术

目前,网络中所采用的传输介质有双绞线、电缆、光纤、视线介质和卫星通信等。

双绞线普遍用于公共电话交换系统,可分为屏蔽双绞线和无屏蔽双绞线,后者应用范围较广泛。

电缆包括多芯电缆、同轴电缆、对称电缆和海底电缆等,是目前世界上用得较多的通信介质。电缆通信适应短/长距离、简单到复杂的计算机网络,具有传输频带宽,话路容量大,抗干扰性能好,传输速率高的特点。由于同轴电缆价格比较贵,而且铺设导管要占用较多空间,因此正在被无屏蔽双绞线逐步替代。

光纤通信具有载波频率高,通信容量大,传输损耗小,不受外界电磁场干扰,体积小,

---

① 段米毅,张炜清.2000.信息网络技术发展综述.载:中共北京市委组织部编.叩响高新技术之门——二十一世纪领导者科技知识读本.北京:北京出版社

重量轻等优点,目前正为计算机用户广泛采用,是未来计算机通信领域中颇具竞争性的一种传输介质。但是,由于其他传输介质工程的新发展,特别是无屏蔽双绞线具有高速传输数据的能力,使得光缆的技术优势已在减少。

视线介质通信包括无线电通信、微波通信、红外通信等利用空间传输电磁波技术实现的通信。在一些不便于安装线路的地区,如沿海岛屿、山区等地方,视线介质具有安装方便、建网速度快、应用范围广等特点,深受广大用户欢迎,其缺点是易受干扰和被窃听。

卫星通信适合长距离干线或幅员辽阔的地区采用。一般地面线路的成本与距离成正比,而卫星通信的成本与距离无关。一个静止轨道的同步卫星可以覆盖地球表面积三分之一的地区,而且只需要经过一次中继。所以,利用卫星通信,不仅可以省去铺设线路,而且不需要建立许多中继站。但一次性投资较大,另外传输延迟较大。

目前,从各种传输介质和传输系统的各自特点和应用看,光纤通信和卫星通信将是今后通信传输介质的应用主流,而新型无屏蔽双绞线在一定范围条件下仍将会得到广泛的应用。

3) 公用传输系统技术

公用传输系统技术包括:X.25 协议、帧中继、综合业务数字网(integrated service digital network,ISDN)、千兆快速以太网(fast ethernet)技术、ATM 技术、宽带综合业务数字网(broadband integrated services digital network,B-ISDN)、大容量无线网络技术和空间信息高速公路(SpacewP)技术等。

(1) X.25 协议是目前应用较为广泛的一种传输协议。它规定了网桥和路由器等通信设备如何在连接线路上打包和选择路由。X.25 的数据打包和路由选择广泛适用于前面介绍过的地面、卫星、ISDN 等通信线路。

(2) 帧中继是一种(ISDN)技术的变形,是一种高速的分组交换技术,它可提供比现有的 X.25 网络多十倍的吞吐量,这是通过消除 X.25 状态表的三分之二,并且增加带外信号来实现的。帧中继这种新技术将在 LAN-WAN 中得到广泛应用。它非常适合 LAN-areHm 的网际互联,因为它通过按需要分配带宽来处理分段信息传输。帧中继的另一优点是对中间节点来说,系统存贮和处理要求有显著的减少。因此,帧中继很可能取代 X.25。

(3) ISDN 被认为是未来信息时代的通信手段,它试图通过一个完整的数字通信系统来满足广泛的用户通讯需要。当前,窄带综合业务数字网(narrowband integrated services digital network,N-ISDN)已成为世界各国电信网络发展的重点和目标。这种网络在欧洲、日本、美国发展迅速,我国也把它作为今后网络建设的重点。N-ISDN 提供的商用速率和接口标准有两种:一种是速率为 144Kbps 的基本接口,可在一条电话用户线上同时接 8 个终端,有 3 个终端能同时工作,可向用户提供电话、数据、传真、电报、可视图文、可视电话、静止图像等业务;另一种是速率为 2.048Mbps 的集群接口,主要用于连接用户小交换机、集中交换机、计算机等大信息量的传输。ISDN 作为一根连接世界各地数百万台 PC 机、小型机和大型机的管道,将在很多方面替代传统的局域网。

(4) 千兆快速以太网较原来的快速以太网速度提高 10 倍。达到 1000Mbps。它与传统的以太网技术兼容性好,价格便宜,是理想的以太网升级换代产品。

（5）ATM 技术作为网络技术的突出特点，可以提高传输和交换速率，并在同一网络上实现电话、语音、数据通信。另外，它还可以通过多路复用技术，实现按需分配带宽，从而最大限度地提高性能价格比。ATM 技术是一种标准化的传输、复用和交换技术，是 B-ISDN 的基础。ATM 技术的出现，提出了效率更高、更加灵活的信元（cell）交换方式，不仅提高了网络传输效率，也为多媒体通信提供了必要的等时服务，同时发展了网络安全和管理的新途径。这种技术适用于高带宽和多媒体传输，可高速传输话音、数据、图像和电视，能同时用于广域网和局域网。建设以 ATM 为核心的 B-ISDN 是世界各国实现社会信息化的战略目标，B-ISDN 将是未来各国国家信息基础结构的主体，它能为用户提供各种各样的服务。当前很多国外大公司都已相继开发出 ATM 产品。

（6）B-ISDN 技术建立在同步光纤网（synchronous optical network，SONET）、同步数字体系（synchronous digital hierarchy，SDH）、ATM 等技术之上，它同时支持面向连接和无连接的网络服务，可支持多媒体业务、局域网的互联、大容量数据文件传送、HDTV 视频图像传送、三维图像传送。

（7）大容量无线网络技术是以蜂窝式移动数字通信网实现个人数据通信的技术。美国微软公司与美国移动通信公司已开始联合投资 90 亿美元开发卫星蜂窝网，建立 21 世纪的个人数据通信。

（8）Sp-W 是休斯公司正在筹划的空间信息高速公路，计划发射三颗同步卫星，采用大功率的跳点波束、星上交换和 Ka 波段，提供 X-Gbps 的空间通信信道，对稀疏路由和跨洋通信具有重要意义。Teledesic 公司也在规划《全球 Internet》通信卫星计划，其数据通信信道速率可达 1.24Gbps。

4）宽带用户接入网技术

宽带用户接入网改造或重构传统用户接入网，使其具有宽带、双向和传输多媒体信息的能力。正在研制的方案有：非对称数字用户环线（asymmetrical digital subscriber loop，ADSL）、高比特率数字用户线路（high bit rate digital subscriber line，HDSL）、电缆调制解调器（cable modem，CM）、支持光纤到路边（fiber in the blank，FITB）或光纤到家庭（fiber to the home，FTTH）的 ATM 无源光纤网（ATM Passive Optical Network，APON）、基于蜂窝通信的本地多点分布式业务（local multipoint distribution service，LMDS）等。

（1）ISDN

我们现在所说的 ISDN，一般指的是 N-ISDN（窄带综合业务数字网），我国电信部门称为"一线通"。利用现有公共电话网，以 64kbps 和 128kbps 速率传送数字信号，既能打电话，又能传送数据，而且可以同时进行，互不干扰，但需将原用户模拟环路改为数字环路。在北美使用 T1(23B + D，1D = 64k)速率，即 1.544Mbps，而欧洲和中国采用 E1(30B + D)速率，即 2.048Mbps。由于 N-ISDN 网络分布范围广，使用费用相对低廉，又有较宽的速率范围，因此比较适合作为大量用户（特别是家庭、小型办公室等离散用户）的接入网络。目前国内各大城市正在普及和推广。

（2）ATM

ATM 是由 ISDN 技术衍生而来的宽带网络技术，也称为 B-ISDN，采用 SDH/SONET 为传输媒介，以异步传输方式为通信标准。ATM 的数据单元为整齐划一的 53 字节，便于交换机的高速处理、存储和交换。ATM 最重要的贡献在于通过适配层对各种通信业务进行有针对性的支持，满足服务质量的要求。ATM 主干线可达 155M 或 622M，同时支持 25M 的桌面机接入速率。而且利用 ATM 的局域网仿真（local area network emulation，LANE)能力，用户可以直接使用局域网设备接入 ATM 网络，保持了技术的延续性和通用性，客观上降低了系统投资。

（3）xDSL

在数字用户环线（digital subscriber loop，DSL）中，xDSL 中的 x 表示 A/H/S/C/I/V/RA 等。xDLS，能在现有的公用交换电话网（public switched telephone network，PSTN）用户环路上实现高速的数据接入，同样基于公共电话网或有线电视网，比传统的 MODEM 速度更高，同时也更加复杂。xDSL 只是利用现有的公共电话网或有线电视网的用户环路，而不是整个网络，传输 3km 左右的距离，可提供 8Mbps 的下行速率和 1Mbps 的上行速率。其容量虽小，但因安装方便及 52Mbps 的高速率，G.lite 和 VDSL 将会获得极大的发展采用 xDSL 技术需要在原有话音或视频线路上叠加传输，在电信局和用户端分别进行合成和分解，为此需要配置相应的局端设备。传输距离越长，信号衰减越大，越不适合高速传输，故 xDSL 只能工作在用户环路上，传送距离有限。

（4）CM

CM 技术利用有线电视混合光纤同轴（hybrid fiber coaxial，HFC)网，以数字方式传送数据及音视频信号。利用已有的有线电视（cable television，CATV）网络进行 HFC 双向改造，可实现高速数据业务。该项术可在 6/8Mhz 的电视频道上为用户提供高达下行 40Mbps 和上行 10Mbps 的速率。但它是一种共享带宽技术，随着用户的增多，每个用户可获得的带宽将减少。随着应用的发展，CM 技术开发将会进一步向前推进，其主要优点如下。

① 速度快。CM 的下行速率可达 27~36Mbps，上行速率为 320k~10Mbps 即使 10Mbps CM 的速度也要比 56kbps 调制解调器快 120 倍，比 1.5Mbps 的 T1 快 6.5 倍。

② 收费低廉。CM 技术利用已有的 CATV 网，只需改造部分网络设备。在美国，用户段的 CM 售价为 250~500 美元。MSO 提供的 CM 服务每月收费 40~60 美元，比 ISDN 和 ADSL 还便宜。

③ 永久连接。由于 CATV 网是 24 小时开通的，每月只要缴纳一定租费，对上网时间毫无限制，也不会发生像拨号用户那样占线无法上网的情况。

CM 面临的困难是需要一笔庞大的投资来改造现有的 CATV 网，同时其本身技术仍有缺陷。普通调制解调器是点对点的传输，但是有线电视网是总线拓扑结构，如果单个用户能以 10Mbps 速度访问因特网，当同一条线路上的用户数激增时，该用户的访问速度会锐减到原来速度的 1/5 甚至 1/20，而且目前因特网的主骨干网速度也太慢，很容易造成

"瓶颈"现象。不过随着高速网络的建设和 CM 国际标准的推广应用,问题可望解决。

(5) LMDS 技术

是一项利用微波进行高速数据服务的技术,基站和用户间利用不同的频率进行下行和上行通信。和双向 HFC 网络一样,LMDS 是共享宽带网络。LMDS 是可以快速开展业务且投资不是太大的一种接入网方案,是新的运营商抢占市场的一种较为有效的技术。

(6) 宽带卫星通信

是个人通信的一个副产品,实际上已经在使用中,但发展个人用户还有待技术的进一步发展,如要有足够的带宽、延时降低和可比价格的使用费用等。

(7) FTTH

很多国家都把光纤到户(FTTH)作为本国接入网发展的最终目标,发展超级无源光网络是实现这一目标的趋势所在,通过用级联的无源分离器来替换旁路交换机的方法,可以建立远程、高分支的接入网,该网的目标分支系数为 2000,距离范围为 100km。

宽带接入的终结技术要求提供无穷的接入带宽,以满足用户的带宽需求。从应用的紧迫程度和实施成本考虑,将会是一个比较缓慢的发展过程。

5) 信息网络的安全问题

信息网络互联的规模越大,安全问题就越突出。信息网络的安全性问题关系到未来信息网络应用的深入发展。安全问题涉及安全策略、移动代码、指令保护、密码学、操作系统、软件工程和网络安全管理等内容。20 世纪 90 年代以来,Internet 的安全问题集中在以下四个方面:①端–端的安全问题,主要指用户(包括代理)之间的加密、鉴别和数据完整性的维护;②端系统的安全问题,主要涉及防火墙技术;③安全服务质量问题,主要指如何保证合法用户的带宽,防止用户非法占用带宽;④安全的网络基础设施,主要涉及路由器、域名服务器,以及网络控制信息和管理信息的安全问题。

5. 高速信息网络的发展趋势

1) 网络发展的基本方向

(1) 开放。开放的体系结构、开放的接口标准,使各种异构系统便于互联和具有高度的互操作性,归根结底是标准化问题。

(2) 集成。各种服务器上多种媒体应用的高度集成,在同一个网络上,允许各种消息传递,既能提供单点传输,也能提供多点投递;既能提供尽力而为的无特殊服务质量要求的信息传递,也能提供有一定时延和差错要求的确保服务质量的实时传递。

(3) 高性能。网络应当提供高速的传输、高效的协议处理和高品质的网络服务。高性能计算机网络作为一个通信网络应能支持各种类型的大量用户应用,具有升级(scalable)功能,即能接纳增长的用户数目,而不降低网络的性能;能高速低延迟地传送用户信息;能按照应用要求来分配资源;具有灵活的网络组织和管理,这样就能按出现的需求支持新的应用。

(4) 智能化。网络的传输和处理上能向用户提供更为方便、友好的应用接口,在路由选择、拥塞控制和网络管理等方面显示出更强的主动性。尤其是主动网络(active network)的研究,使得网络内执行的计算能动态地变化,该变化可以是"用户指定"或"应用指定",且用户数据可以利用这些计算。网络层互操作是基于所获得的程序编码和计算环境而不是典型的 IP 服务所提供的标准分组格式和固定编码。这种探讨不仅仅是为了增加网络计算的灵活性,而是试图允许应用控制网络服务,促进建立一个"移动网关",如用于无线网。

2) 融合趋势

融合将成为下一代通信技术发展的主旋律。随着网络应用加速向 IP 汇聚,网络将逐渐向着对 IP 业务最佳的分组化网的方向演进和融合。下一代网络将是电信网与因特网的融合和发展。融合将体现在"话音与数据"、"传输与交换"、"电路与分组"、"有线与无线"、"移动与无线局域网(wireless local area network,WLAN)"、"管理与控制"、"电信与计算机"、"集中与分布"、"电域与光域"等多个方面。

3) 交换技术——网络到分组

随着业务从话音向数据的转移,从传统的电路交换技术逐步转向以分组交换技术特别是无连接 IP 技术为基础的整个电信新框架将是一个发展趋势。现有的电路交换技术在传送数据业务方面效率较低,不能按需支持宽带业务,而现有的 IP 网在支持实时业务方面缺乏服务质量保证,因此,从电路交换向分组交换的转变不是简单的转变。同时,从传统的电路交换网到分组化网将是一个长期的渐进过程,采用具有开放式体系架构和标准接口,实现呼叫控制与媒体层、业务层分离的软交换将是完成这一平滑过渡任务的关键。

4) 传送技术——从点到点通信到光联网

波分多路传输(wave division multiplexing,WDM)技术的出现和发展为电信网提供了巨大的容量和低廉的传输成本,有力地支撑了上层业务和应用的发展。但点到点WDM 系统只提供了原始的传输带宽,需要有灵活的网络节点才能实现高效的组网能力。自动交换光网络(automatic switch optical network,ASON)的出现吸取了 IP 网的智能化经验,有效解决了 IP 层与光网层的融合问题,代表了下一代光网络的研究方向。

5) 接入技术——从窄带到宽带

面对核心网侧和用户侧带宽的快速增长,中间的接入网却仍停留在窄带水平,而且仍主要是以支持电路交换为基本特征,与核心网侧和用户侧的发展趋势很不协调。接入网已经成为全网带宽的最后瓶颈,接入网的宽带化和 IP 化将成为本世纪初接入网发展的主要趋势。有线接入除发展 xDSL 和以太网等宽带接入技术外,以以太网无源光网络(etherent passive optical network,EPON)为代表的宽带光接入技术以及城域以太网技术将成为主要的研发方向和应用重点。无线接入技术方面除了第三代移动通信和无线以太网技术等现有宽带接入技术会大量应用外,具有更高速率、频谱效率和智能的新一代宽带移动通信技术将成为新的发展方向。

6) 无线技术——从 3G 到 4G,从单一无线环境到通用无线环境

在宽带业务需求不断增长的情况下,无线传输作为个人通信的重要手段,二者间的矛盾显得十分突出。尽管第三代移动通信系统(3G)能提供 Mbps 量级的传输速率,但与宽带业务的发展需求相比还相差甚远,远远不能满足未来个人通信的要求。具有高数据率、高频谱利用率、低发射功率、灵活业务支撑能力的未来无线移动通信系统(4G)可将无线通信的传输容量和速率提高十倍甚至数百倍。同时根据各种接入技术的特点,构建分层的无缝隙全覆盖整合系统,形成"通用无线电环境",并实现各系统之间的互通,将是通往未来无线与移动通信系统的必然途径。

6. 信息网络的发展热点

1) 优化协议体系结构

基于网络的新的分布式应用要求相应的协议体系结构进行变化,如计算机视频会议、多媒体数据库查询和再现、共享式编辑和多用户游戏等,相对于传统的文件传输式服务,要求网络提供更高的服务质量。因此,对高性能协议体系结构在应用层框架(applying layer framework,ALF)和集成化层间处理(integrated layer processing,ILP)方面开展了大量研究。这些都要求对 OSI/RM 定义的协议体系结构进行 slit 化和重组,如快捷运输协议(Xpress Transport Protocol,XTP)就是试图集成网络的第 3、4 层的功能。

2) 提高网络传输效率

如何将路由技术和交换技术结合,提高网络传输效率是目前网络发展的热点问题。传统路由器通常依靠软件和通用 CPU 来实现网络第三层控制功能,延迟大,转发速度慢。而以 ATM 为代表的交换技术是用硬件实现交换,每个事件沿着同一路径,通常实现第二层数据单元的交换功能,速度快,面向连接。Internet 的迅速增长,促进了更多路由算法的发展。在 Internet 的核心路由器上路由表变得越来越庞大,路由器也越来越快和越来越复杂,带来的问题是越来越难以管理,这种趋势还将继续发展。现在强调的是将路由器和交换机融为一体,目前有三种可能解决方案:IP 交换、TAG 交换和多协议标记交换(multi protocol label switching,MPLS)。这三种 IP 网络目前都还没有通用的标准支持。

3) 解决关键技术,开展新的网络应用研究

解决远程指令控制、分布式仿真、灾害性环境监测管理、公共信息服务和合作研究与发展等关键技术,以开展新的网络应用研究,如多媒体数据库访问、在网上传播声音和图像、实时和非实时的网际合作、分布式计算、电子沉浸(TeleImmersion,指在不同的地方共享虚拟或仿真环境,就像身临其境,旨在加强合作环境,结合声音、图像、虚拟现实以及仿

真等复杂技术)等。

(1) 网络建设。经济全球化和社会信息化趋势将大大激发对信息网络基础设施建设的需求。网络在注重业务和应用需求的前提下,仍将向高速化、宽带化方向发展。统一、高效、先进、健壮的国家信息网络基础设施将为开展各类信息业务与应用提供强有力的支撑。

(2) 应用业务。从业务和应用的角度看,随着网络应用加速向 IP 汇聚,基于 IP 的业务正成为主流应用。IP 业务尤其是流媒体业务的发展对网络提出了新的更高的要求:更高的灵活性、更大的容量、更快的速度、更强的生存力、更好的互通性以及更强大的业务支撑能力。

(3) 产业发展。从产业角度看,网络运营商需要新的网络演进的关键技术及装备并保持网络的可持续发展能力;服务提供商需要开放、竞争的网络环境,以引入新的商业模式参与竞争;设备制造商需要能够提升产业竞争力的核心技术,包括技术标准、专利等。

从技术角度看,网络在可扩展性(如体系结构、地址、性能等)、对实时业务的支持(如服务质量)、网络的安全性和可信性、对移动性的支持、业务支撑能力等方面均面临着严峻的挑战,需要发展新的技术来应对这些挑战。

4) 下一代网络

以因特网为代表的新技术革命正推动着下一代网络的发展,具有良好的可扩展性和开放的体系架构、支持各种综合业务、可持续发展的下一代网络已初露端倪。虽然国际上对下一代网络尚没有统一的定义,但向下一代网络的演进和发展已成为必然趋势。目前,世界各国都在积极地开展下一代网络的研究开发工作。ITU-T 的 NGN 计划(NGN 2004 Project)将下一代网络看作是 GII 的具体实现;ETSI 将 NGN 定义为一种规范和部署网络的概念,通过使用分层、分面和开放接口的方式,给业务提供者和运营者提供一个平台,借助这一平台逐步演进,以生成、部署和管理新的业务;IETF 重在发展增强的 IP 网(可扩展性、安全性、移动性等);3GPP、3GPP2 提出了 ALL-IP 核心网络等。

有关下一代网络的发展已成为目前的研究热点。同时,下一代网络包含的内容非常广泛,从光传送层面的 ASON、数据网层面的下一代互联网(IPv6)、业务层面的基于软交换的体系到城域网层面的城域以太网等。随着技术与业务的发展,下一代网络的内涵还将不断扩大和改变。

6.2　流媒体技术

人们渴望在互联网上看到生动、丰富多彩的媒体服务,然而,网络速度的限制使得人们无法在短时间内下载大的文件,迫切需要实时传送视频、音频、计算机动画等媒体文件的技术,这就是流式传输技术及流媒体。近几年来,流媒体技术已经得到了广泛的应用。

1. 下载和流式传输

在网上传输视频音频动画等多媒体信息,目前主要有下载(download)和流式(streaming)传输两种方式。

下载方式是将全部文件通过网络传送到客户端并保存在客户机的存储器上,只有当下载的文件完全传送到客户机后才能开始播放。所以要考虑对客户端的存储要求和播放延时两个因素。在文件比较大的情况下,需要的存储空间大,下载的时间长,同时下载的文件要存放在客户端,很容易被复制。

流式传输,通俗地说,就是在互联网上,流媒体服务器将声音、影像或动画等媒体文件连续、实时传送给客户端,用户不必等到整个文件全部下载完毕,而只需经过几秒或十几秒的启动延时即可进行观看。媒体文件在客户机上播放时,文件的剩余部分将在后台从服务器内继续下载。流式传输避免了用户必须等待整个文件全部从 Internet 上下载完才能观看的缺点,不仅使用户播放媒体时的等待时间十倍、百倍地缩短,而且不需要太大的缓存容量(刁红军等 2004)。采用流式传输时,网上传输的数据在播放之后可以被丢弃,不仅能解决占用系统资源的问题,还能有效保护创作人员的知识产权。

2 流媒体与流技术

流媒体指在 Internet/Intranet 中使用流式传输技术的连续时基媒体,如音频、视频或多媒体文件。流媒体在播放前并不下载整个文件,只将开始部分内容存入内存。流媒体的数据流随时传送随时播放,只是在开始时有一些延迟。流媒体实现的关键技术就是流式传输(孙燕等 2004)。

流技术就是把连续的影像或声音信息经过压缩处理后放上网站服务器,让用户一边下载一边观看、收听,而不需要等整个压缩文件下载到自己机器后才可以观看的网络传输技术。该技术先在使用者端的电脑上创造一个缓冲区,于播放前预先下载一段资料作为缓冲,网路实际连线速度小于播放所耗用资料的速度时,播放程序就会取用这一小段缓冲区内的资料,避免播放的中断,也使得播放品质得以维持。

3 实时流式传输与顺序流式传输

实现流式传输有两种方法:实时流式(realtime streaming)传输和顺序流式(progressive streaming)传输。

1)实时流式传输

实时流式传输保证媒体信号带宽与网络连接匹配,使媒体可被实时观看到。实时流式传输与 HTTP 流式传输不同,它需要专用的流媒体服务器与传输协议。

实时流式传输特别适合现场事件,也支持随机访问,用户可快进或后退以观看前面或后面的内容。理论上,实时流一经播放就可不停止,但实际上,可能发生周期暂停。

实时流式传输必须匹配连接带宽,这意味着在窄带网络中图像质量较差。而且,由于出错丢失的信息被忽略掉,网络拥挤或出现问题时,视频质量很差。如欲保证视频质量,顺序流式传输更好。实时流式传输需要特定服务器,如 Quick Time Streaming Server、RealServer 与 Windows Media Server。这些服务器允许对媒体发送进行更多级别的控制,因而其系统设置与管理比标准超文本传送协议(hyper text transfer protocol, HTTP)服务器更复杂。实时流式传输还需要特殊网络协议,如实时流式协议(realtime streaming protocol, RTSP)或微软媒体服务器(Microsoft Media Server, MMS)。这些协议在有防火墙时有时会出现问题,导致用户不能看到一些地点的实时内容。

2) 顺序流式传输

顺序流式传输是按顺序下载,在下载文件的同时用户可观看在线媒体,在给定时刻,用户只能观看已下载的那部分,而不能跳到还未下载的部分。顺序流式传输不能像实时流式传输那样可以在传输期间根据用户连接的速度做调整。标准的 HTTP 服务器可发送这种形式的文件,也不需要其他特殊协议,因此顺序流式传输经常被称作 HTTP 流式传输。顺序流式传输比较适合高质量的短片段,如片头、片尾和广告。由于该文件在播放前观看的部分是无损下载的,这种方法能够保证很高的播放质量。但同时意味着用户在观看前,必须经历延迟,在网速慢的时候尤其如此。

顺序流式文件放在标准 HTTP 或 FTP 服务器上,易于管理,基本上与防火墙无关。顺序流式传输不适合长片段和有随机访问要求的视频,如讲座、演说与演示,也不支持现场广播,严格说来,它是一种点播技术。

4 流媒体的特点

与传统的单纯下载技术相比,流媒体具有明显的优点:①不需要将全部的数据下载,因此等待的时间可以大大缩短;②流文件往往小于原始文件的数据量,用户也不需要将全部流文件下载到硬盘,从而节省了大量的磁盘空间;③采用了 RTSP 等实时传输协议,更加适合动画音视频在网上的实时传输。

5．流媒体技术的主要应用

近几年来流技术得到了长足的发展,流媒体技术在不少领域得到了广泛的应用,尤其是音视频传输。

1) 远程教育

电脑的普及、多媒体技术的发展以及互联网的迅速崛起,给远程教育带来了新的机遇。世界各国都正大力开展包括网络教育在内的远程教育。在远程教学过程中,最基本的要求是将信息从教师端传递到远程的学生端,需要传递的信息可能是多元化的,这其中包括各种类型的数据,如视频、音频、文本、图片等。将这些资料从一端传递到另一端是远程教学需要解决的问题。

由于当前网络带宽的限制,流式媒体无疑是最佳的选择,学生在家通过一台计算机、一条电话线、一个调制解调器就可以参加到远程教学当中来。对于教师来讲,也无须做过多的准备,授课方法基本与传统授课方法相同,只不过面对的是摄像头和计算机而已。就目前来讲,能够在互联网上进行多媒体交互教学的技术多为流媒体,像 Real System、Flash、Shockwave 等技术就经常应用到网络教学中。远程教育是对传统教育模式的一次革命。它能够集教学和管理于一体,突破了传统"面授"的局限,为学习者在空间和时间上都提供了便利。

除去实时教学以外,使用流媒体中的视频点播(video on demand,VOD)技术,更可以达到因材施教、交互式的教学目的。学生也可以通过网络共享自己的学习经验和成果。

大型企业可以利用基于流技术的远程教育系统作为对员工进行培训的手段,这里不仅可以利用视频和音频,计算机屏幕的图形捕捉也可以被用流的方式传送给学员。现在微软公司自己内部就大量使用了自己的流技术产品作为其全球各分公司间员工培训和交流的手段。

随着网络及流媒体技术的发展,越来越多的远程教育网站开始采用流媒体作为主要的网络教学方式。

2) 宽带网视频点播

VOD 技术已经不是什么新鲜的概念了,最初的 VOD 应用于卡拉 OK 点播,当时的 VOD 系统是半自动的,需要人工参与。随着计算机的发展,VOD 技术逐渐应用于局域网及有线电视网中,此时的 VOD 技术趋于完善,音视频信息的庞大容量使得服务器端不仅需要大量的存储系统,同时还要负荷大量的数据传输,导致服务器根本无法进行大规模的点播。

随着宽带网和信息家电的发展,流媒体技术越来越广泛地应用于视频点播系统,目前很多大型的新闻娱乐媒体都在 Internet 上提供基于流技术的音视频节目,如国外的有线新闻网(cable news network,CNN)、哥伦比亚广播公司(Columbia Broadcasting System,CBS)以及我国的中央电视台、北京电视台等。

3) 互联网直播

随着互联网的普及,网民越来越多,从互联网上直接收看体育赛事、重大庆典、商贸展览成为很多网民的愿望。而很多厂商希望借助网上直播的形式将自己的产品和活动传遍全世界,这一切都促进了互联网直播的发展。

流媒体技术在互联网直播中充当着重要的角色。首先,流媒体能在低带宽的环境下提供高质量的影音。其次,像 Real 公司的 SureStream 这样的智能流技术可以保证不同连接速率下的用户可以得到不同质量的影音效果。此外,流媒体的多址广播(multicast)技术可以大大减少服务器端的负荷,同时最大限度地节省了带宽。

无论从技术上还是从市场上考虑,现在互联网直播是流媒体众多应用中最成熟的一个。已经有很多公司提供网上直播服务,每年一度的春节晚会就提供网上现场直播。

4) 视频会议

市场上的视频会议系统有很多,视频会议技术涉及到数据采集、数据压缩、网络传输等多项技术。

流媒体并不是视频会议必需的选择,但是流媒体技术的出现为视频会议的发展起了很重要的作用。采用流媒体格式传输影音,使用者不必等待整个影片传送完毕,就可以实时地连续不断地观看,这样不但改善了观看前的等待问题,而且达到了即时的效果。

视频会议是流媒体的一个商业用途,通过流媒体我们还可以进行点对点的通信,最常见的例子就是可视电话。只要我们有一台已经接入互联网的电脑和一个摄像头,就可以与世界任何地点的人进行音视频的通信,是不是很便捷? 此外,大型企业可以利用基于流技术的视频会议系统来组织跨地区的会议和讨论,从而节省大量的开支。美国第二大证券交易商从 1998 年开始,采用 Starlight Network 公司提供的流技术方案,为其分布在全球 500 多个城市和地区的分公司经纪人和投资咨询员实时提供到桌面的财经新闻,使他们的客户获取更多的投资利润。

6. 流媒体的系统组成及网络环境[①]

1) 流式传输过程

(1) 流式传输的实现需要缓存。Internet 以包传输为基础进行断续的异步传输,对一个实时 A/V 源或存储的 A/V 文件,在传输中它们要被分解为许多包,由于网络是动态变化的,各个包选择的路由可能不尽相同,故到达客户端的时间延迟也就不等,甚至先发的数据包还有可能后到。为此,使用缓存系统来弥补延迟和抖动的影响,并保证数据包的顺序正确,从而使媒体数据能连续输出,而不会因为网络暂时拥塞使播放出现停顿。通常高速缓存所需容量并不大,因为高速缓存使用环形链表结构来存储数据:通过丢弃已经播放的内容,流可以重新利用空出的高速缓存空间来缓存后续尚未播放的内容。

(2) 流式传输的实现需要合适的传输协议。由于 TCP 需要较多的开销,故不太适合传输实时数据。在流式传输的实现方案中,一般采用 HTTP/TCP 来传输控制信息,而用实时传输协议(real-time transport protocol, RTP)/用户数据包协议(user datagram protocol, UDP)来传输实时声音数据。

(3) 流式传输的实现需要相关参数和数据。一般情况下,用户选择某一流媒体服务后,Web 浏览器与 Web 服务器之间使用 HTTP/TCP 交换控制信息,以便把需要传输的实时数据从原始信息中检索出来,然后客户机上的 Web 浏览器启动 A/V Helper 程序,使用 HTTP 从 Web 服务器检索相关参数对 Helper 程序初始化。这些参数可能包括目录信息、A/V 数据的编码类型或与 A/V 检索相关的服务器地址。A/V Helper 程序及 A/V 服务器运行 RTSP,以交换 A/V 传输所需的控制信息。与 CD 播放机或 VCR 所提供的功能相似,RTSP 提供了操纵播放、快进、快倒、暂停及录制等命令的方法。A/V 服务器使用 RTP/UDP 将 A/V 数据传输给 A/V 客户程序(一般可认为客户程序等同于 Helper 程序),一旦 A/V 数据抵达客户端,A/V 客户程序即可播放输出。在流式传输中,使用 RTP/UDP 和 RTSP/TCP 两种不同的通信协议与 A/V 服务器建立联系,能够把服务器的输出重定向到不同于运行 A/V Helper 程序所在客户机的目的地址(图 6.1)。

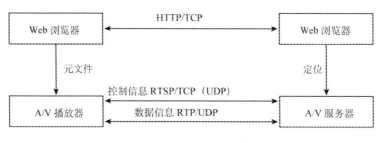

图 6.1 流式传输基本原理

---

① 李炳林.2001.流媒体技术及应用.电力系统自动化,(12)

2) 流媒体的系统组成及网络环境

一个完整的流媒体系统应包括以下几个组成部分:编码工具、流媒体数据、服务器、网络、播放器。其中编码工具用于创建、捕捉和编辑多媒体数据,形成流媒体格式。可以由带音视频硬件接口的计算机和运行在其上的制作软件共同完成。服务器存放和控制流媒体数据。网络是适合多媒体传输协议或实时传输协议的通信环境,播放器是供客户端浏览流媒体文件的工具(张丽 2001)。

基本的流媒体系统软件组建包括编码器(encoder)、服务器(server)、播放器(player)。这些组建之间通过特定的协议互相通信,按照特定格式相互交换文件数据。编码器、服务器和播放器是流媒体系统的三大基石。编码器将服务器上的文件进行编码,服务器发送流媒体数据,客户使用流媒体播放器查看流媒体文件。

编码器:原始的音视频文件必须先转化为流格式才能进行流式传输,编码器便是完成该任务的。编码过程包括两大部分,一是在尽可能保证质量的前提下降低文件数据量,其二是按照容错格式将转换后的文件打包,以避免数据传输时数据丢失。

流媒体服务器:把存储在系统中的信息以流的形式通过网络接口发送给相应的客户,响应客户的交互请求,保证视频流的连续输出。流媒体服务器在流媒体传输期间同用户的播放器双向通信,以相应客户的播放控制请求。此外还可以提供数字权限管理等额外功能(钟玉琢等 2003)。

流媒体播放器:能够与流媒体服务器通信、播放或丢弃收到的流媒体数据。流媒体播放器通常都提供对流的交互式操作,如播放、暂停等。广泛使用的流媒体播放器包括ReakBwtwork 公司的 RealPlayer、Mircosoft 公司的 Windows Media Player 和 Apple 公司的 QuickTime Player 等。

流媒体的网络环境:流媒体通信网并不是一个专用网络,目前绝大部分流媒体业务是在现有的各种网络上运行的,包括各种电信网络及计算机网络。

7. 流式传输协议与文件格式

1) 流式传输协议

流媒体系统的各组件必须在不同的层面上互相通信,架构体系依靠协议、文件格式和编解码器实现交互通信(周金星等 2002)。

协议为各组件之间的信息交换指定了底层规则,即必须同时满足在网上发送流媒体文件以及播放器、服务器、编码器进行通信的需求。由于 TCP 需要较多的开销,不太适合传输实时数据。在流式传输方案中,一般采用 HTTP/TCP 传输控制信息,而用 RTP/UDP 传输实时数据。目前主流平台之间没有统一的标准协议,QuickTime 和 Realsystem 都采用 RTSP,而 Windows Meadia Player 使用 MMS 协议。

流式传输协议包括 RTP、实时传输控制协议(real-time transport control protocol,RTCP)、RTSP、资源预留协议(resource reserve protocol, RSVP)、MMS 协议。

(1) RTP。RTP 被定义为传输音频、视频、模拟数据等实时数据的传输协议。最初设计是为了数据传输的多播,但是也可以用于单播。与传统的注重高可靠的数据传输的 TCP 不同,它注重数据传输的实时性。此协议提供的服务包括时间载量标识、数据序列、时戳、传输控制等。RTP 与辅助控制协议 RTCP 一起得到数据传输的一些相关的控制信息。

(2) RTCP。实时传输控制协议 RTCP 是和 RTP 一起使用的进行流量控制和拥塞控制的服务控制协议。在 RTP 的会话之间周期性地发放一些 RTCP 包,以用来监听服务质量和交换会话用户信息等功能。RTCP 包中含有已发送的数据包的数量、丢失的数据包的数量等统计资料。因此,服务器可以利用这些信息动态地改变传输速率,甚至改变有效载荷类型。RTP 和 RTCP 配合使用,能以有效的反馈和最小的开销使传输效率最佳化,因而特别适合传送网上的实时数据。根据用户间的数据传输反馈信息,可以制定流量控制的策略;而会话用户信息的交互,可以制定会话控制的策略。

(3) RTSP。RTSP 定义了如何有效地通过 IP 网络传送多媒体数据,是一种从客户端到服务器端的多媒体描述协议,非常类似于 HTTP 的应用层协议每个发布的媒体文件也被定义为 RTSP UPL。RTSP 是应用层协议,与 RTP、RSVP 一起来完成流式服务,有很大的灵活性,可被用在多种操作系统上,允许客户端和不同厂商的服务平台交互。

(4) RSVP。资源预留协议 RSVP 并不是一个路由协议,而是一种 IP 网络中的信令协议,与路由协议相结合来实现对网络传输服务质量(quality of service, QoS)的控制。RSVP 是为支持因特网综合业务而提出的,是解决 IP 通信中 QoS 问题的一种技术,用来保证点端到端的传输带宽。

(5) MMS 协议。MMS 协议用于访问 Windows Media 发布点上的单播内容。MMS 是连接 Windows Media 单播服务的默认方法。若观众在 Windows Media Player 中键入一个 URL 以连接内容,而不是通过超级链接访问内容,则他们必须使用 MMS 协议引用流。

总的说来,RTP 是实时数据传输协议,提供时间标志、序列号以及其他能够保证在实时数据传输时处理时间的方法,是依靠 RSVP 保证服务质量标准的。RTCP 是 RTP 的控制部分,是用来保证服务质量和成员管理的。RTSP 控制流媒体数据从流媒体服务器传输,又可叫做"网上录像机控制协议",只提供远程控制,具体的数据传输由 RTP 完成。使用 RSVP 要预留一部分网络资源(即带宽),RSVP 能在一定程度上保证流媒体传输的服务质量,它是不传输数据的。MMS 协议受微软节制。

2) 流式文件格式

流式文件格式经过特殊编码,以适合在网络上边下载边播放。将压缩媒体文件编码成流式文件后必须附加一些信息如计时版权压缩等,如图 6.2 所示。

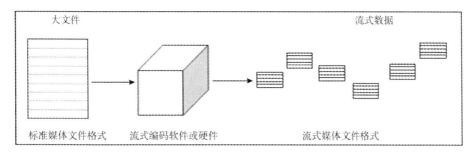

图 6.2　流式文件格式

不同的流媒体平台有不同的文件格式,常用的流文件格式如表6.1所示:

表6.1 常用的流文件格式

	文件格式扩展(Video/Audio)	媒体类型与名称
asf	Advanced Streaming Format	Microsoft
rm	Real Video/Audio 文件	Progressive Networks
ra	Real Audio 文件	Progressive Networks
rp	Real Pix 文件	Progressive Networks
rt	Real Text 文件	Progressive Networks
swf	Shock Wave Flash	Macromedia
viv	Vivo Movie 文件	Vivo Software

3) 流媒体发布格式

媒体发布格式不是压缩格式,也不是传输协议,其本身并不描述视听数据,也不提供编码方法。媒体发布格式是视听数据安排的唯一途径,物理数据无关紧要,我们仅需要知道数据类型和安排方式。以特定方式安排数据有助于流式多媒体的发展,为应用不同压缩标准和媒体文件格式的媒体发布提供一个事实上的标准方法。

在未来的发展中,单个媒体发布格式能包含不同类型媒体的所有信息,如计时、多个流同步、版权和所有人信息(表6.2)。实际上视听数据可位于多个文件中,而由媒体发布文件包含的信息控制流的播放。

表6.2 常用媒体发布格式

媒体发布各式扩展	媒体类型和名称
asf	Advanced Streaming Format,视频流媒体文件格式,其视频部分采用 MPEG-4 格式,音频采用 WMA 模式
smil	Synchronised Multimedia Integration Language,格式化信号流文件,即混合多项类型的信号流并使之同步传输的综合流
ram	RAM File,流媒体元文件,用来记录各种基本流媒体文件地址,主要用 HTML 文件
rpm	Embedded RAM File

8. 流媒体平台

在流媒体技术领域中,占主流地位的平台主要有三个:RealNetworks 公司的 RealPlayer、Mircosoft 公司的 Windows Media Player 和 Apple 公司的 QuickTime。

Microsoft 公司的 Windows Media 的核心是高级流格式(Advanced Stream Format,ASF)。ASF 是一种数据格式,音频、视频、图像以及控制命令脚本等多媒体信息通过这种格式,以网络数据包的形式传输,实现流式多媒体内容发布。ASF 支持任意的压缩解压缩编码方式,可以使用任何一种底层网络传输协议,具有很大的灵活性。Windows

Media 的交互性比较弱,但成本最低。

RealNetworks 公司的 RealMedia 包括 RealAudio、RealVideo 和 RealFlash 和 RT (RealText)四类文件。RealNetworks 公司自 1995 年发布 RealAudio1.0 以来,RealAudio 和 RealVideo 产品已经成为 Internet 网上最受欢迎的解决方案。RealNetworks 和 NetScape 公司共同提出的 RTSP 为音视频数据在网上的传输提供了统一的标准。RealMedia 基于 SMIL 实现了多种媒体格式,但还没有 QuickTime 那样复杂的控制,成本比较高。

Apple 公司的 QuickTime 于 1991 年登台亮相,是 Apple 公司面向专业视频编辑、Web 网站创建和 CD-ROM 内容制作领域开发的多媒体技术平台,QuickTime 支持几乎所有主流的个人计算平台,是数字媒体领域事实上的工业标准,是创建 3D 动画、实时效果、虚拟现实、A/V 和其他数字流媒体的重要基础。QuickTime 在交互性方面是做得最好的,它几乎是一个完整的多媒体平台。例如,在一个 QuickTime 文件中可同时包含 MIDI、动画 GIF、FLASH 和 SMIL 等等格式的文件。而且 QuickTime 还独有一种称为 Wired Sprites 的互动格式,并已经有了成熟的开发工具,可设计出类似 Flash 的互动界面和动画。新版本的 QuickTime 5.0 已经支持 Flash 4.0。Apple 公司产品的成本昂贵。三个系统平台的对比见表 6.3。

表 6.3　三种流媒体系统平台比较

	RealSystem	Windows Media Service	QuickTime
服务器(最新正式版本)	RealServer 8	Windows Media Server 4.1	QuickTime Streaming Server 3
制作工具(最新正式版本)	RealProducer 8.5	Windows Media Encoder 7.1	QuickTime Pro 5
播放器(最新正式版)	RealPlayer 8	WindowsMedia Player 7.1	QuickTime Player 5
服务器	HP-UX、AIX、Linux、Solaris、Windows NT/2000Server、MacOS 等	Windows NT/2000 Server	Windows NT/2000 Server、Linux、Solaris、FreeBSO 等
播放器支持的文件格式	40 多种	30 多种	30 多种
自适应宽带技术	SureStream	智能流	断线保护
半屏达到 VHS 质量所需速率	300 Kbps	250 Kbps	300 Kbps
现场直播和点播	√	√	√
支持 MPEG4	√	√	√
支持 SMIL	√	√	√
多码率压缩支持	√	√	√
浏览器插件	√	√	√
全屏幕播放	√	√	√
防火墙和代理服务器支持	√	√	√

9．流媒体中的关键技术

（1）视音频压缩/解压缩算法。视音频压缩/解压缩算法一直是多媒体技术研究的一个重要领域。在流技术中,压缩/解压缩算法主要是希望压缩算法具有伸缩性或层次性,就是说信息源经一次压缩编码后,编码数据在传输时应能方便地根据网络带宽的变化进行一定的调整处理,使客户端在获取最好质量的同时能维持最好的连续性。目前,已有多种形式的压缩算法,如 H.263、MPEG1、MPEG2 等。

（2）网络服务质量。只有网络的带宽和时延抖动保持在一定水平上,流数据才能流畅地在客户端播放,所以必须在 IP 网络中引入 QoS 机制(杨锦春 2004)。RSVP 协议能够保证一定的服务质量。下一代的 IPv6 会对 QoS 机制提供更多的支持。

（3）自适应传输技术。用户的网络连接速率各不相同(宽带、窄带),而且同一个用户(IP)在实际的使用中连接的速率也会随网络的情况而变化,需要采用自适应传输技术,根据用户的实际情况来自动调整流媒体服务的参数(黄晁 2002)。

（4）IP 多址广播。流数据往往同时向许多用户同时播出,若为每一个用户都建立一条连接,那么网络的带宽很快就被耗尽,其他用户则无法登录。随着流媒体技术的广泛应用,对网络带宽的压力愈来愈大,IP 多址广播(IP Multicast)技术得到了重视。通过基于标准的网络平台的 IP 多点映射支持,可只传输单一的数据流,就能服务高达数千计的使用者,而播放质量不会有任何的区别。

（5）分配现场分流。为增加用户数目,可以根据不同需要进行不同数量级的广播。通过树状的流传输方式在不同数量级的流媒体 Server 之间保持同一个内容流的分流传输,起到分路器(splitter)的作用,这样在窄带的情况下也可以让全球的流媒体 Server 为同一现场流进行直播。

（6）三维空间信息的流式传输。空间信息与音视频信息相比,数据量更为庞大。近几年来,音视频的流式传输已经得到了很好的应用。随着空间信息服务的网络化发展,空间信息尤其是三维空间信息的网络发布也开始考虑采用流式传输,相关的发布平台与关键技术正在研究之中。

参 考 文 献

刁红军,郑翔.2004.实现多媒体内容网络处理的相关技术综述.计算机工程与应用,40(25)

黄晁,史红周,李锦涛等.2002.智能流媒体视频服务系统.计算机工程与应用,38(09)

孙燕,徐重阳,杨灿.2004.基于因特网的流式媒体技术.电视技术,(7)

王海波.2004.走近流媒体技术.中国计算机用户,(21)

杨锦春.2004.流媒体传输中的质量保证.现代电视技术,(07)

张丽.2001.流媒体技术大全.北京:中国青年出版社

钟玉琢等.2003.流媒体和视频服务器.北京:清华大学出版社

周金星,吉逸,金胜昔.2002.Internet 多媒体数据流实时传输协议的研究及其应用.计算机工程与应用,38(21)

第7章 三维地理信息系统

二维地理信息系统将现实世界简化为平面上二维投影的概念模型注定了它在描述三维空间现象上的无能为力,随着地理信息系统应用的不断深入,它的这一缺陷在一些应用领域显得日益突出。目前,在强烈要求应用真三维空间来处理问题采矿、地质、石油勘探、数字城市和虚拟现实等领域,三维地理信息系统主要应用于两方面:一是空间信息的可视化,即力求真实直观地表现客观世界,满足人们视觉感观的需要;二是空间信息的分析。实现这两个功能,需要真实的三维空间数据(包括平面位置、高程或高度数据)和纹理数据(影像数据)。随系统应用目标的不同,对三维空间数据的准确程度和纹理数据的逼真程度要求有所不同,如侧重于视觉效果的虚拟现实和三维景观信息系统等领域,对纹理的图像的清晰度和真实性要求比较高,而侧重于分析的采矿、地质、石油勘探和数字城市等领域对三维空间数据的精度要求就比较高。虽然三维空间数据的准确度越高,纹理数据越真实越清晰,越能真实地表现客观世界,系统分析的准确性越高,但是由此往往会导致系统数据成倍甚至是呈几何级数的增加,加重了系统的负担。因此,在满足系统需求的前提下,要尽量减小系统数据量,而不要片面追求数据的精度。

7.1 三维空间数据获取

数据有如地理信息系统的血液,地理信息系统能否充分体现其应有的作用,往往取决于数据质量的优劣。如何快速获取高质量的三维模型数据,是 3D GIS 建设的关键问题之一。

7.1.1 三维空间数据与空间信息

数据是对客观目标定性、定量描述的原始资料。三维空间数据是人类对客观世界(这里主要指地球表面物体)的几何描述,可以通过一定测量手段、技术、方法获得。信息是一个抽象概念,它用数据来表示事件、事物、现象等的内容、数量或特征。信息是物质的普遍属性之一,具有客观性、适用性、可传输性和共享性等特征。空间信息是与所研究对象的空间三维分布有关的信息,表示地表物体及其环境固有的地理位置、形体特征及其相关关系。

与 2D GIS 相比,3D GIS 仅仅增加了描述空间对象的第三维,即高度维信息,然而描述空间对象的几何数据(形状、位置、大小等)的确急剧增加;除此之外,为了实现空间对象的真实化表达,还要求获取地表及建筑物的立面甚至是屋顶真实表面纹理数据。在注重分析功能的 3D GIS 中不仅要维护三维空间对象的几何信息,还要维护其语义及拓扑信息。空间对象的属性数据、语义和拓扑信息也比二维空间中的复杂得多,如何获取和组织这些信息也是在数据采集中必须考虑的问题。总之,三维空间各类数据获取的难度和工作量都比二维空间大幅度增加,如何快速自动地获取三维空间对象的几何、纹理、语义、属性等数据一直是建立 3D GIS 研究的重要课题之一。国内外很多学者对这方面开展了研究,主要集中在四个方面(万剑华等 2001):

(1) 根据摄影测量的方法获取城市 3D 建模所需要的几何数据和像片纹理数据及语义数据;

(2) 利用激光扫描技术获取建筑物的几何数据;

(3) 移动测绘系统、混合测绘系统及其数据采集;

(4) 多数据源集成问题。

总的来说,现有自动化数据采集技术还不成熟,离全自动化水平还有较长的距离,需要人工干预的工作量还比较大。本节中所述及的三维空间数据指的是在 3D GIS 中对各类地面目标进行三维描述所需要的数据,主要包括数字高程模型(digital elevation model,DEM)数据、建(构)筑物的几何数据、地表及建筑物立面的纹理影像数据及相关的属性数据。

7.1.2　三维空间数据的数据源

我们生活的世界在空间上是三维延伸的,人们在科研、生产和生活中积累了大量的可用于 3D GIS 建设的宝贵数据。不同的数据源决定着数据获取的内容、格式、精度和建立城市 3D 模型的方法的不同,服务于不同的任务。

1. 各种数据的获取

1) 建筑实体数据的获取

城市中很多建筑物具有相似的外形,但往往不同的建筑物具有不同的几何外形特征,这些几何外形特征往往体现三维对象特别是建筑物对象的独特风格。在 2D GIS 中一般只用建筑物的地面轮廓线来表达建筑物,这种表达只反映了建筑物本身很少部分的信息。在 3D GIS 中除了建筑物的基本平面位置及高度信息外,还需表达建筑物的色彩纹理与几何外形特征。建筑物的平面位置通常可以从原来二维 GIS 的数据库中获得,而获取建筑物的高度数据则比较复杂。目前建筑物的实体数据主要有以下几种获取方式。

(1) 规划建筑物的设计图纸及文档资料作为一种最初的基础参考资料,包括建筑物各部分的详细信息。但从中获取 3D 几何建模所需数据时,需要人工判读和输入大量数据,且为把 3D 模型放在一地理参考框架中,须在实地完成和地面控制的联系,因此工作量巨大。这种方法仅适合于单独建筑物的建模。如果有建筑设计软件包形成的 3D 设计模型则可以通过开发一定的数据转换程序或利用系统提供的数据导入与导出接口导入到 GIS 系统中,但这种模型往往只能用于可视化目的,无法对其进行空间操作和查询。

(2) 城市数字地图(地形图、地籍图等)和 2D GIS 数据库中含有 3D 建模所需的几何信息,如地理目标的位置、建筑物的屋顶形状、建筑物占地边界与面积、屋顶的倾斜、屋顶边沿的方向、建筑物的高度、层数等。城市中的现有纸质模拟地图可通过数字化仪、扫描仪等工具结合专业软件转化为数字地图和 2D GIS 中的数据。因此可以从 2D GIS 中直接获取建筑物的轮廓线,在 2 维 GIS 数据库基础上按照建筑物的层数粗略地估计或由其他方式得到建筑物的高度,用简单几何体表达建筑物外形特征。这种方法最简便,同时 3 维数据量最少,但也与实际相差最大。

(3) 使用航空影像进行交互式获取。航空影像真实地反映了城市建筑的所有顶部信息,同时也反映了建筑物的部分侧面信息以及大部分建筑物附属信息,因而可以用人工或半自动的方式借助软件获取建筑物的外形特征(以建筑物屋顶数据为主)。这种方法能较真实地获取所需要的信息,但由于需要人工干预,工作量相当大。

(4) 以研究算法为主,使用航空影像以及地面摄影对建筑物特征线进行自动提取。这种方式获取速度最快,但获取几何信息不够完整,需要人工作大量后续处理,目前还难以达到实用。

(5) 用机载激光扫描仪(Airborne Laser Scanner)结合空中影像,经过算法处理提取建筑物高程、纹理以及其他数据,该方法获取速度快,但后续处理工作量大,费用可观,是一种很有发展前途的方法。

(6) 在地面使用激光扫描仪与 GPS,通过测距求算获取。这种方式获取速度也较快,且所获取的几何信息相当精确,但工作量相当大,是一种具有发展前景的方法。

(7) 用激光测距仪(Laser Ranger Finder,LRF)结合 CCD 相机从地面获取建筑物高度及纹理数据。该方法获取速度快,但工作量大,且后续处理工作量也很大。

(8) 使用高分辨率卫星影像进行建筑物的自动提取。高分辨率影像卫星的出现,使得人们很容易快速获取一个实时的、不低于 1 米分辨率的城区影像图。对于高分辨率卫星影像目前可用要素法非常有效地判别建筑物,因而是最有发展潜力的一种方法。

2) 纹理数据的获取

纹理数据包括地形纹理和建筑物顶面及立面纹理数据。航空影像很容易得到,因此地形纹理与建筑物顶部顶面纹理较易获取。建筑物侧面(立面)纹理的获取遇到了与建筑物高度获取同样的问题。根据系统对地形及建筑物真实感要求的不同,目前的获取方法可以采用以下几种方式。

(1) 由计算机作简单模拟绘制。该方法采用矢量纹理,其优点是数据量少、建立的模型浏览速度快,缺点是缺乏真实感。

(2) 根据地面摄影像片直接提取。该方法需要用相机拍摄大量的建筑物侧面照片,其获取速度慢,且涉及数据量大,后续处理工作量也很大,优点是所建模型真实感强。

(3) 根据摄影像片由计算机生成。对具有相似纹理的建筑物,使用计算机提取其特征纹理,对这些建筑物进行批量处理,可以减少纹理获取量和后续处理的工作量,但与前一种相比较,模型真实感较差。

(4) 由空中影像获取。该方法主要获取地面影像,由于在空中影像中也含有部分建筑物的侧面纹理,为了减少工作量可以对这些纹理进行提取并加以处理。这种方式所获取的纹理变形较大,真实感也较差。

3) DEM 数据的获取

DEM 数据在景观模型中起着举足轻重的作用。在 2D GIS 中,DEM 一般由离散高程点通过三角形不规则网(triangular irregular network,TIN)或者规则格网(grid)构造生成。这种方法精度高但获取费时。目前学者们的研究方向一是从高分辨率影像中获取,另一是由机载激光扫描仪获取。现有3D GIS中DEM数据的获取途径主要有以下几方面。

(1) 直接使用2D GIS中的DEM。由于其通过实测高程点构TIN得来,因而精度最高,但缺点是获取与更新速度太慢,不宜用于构建和维护一个大型3D GIS系统。

(2) 通过处理航摄影像(包括高分辨率影像)生成。其精度受分辨率和量测手段限制,但获取速度较快。

(3) 由机载激光扫描仪直接扫描并经后续处理得到。其优点是直接测量地面要素高程,无须人工干预,数据处理自动快速,获取速度最快,且不受天气影响;其缺点是精度低,需要专门处理算法。

(4) 用合成孔径雷达(synthetic aperture radar,SAR)获取数字高程模型。其优点是不受白天黑夜以及天气的影响,分辨率高(可以达到水平1.5m,垂直2m),但数据获取成本高,目前不易推广。

4) 属性数据的获取

基于可视化目的建立的3D GIS中的属性数据主要用来进行空间查询,其数据类型主要有:

(1) 用来描述建筑物实体的属性数据,如建筑物名称、社会性质、建筑位置等;
(2) 用来描述地形、地物特征的属性数据,如道路长度、道路名称等。

现有的2D GIS尤其是城市基础地理信息系统数据库中含有丰富的属性语义信息,如建筑物的用途、建筑年代、名称、结构、权属等,因此可以将这些属性信息直接导入3D GIS中。

5) 其他多媒体数据的获取

为使用户在三维场景中具有身临其境的感觉,还必须有一系列多媒体数据,如声音和视频文件等,一般可以通过现场录制的方式获取。

2 数据获取方案

通过以上评述,针对不同层次的需求,可以采用不同的数据获取方案。

1) 简单的三维电子地图

对于显示浏览效果要求不高的三维电子地图,为了达到基于三维图形界面的快速浏览的目的,可以用最少量的数据反映较真实的三维城市面貌,同时保证数据获取成本不会过高,此时数据采集可采用以下方案。

(1) 只将城市建筑物表达成三维模型,因此只须考虑建筑物的三维数据;
(2) 建筑物高度数据按2D GIS的层数求算,一般可按建筑物的不同类型分别给予适当的层高估计值;
(3) 建筑物纹理宜采用颜色代替,或通过矢量方式添加一定的条纹;

（4）不采用 DEM 数据。

基于以上数据获取方案,基本上完全利用现有的 2D GIS 中的数据即能构建三维城市电子地图,三维城市建模的数据获取基本上无需额外的费用。目前 2D GIS 中的三维显示功能模块通常采用这种方式。

2）具真实感的 3D GIS

具真实感的三维景观模型主要提供任意浏览与动画功能。因此需要三维对象的真实纹理以及 DEM 数据。但由于其主要目的是提供可视功能,因此对数据的精度要求较低,考虑到构建过程中的费用及构建周期,此时数据采集可采用以下方案。

（1）对建筑物侧面纹理采取地面摄影由计算机生成的方法,在摄影过程中尽可能仅获取具不同纹理的建筑物侧面纹理,对纹理相同或相近的建筑物由计算机根据摄影纹理生成,这样一方面花费较少,另一方面,经过计算机处理的纹理,可基本去除由于地面摄影过程中受地面其他事物(如树木)影像产生的干扰;

（2）对建筑物高度采取结合 2D GIS 中所记录层数与地面影像上的层数信息相结合的方法求得;

（3）DEM 数据可通过激光扫描仪获取;

（4）对建筑物的第三维几何特征数据,可基于高分辨率卫星影像进行提取;

（5）对城市环境中的树木、雕塑等对象可采用假定参数,以模型符号的方式表达。

3）具操作与分析功能的 3D GIS

具操作与分析功能的 3D GIS 往往要求提供产生实践可信的分析成果,因此要求数据精度高,同时也要求景观表达真实,是目前人们理想中的 3D GIS,其数据获取方法可采用以下方案。

（1）建筑物侧面纹理可采用与上一类同样的获取方法;

（2）建筑物高度可采用人工或半自动方式基于影像的摄影测量方法得到;

（3）DEM 数据可通过航摄影像采用较精确的手段获取;

（4）建筑物第 3 维几何特征数据,同样可基于高分辨率卫星影像进行提取;

（5）对城市环境的树木等对象可采用参数模型,对雕塑等复杂对象按需要进行简单的实际测量。

7.1.3 三维空间数据获取技术

1. 地图数字化技术

城市建设部门保存的城市地形图(尤其是 1：500 基础地形图)中包含丰富的空间信息和属性信息,是地理信息系统重要的数据来源。地图数字化是将信息由模拟形式(如纸质地图)转化为数字形式,以便利用计算机进行信息的存储与显示。依据所使用的数字化工具的不同,地图数字化可以分为手扶跟踪数字化和扫描数字化两种方式。早期的地图数据采集多采用手扶跟踪数字化,即使用数字化仪采用点模式或流模式方式进行数字化。

这种数字化方式工作量非常大,采集的数据因数字化员的熟练程度和经验的不同而产生很大差异。手扶跟踪数字化方式基本已被淘汰,现在多采用扫描数字化,即将纸质地图进行扫描,使用一定的数字化软件进行数据采集。下面简要介绍扫描数字化的流程。

(1) 首先将纸质地图用宽幅扫描仪进行扫描,通常以灰度影像图(即数字栅格图)的形式存储在计算机中。扫描的分辨率一般为 300 ~ 500dpi。

(2) 图像处理与纠正。对扫描得到的地图进行简单的处理,调整其亮度与对比度等,增强其显示效果。由于纸质地图的保存环境、使用及地图扫描等原因,往往扫描图像会产生变形,因此在数字化之前需要在数字化软件中进行地图纠正。

(3) 将数字栅格图输入数字化软件,进行地图配准(即图形定向)。地图配准至少需要三个已知点的坐标,通常采用地图的图廓点或控制点进行配准,解算定向参数。

(4) 采用自动(半自动)方式或人机交互方式矢量化。自动(半自动)矢量化一般先将灰度影像图变换成二值影像,然后对二值影像进行线要素提取,其采集数据的后期处理工作量相当大,这种方式对地图要素单一的情况(如等高线图、水系图等)比较适用。对于较复杂的地图采用人机交互的方式进行采集,对地图上的每个图形实体逐条线划进行矢量追踪。

2. 传统测量手段野外实测

传统的测量手段主要是指全站仪(经纬仪 + 测距头) + 便携机的一个组合,操作过程采用传统的测量方法:

(1) 布设三角、测边、边角或导线平面控制网和水准网;

(2) 采用传统平差方法,利用成熟的商业平差软件对控制网进行平差,获得控制点 3 维坐标;

(3) 利用控制点进行地形或地物采点,将采集点实时传入便携机中按规定格式储存,待进一步处理。

这种方法的优点是简单、易掌握。缺点主要是采点密度不好掌握,对于地形还可以勉强利用内插的方法进行补点,但对于建筑物是根本不可能的;而且每一个采样点必须要求测量人员将棱镜放置在建筑物的特征角点上,增加了测量难度、速度和测量人员的人身危险,同时,测量精度也会受到影响,最重要的是受天气影响明显。但它作为一套简单、易掌握的三维数据采集方法,仍不失为一种个别建筑三维数据采集的辅助工具。

3. 数字摄影测量技术

数字摄影测量技术是利用人工和自动化技术,从物体的二维数字影像中提取该物体在三维空间中的可靠信息(包括几何信息、辐射信息和语义信息)的信息技术,它是摄影测量学的现代技术。数字摄影测量不仅可以为建立三维城市模型提供丰富的几何和像片纹理数据,而且还可以提供丰富的拓扑和语义信息。摄影测量能够有效地产生具有拓扑结构的几何数据,记录语义信息,对有明显轮廓的建筑物,能够提供很高的三维重建精度。据数字航空影像立体像对还可以测得建筑物的高程,建立数字地形模型(digital terrain model,DTM)。它具有以下优势:

(1) 适合于大面积数据获取；

(2) 可灵活对待细节层次(level of detail, LOD)及精度,具有高精度目标重构的潜力；

(3) 可获得高度的完整性；

(4) 在量测城市目标时不存在安全问题；

(5) 允许及时量测；

(6) 在立体模型上放置矢量数据,保证检验方便和交互性数据库更新；

(7) 提供附加影像库,提供像片纹理映射及生成真正正射像片的可能性。

但航空摄影测量在建筑物稠密区域有遮掩现象,不能有效提供建筑物立面的几何和影像纹理数据,这些缺陷可以通过其他数据获取手段(如地面摄影)加以补充。正因为如此,摄影测量是目前 3D 数据获取最具有吸引力的方法之一。众多专家学者对如何自动或半自动地从摄影测量影像中生成 3D 城市模型几何和纹理数据、进行 3D 模型重建进行了研究。其中比较具有代表性的是 Armin Gruen(1998)提出的高效建立 3D 建筑物模型的原理和方法。他编制了一个拓扑生成器(topology generator)软件——3D 点云目标自动生成拓扑编码程序(topology builder for the automated generation of objects from 3D point clouds, TOBAGO)。操作员在解析绘图仪或数字工作站的立体影像模式下测量房屋屋顶的"无构造点云"(unstructured point cloud),然后全自动地使房屋模型与这些点云匹配适合,结构信息被继承性地包括在建筑物模型中。进一步把几何拓扑甚至语义数据都转到 AUTOCAD 中,进行可视化和其他操作。构造建筑物模型过程分为三个步骤：第一步,操作员根据立体影像量测屋顶的点云,根据屋脊点的个数识别点云属于哪种房屋类型,第二和第三步研究屋顶点之间的拓扑关系并使所属类房屋匹配适合于点云。这种方法实际上是一种半自动生成 3D 建模数据的方法。

随着数字摄影测量技术的发展成熟,相应的软件和数字立体摄影测量工作站已得到普及。在我国有代表性的有中国工程院院士刘先林等研制的 JX-4 数字摄影测量系统和张祖勋教授等研制的 VirtuoZo 数字摄影测量系统等。这些系统在软、硬件技术上优势各异,但工作流程基本上没有太大的变化,即航空摄影→摄影像片预处理→地面测量(空中三角测量)→数字立体测量,相对于传统测量方法,在测量周期、精度和采点密度上都有着明显的优势。例如,根据不同的要求,可以灵活掌握在立体像对上获取地形、地物或建筑物的三维数据的采集密度,而影像的数字化,又确保了影像能长期重复利用和原始精度不会损失。因此,作为一种传统的三维数据采集方式,至今仍广泛应用于测绘各行业。

最近有学者提出用单张数码影像提取建筑物三维信息的理论,并已进入实验阶段,有望在短期内投入使用。随着社会城市化步伐的加快,新建、改建城镇数急速增加,利用GIS 的三维虚拟现实手段对城市进行统一规划管理、决策将是最有效的手段之一,而"快速重现三维虚拟现实"就成为其顺利实施的关键所在。单影像立体测量技术将有效地解决这一问题,它的主要理论思想就是通过建筑物的单张数码影像提取三维几何信息,从而可利用少量已知条件获取该建筑物的空间三维信息。之所以说它能实现"快速重现三维虚拟现实",是因为它拥有以下明显的优势：①速度快,外业的主要工作就是拍摄角度合适的数码像片,测设建筑物的一条边的几何尺寸；②投入少,较之传统的数字立体摄影测量,最大的一个优点就是不需要"像对",这大大减少了人力、物力的投资,同时更缩短了外业周期,而内业处理也不需要对像片进行预处理,可直接在计算机上进行量测,根据要求提取足够的三维信息。它不足的一面是它主要针对城市中有规则几何形状的建筑物,对于复杂建筑物还不能实现单像立体量测,还需寻求专业建模工具(如 3D Max 5.0 等)的帮助。可以想像在三维数字城市的快速建设中,它的应用前景将是巨大的。

4．激光扫描测量技术

到 20 世纪末,激光测量技术获得了巨大的发展,在很多领域取得了成功。以激光扫描为代表的激光测距技术的发展,使激光测量技术在以下几个方面得到了突破。

(1) 激光测距从一维测距向二维、三维扫描发展;

(2) 实现无合作目标快速高精度测距;

(3) 实现测量数据(距离和角度)的自动采集和传输。

通过激光扫描可以快速获取物体表面高解析度的数字距离影像,影像中包含被扫描物体的大量的球面坐标信息,这些坐标可转换到笛卡尔坐标系中,并进一步作用于有关 3D 应用中。利用激光扫描可以构建建筑物的 3D 几何模型,建立 DTM,还可以和其他数据获取方法结合同时获取像片纹理数据,因此是很具有发展前途的一种 3D GIS 数据源。综合起来,激光测量具有以下特点。

(1) 快速性。能快速获取大面积目标空间信息。应用激光扫描技术进行逆光目标空间数据采集,速度非常快,可以即时测定形体表面立体信息,从而可以应用于需要自动监控的行业。

(2) 不接触性。能不接触测量目标的表面三维信息。这一特征可用于对危险领域的测量、柔性目标的测量、需要保护对象的测量、人员不可到达位置的测量等。

(3) 穿透性。激光能穿透不太浓密的植被,到达目标表面,而且由于激光扫描技术在一瞬间得到大量的采样点,这些采样点能描述目标表面的不同层面的几何信息。

(4) 实时、动态、主动性。主动发射测量信号,不需要外部光源,通过测量自身发射出的光的反射来得到目标信息,由于这一特征,使激光测量不受时间约束和空间约束。

(5) 高密度、高精度。高密度、高精度地获取目标表面特征。激光扫描技术通过对目标的直接扫描来描述目标特征,与人工技术不同,前者使用庞大的点阵和浓密的格网,采样点点距很小。

(6) 数字化、自动化。直接获取数字距离信号,全数字特征,易自动化,可靠性好。

在国外,激光技术是研究的热点,而且已经取得了大量成果并有商业化产品,特别是机载系统正逐渐走向成熟。机载激光扫描系统主要用于快速获取大面积三维地形数据,如瑞典 SAAB 公司研发的 TopEye 系统,加拿大 Optech 公司研发的 ALTM 系统,美国 John Chance 的 Fli-Map 系统等。国外一些大学和研究机构开展了这方面的研究,如加拿大卡尔加里大学 1998 年进行了机载激光扫描系统的集成与试验,通过对所购得的激光扫描器与 GPS 和数据通信设备的集成实现了一个机载激光扫描三维数据获取系统,并进行了一定规模的试验,取得了理想效果;荷兰测量部门自 1998 年就开始从事使用激光测量技术提取地形信息的研究等。

在国内,国家"863"计划也先后支持了这一技术的研究,"308"主题研究项目研究内容主要集中在机载激光影像制图系统的设计、制造和数据处理。其信息获取子系统"机载激光测距-扫描成像制图系统"集激光扫描成像技术、激光测距技术、GPS 导航定位技术、姿态测量技术等于一体,通过硬件实现扫描图像与 DEM 的同步和严格匹配,利用距离信息配合图像信息进行特征分类与识别。该系统由 5 个遥感器组成,工作波段覆盖了可见光、红外和微波整个系列,平台采用高中低空飞机构成面向应用目标的分布式系统。其中机载三维成像仪是一种激光扫描和成像系统,它由 GPS 接收机、惯性导航系统(inertial navigation system,INS)、扫描激光测距仪和扫描成像仪 4 个主要部分构成。GPS 能得到三维成像仪在空中的精确三维位置;姿态测量装置能测出三维成像仪在空中的姿态参数;扫描激光测距仪可以精确测定三维成像仪到地面点的距离。根据几何原理就可以计算激光点的三维位置。同时扫描成像仪同步获取地面的遥感图像。扫描成像仪和扫描激光测距仪在硬件上共用一套扫描光学系统而组成扫描激光测距-成像组合传感器,从而保证地面的激光测距点和图像上的像元点严格匹配。在图像处理中,以这些具有三维位置的激光像元点作为"控制点"来精确纠正所获得的遥感图像,从而快速提供正射影像图。这些激光测距点也可以用来快速生成 DTM。图 7.1 显示机载三维成像仪数据的处理过程。自 1997 年以来,应用机载三维成像仪在呼和浩特、珠海、澳门、上海浦东和北京等城市进行了三维数据的获取与处理。

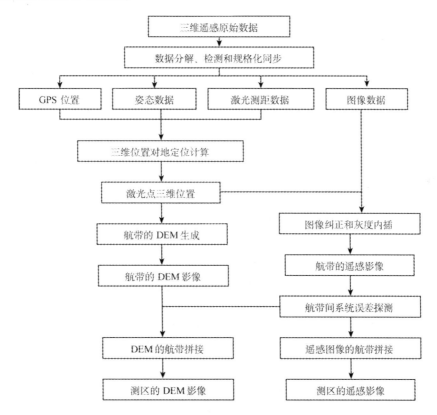

图 7.1　机载三维遥感数据处理过程(尤红建,2003)

激光扫描仪能高精度地获取目标地几何数据,但激光扫描仪获得的距离数据直接应用于 VR 的系统或 GIS 的 3D 建模中会存在一些局限性:一是某些物体表面(如建筑物的窗子或金属结构部分)没有漫反射,扫描时会漏掉这些扫描目标,为此必须用近景摄影测量等方法加以弥补。二是 3D 激光扫描仪没有提供彩色及亮度信息,对于 3D 激光距离模型的真实表达需要用静态或动态摄影机对目标进行拍摄,获取像片纹理。

5. 合成孔径雷达技术

合成孔径雷达(synthetic aperture radar,SAR)是一种全天时、全天候的微波成像雷达,不仅可以详细地、较准确地观测地形、地貌,获取地球表面地信息,还可以透过地表和自然植被收集地表下面的信息。它是空间对地观测的一种有效手段,能够产生地面目标区域或地域的高分辨率地图。SAR 将孔径合成技术、脉冲压缩技术和信号处理技术相结合,使用较短天线,获得距离和方位上的高分辨率,从而获得高分辨率的类似于光学照片的雷达图像。我们这里所说的合成孔径雷达是一种主动的机载或星载传感器。它的基本原理是:卫星在轨道飞行中,于不同位置定时地对同一地物发射电磁波脉冲信号,同时接收回波信号,经合成处理后形成大的孔径效果,在某种意义上,可以认为是延伸了雷达天线的长度,从而大大提高了分辨率。另外,由于合成孔径雷达还具有全天时、全天候、不受大气传播影响、穿透力强等优点,因此在民事和军事方面的应用非常广泛。1978 年第一颗合成孔径雷达卫星 Seasat 成功地实施了合成孔径雷达对地观测,之后美、日及欧洲各国相继利用星载合成孔径雷达技术进行以军事侦察、资源调查、环境监测为目的的对地观测。

干涉合成孔径雷达(interferometric synthetic aperture radar,INSAR,)是 SAR 的一种新体制,可以用于获取地球表面高分辨率的三维地形图或等高线图,监测一些自然现象导致的地势变化。干涉 SAR 是将雷达系统对同一区域的“两次”观测获得的数据结合起来,根据干涉原理,利用其相位差获得更多的地表信息,如地表高度、地面覆盖物的微小变化。单独 SAR 图像的相位是无实际用处的,但若有从不同角度获取的 SAR 图像,则表达它们的相位差(干涉条纹)可以产生 DEM 数据。机载 SAR 系统可以提供最高分辨率的 DEM,而星载 SAR 则可以提供较大的数据覆盖。由于 SAR 干涉测量具有全天候工作,不受观测地域上空大气、云层等限制,只需极少数控制点,高分辨率进行图像处理和广泛的应用范围等特点,因此 INSAR 技术成为当前遥感界研究的最新课题,也是城市高程数据及地表 DTM 模型的很有发展潜力的一种数据源。

将干涉技术(interferometry)引入雷达信号处理最早出现于 20 世纪 60 年代末 70 年代初对金星和月球表面的观测。1974 年 Graham 首次将干涉技术引入了合成孔径雷达信号处理。1986 年,Zebker 和 Goldstein 将一个侧视合成孔径雷达系统安装在 NASACV 990 飞机上,用一个传感器发射信号,两个传感器同时接收地面回波信号,从而同时获取美国加利福尼亚州的旧金山地区的两幅复数图像,经过处理生成与地形有关的复干涉图,并最终获得了具有较高分辨率的地形拓扑图。1988 年,Goldstein 又将这项技术应用到星载雷达,从而大大拓宽了它的应用范围。欧洲航天局(European Space Agency,ESA)于 1991 年 7 月发射了 C 波段 ERS21 卫星(European Remote Sensing Satellite),人们可利用由 ERS21 获取的两幅相隔一定时间的 SAR 图像进行干涉处理。这期间的研究主要集中在干涉 SAR 潜在的应用和干涉 SAR 的限制因素分析方面。1995 年 ERS22 的发射使得同时利用 ERS21 和 ERS22 相隔 1 天的图像进行干涉处理成为可能,并大大提高了处理的精度。2000 年初,美、德、意联合研制的 SRTM(Shuttle Radar Topography

Mission)卫星发射成功,采用双天线雷达干涉法,在其 11 天的飞行中对地球近 80%的陆地表面进行了干涉成像,获取的数据将在 30 米的水平网络上,产生高程精度达 16 米的DEM,可用于武器制导、军事任务计划、飞行训练仿真和导航等。

目前有很多世界一流的科学家云集在德、美、法等著名实验室进行干涉 SAR 技术及应用的研究,主要有美国喷气推进实验室(Jet Propulsion Laboratory,JPL),加拿大遥感中心(Canada Center for Remote Sensing,CCRS),法国国家空间研究中心(Centre National d'Etudes Spatiales,CNES)。ESA 已经建立了 ERS21 研究 INSAR 的小组,被称为 ERS-1 FRINGE 小组,每年都组织相关领域的国际研讨会。我国从事干涉合成孔径雷达的研究机构主要有中国科学院遥感应用研究所、自动化研究所、电子学研究所和北京大学遥感与地理信息系统研究所等。我国也正在研制自己的合成孔径雷达卫星,并有望在近几年发射升空,到那时我们将会有大量的数据需要处理,因而有必要在此之前,对这一技术的理论和应用领域进行深入的探索和研究。

SAR 复数图像数据中既包括强度信息又包括相位信息,其中相位信息中含有距离信息。干涉合成孔径雷达正是利用 SAR 复数图像数据中的相位信息获得地面目标的高度的。经过 20 多年的研究,干涉合成孔径雷达技术的主要处理过程已基本形成,从预处理后的两幅复数图像出发,整个过程大致如下(主要是指星载干涉 SAR 数据处理技术):

(1) 图像选择;
(2) 图像配准与干涉图的生成;
(3) 水平地形效应的消除和干涉图的滤波;
(4) 基线估计;
(5) 相位展开;
(6) 三维数字地形图的产生。

虽然干涉 SAR 的理论技术研究尚未成熟,但对它的应用研究已经非常活跃了。干涉SAR 最重要的应用领域是获得地表三维信息,现在用干涉 SAR 的技术生成大范围 DEM仍然是应用热点。监测地表高度变化是干涉 SAR 技术的另一重要应用,其精度已能达到毫米量级。为了获得更准确的 DEM,可考虑多基线、多分辨率图像的联合,另外,多传感器数据融合也是一个新的可探究的方向。

美国哈佛大学的 Howard Zebker 领导的干涉 SAR 小组正在研究干涉 SAR 技术在地面沉降、冰山移动、火山喷发等方面的应用。法国国家空间研究中心正在 Didier Massonnet 博士的领导下开发一个适于操作的干涉 SAR 处理工具,名为 DIAPASON。

中国科学院遥感应用研究所遥感信息科学开放实验室研制了重复轨道复雷达图像生成高程数据软件模块,并成功地生成了西昆仑地区的数字高程模型。另外,该实验室将干涉 SAR 技术应用在地震方面的研究已取得了阶段性的成果。中国科学院自动化研究所的模式识别国家重点实验室正在研究将干涉合成孔径雷达技术应用于水灾监测和场景模型的更新。研究结果将对长江流域的水灾预防提供有效和生动的数字和图形描述,这样的数字数据库或数字场景很容易进行更新、修改。这是一种在低成本、高效率的基础上进行水灾预防研究的新方法。

6. 多源数据集成技术

上述数据获取方法各有特点,同时又存在着各自的局限性,航空摄影测量和遥感虽然可以提供目标的几何特征、语义特征、相片纹理等数据,但获取的主要是建筑物顶面的信息,漏掉了建筑物立面的大量几何和纹理信息。而地面摄影则只能获取建筑物立面的信息;彩色摄像机具有较快的成像速度且提供的彩色图像具有较高的分辨率,但难以提供环境的三维描述。LRF 获取的距离图能很好地提供场景地三维描述,但其精度低,通常图像含有较多噪声。不同的数据获取手段之间往往存在着互补性,因此利用多数据源的集成方法来建立 3D 城市模型一直是人们关注的焦点。很多学者在这方面进行了研究,比较具有代表性的有:1998 年,Tatsunori Sada 等提出了一种用静态摄像机和 PTK-GPS 混合系统来测定地面点的三维坐标及影像纹理的方法;1998 年,H.Zhao 和 Kia Ng 等对从激光距离扫描仪和像片数据中构建带有纹理的 3D 场景进行了深入的研究;1996 年,R.Wurlander 等根据摄影测量和 3D 计算机图形方法构建 DEM,实现地形可视化;1996 年,Gunter Pomaska 提出了基于多影像摄影测量的 3D 模型的建立方法,根据地面摄影测量和航空摄影测量组合获取 3D 城市模型数据,然后利用 AUTOCAD 建立建筑物 3D 模型,再对其进行真实像片纹理映射,生成高度真实感像片纹理 3D 模型;1998 年,Claus Brenner 等提出了平面图(地形图、地籍图)+ 激光扫描 + 地面摄影的多数据源组合建模方法,即从平面图(地形图、地籍图)和空中激光扫描的数字表面模型(digital surface model,DSM)中获取建筑物 3D 几何模型,从地面摄影测量获取建筑物立面像片纹理数据的方法,用结构实体几何(constructive solid geometry,CSG)法进行 3D 重构所得到的 3D 几何模型辅以纹理映射,可形成建筑物的照片纹理真实感 3D 模型;V.A.Knyaz(1998)提出了一种根据激光扫描仪获取的 3D 模型建立真实纹理的方法(激光扫描 + 近景摄影测量):用静态或动态摄像机获取 3D 距离模型的纹理——强度图像(intensity image),参考点的距离信息用于在 3D 模型相关坐标系中对数字影像的外定向,然后产生模型的正射像片。并给出了建立相片写真模型的硬件和软件,以及利用激光扫描技术进行建筑物 3D 重构和贴加纹理的结果。

Zhongchao Shi(1998)介绍了一个根据数字相机和模拟相机拍摄像片经扫描及 Photo-CD 组合的 3D 建筑物可视化数据生成系统,其数据流程如图 7.2 所示。1998 年,Armin Gruen 提出了一个由不同数据源(航空影像、地面影像及地图)混合构成城市模型的框架。

1998 年,T.E.Chen 和 R.Shibasaki 提出了一种根据现有 GIS 数据库及规划建筑物的文档资料,结合数字摄影测量技术进行 3D 数据获取的方法。从 2D GIS 数据库和建筑物文档资料获取数据,借助 3D S、AutoCAD 或 OpenGL 产生建筑物的 3D 模型,然后把其镶嵌到由 CCD 相机拍摄的背景影像中,产生一种逼真的城市景观图。相机的方向参数的确定基于从 GIS 数据库中提取的一些明显的水平和垂直直线。1998 年,Sabry F.EL-HAKIM 等设计了一种集成了激光扫描仪、模拟 CCD 相机及数字彩色相机的数据采集和记录系统——DCR 系统,3D 数据既可以来自 LRF,又可以来自摄影测量重叠的 2D 像片。纹理数据直接来自距离传感器、摄影测量像片或全部来自高分辨率数字彩色相机。

德国达姆施塔特大学大地测量研究所和斯图加特大学摄影测量研究所联合研制的

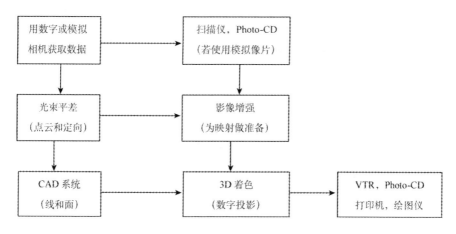

图 7.2 数据流程图(Zhongchao Shi,1998)

CCD 相机和全站仪组合系统是一种典型的混合测量系统(hybrid measurement system, HMS)。该系统在全站仪上安装一个高分辨率 CCD 相机,并通过电缆线和计算机相连。相机的转动和全站仪的转动是同步的,便携机控制着全站仪的移动及像片的获取,获取的数据亦可传输到便携机内。全站仪在一段时间内扫过一条线后自动复位,其位置数据可用于精确确定每一扫描线的外定向参数,CCD 相机对目标的成像在离目标 10 米远距离上可获得 2mm 像素大小的分辨率。此系统可用于建筑物立面的扫描及建筑场地的地形表示。由于像片扫描具有很宽的扫描角度,几乎可以扫描房间内部的全部。因此,此系统不仅适合于建筑物外部的几何和纹理数据的获取,也适合于建筑物内部(如房间、走廊等)数据的获取,解决了建立深层次 3D 城市模型所存在的建筑物内部数据获取困难的问题。

7. 多传感器集成空间数据采集技术

多传感器集成与融合技术从 20 世纪 80 年代初以军事领域的研究为开始,迅速扩展到军事和非军事的各个应用领域。多传感器集成是指综合利用在不同的时间序列上获得的多种传感器信息,并按一定准则加以分析来帮助系统完成某项任务,包括对各种传感器给出的有用信息进行采集、传输、分析与合成等处理。传感器集成基本的出发点就是充分利用多个传感器资源,通过对这些传感器及其观测信息的合理支配和使用,把多个传感器在空间或时间上的冗余或互补信息依据某种准则来进行组合,以获得对被测对象的一致性解释或描述。多传感器集成空间数据采集系统是指利用多种空间数据采集传感器进行全面高精度空间数据采集,为地理信息系统和三维空间数据的采集提供全面、可靠、高效的方式。

多传感器集成进行空间数据采集有以下优点:

(1) 扩展了系统的时间和空间的覆盖范围,增加了测量空间的维数,避免了工作盲区,获得了单个传感器不能获得的信息;

(2) 提高了系统信息接受与处理的时间分辨率、空间分辨率;

(3) 提高了系统定位、导航、跟踪的精度,通过 GPS/INS 的集成可以相互改正以提高定位定姿数据的精度;

（4）由于引入多余观测，多传感器集成空间数据采集提高了系统工作的稳定性、可靠性和容错能力；

（5）有利于降低系统成本。由于传感器集成系统已在体系结构上充分考虑了多传感器集成的要求，提供了良好的软、硬件及接口等开发因素，因此有利于降低系统成本；

（6）可以进行大范围快速数据采集，提高空间数据采集效率。

三维空间数据采集可以通过多种传感器来实现，不同的传感器组合可以构成不同的多传感器集成空间数据采集系统。依据系统的传感器搭载平台可以将这些系统主要分为地面车载、航空机载和航天星载多传感器空间数据采集系统。

1）车载移动空间数据获取系统

车载移动空间数据获取系统是一个多传感器集成的系统。传感器按其作用可划分为绝对定位传感器、相对定位传感器和属性采集传感器三类。绝对定位传感器包括依赖于外部环境的外部定位传感器（GPS、无线电导航、罗兰-C 等）和自包含内部定位传感器（INS、DR、陀螺仪、加速计、罗盘、测程仪、气压计等）；相对定位传感器包括被动成像传感器（如视频和数字摄像机等）和主动成像传感器（如激光测距仪、雷达等）；属性采集传感器主要包括被动成像传感器（如视频/数字、BW/彩色帧式摄像机、多光谱/超光谱扫描仪等）和主动成像传感器（如 SAR、激光测距仪、激光扫描仪等）。绝对定位传感器是对移动平台进行定位，用于确定移动制图系统平台中传感器的绝对位置（如摄像机中心对于全球坐标系统 WGS-84 的三维坐标）和姿态；相对定位传感器则提供目标相对于平台局部坐标系的位置信息；属性采集传感器和相对定位传感器都用于地面目标特征及定位数据的获取，很多传感器既提供定位信息又提供特征信息，如相机、摄像机、激光测距仪、激光扫描仪等。按照集成传感器类型的不同，车载移动数据获取系统可分为移动测绘系统、移动摄像系统（mobile image system）、车载激光正面扫描（laser facade scanner）系统等。

移动数据获取系统中以 CCD、GPS、GIS 为基础的移动测绘系统，自 20 世纪 80 年底末在国际上开始研制，许多国家已研制成功并已投入到实际应用。表 7.1 中列出了截至1998 年的此类系统。

移动测绘系统具有以下特点：①增加了覆盖范围，减少了重复采集数据的时间，提高了现场数据获取的效率；②通过多种传感器的集成，使高质量的空间和属性数据能更有效地被获得；③利用直接来自导航传感器或 GIS 提供的控制数据，目标的几何测绘过程可以被简化；④初始数据可以被存储为文档数据，从而数据处理过程可以被安排在任何时候进行。

移动测绘系统是一种高度集成化、自动化的数据获取系统，是建立 3D GIS 最具有发展潜力的一种数据获取手段。移动测绘系统不仅可用于 3D GIS 模型的构建，而且可用于自动车辆导航、建筑物的测绘与绘图、道路网的测绘、交通信号管理、车辆行驶速度监测、停车场的违规监测、高速公路路面测绘等。此外，由于移动测绘系统能在较短时间内重复测绘各类对象，因而可成为更新 GIS 空间数据库的重要手段。

表 7.1　移动数据获取系统

系统	开发商/研制者	导航传感器	测绘传感器
GeoVAN	GeoSpan Corp.USA	GPS/DR	10 VHS,Voice Recorder
GPS VAB	The Ohio State University,USA	GPS/Gyro/Wheel Counter	2 CCD,Voice Recorder
GPS Vision	Lambda Tech.Int.Inc,USA	GPS/INS	2 Color CCD Optical Disc
Kiss	University of Bundeswher Munich and GeoDigital,Germany	GPS/IMU/Inclination Odometer/Barometer	1 SVHS,2 BW CCD, Voice Recorder
ON-SIGHT	Rowe Surveying and Engg Inc.USA	GPS	Video,Laser
Truck Map	John E.Chance and Engg Inc.USA	GPS/Gyro/WA-DGPS	LRF,1 Video Camera
VISAT	The Univ.of Calgary and Geofit,Canada	GPS/INS/ABS	8 BW CCD,1 Color SVHS
GIPSICAM	澳大利亚新南威尔士州道路交通管理部门	GPS/INS	2 个 CCD 视频摄像机
WUMMS	中国武汉大学(原武汉测绘科技大学)	GPS	3 个影像传感器,1 个激光测距仪

资料来源:李德仁等,1997。

2) 机载测图系统

机载多传感器集成的空间数据采集测图系统主要包括以下几种:

(1) GPS+CCD 集成的 GPS 辅助空中三角测量。GPS 辅助空中三角测量是利用装在飞机上的一台 GPS 信号接收机和设在地面上的一个或多个基准站上的 GPS 信号接收机同时而连续地观测 GPS 卫星信号,通过 GPS 载波相位测量差分定位技术离线数据处理后获取航摄仪曝光时刻摄影地三维坐标,然后将其视为附加观测引入摄影测量区域网平差中,采用统一的数学模型和算法整体确定点位对,并对其质量进行评定的理论、技术和方法。

GPS 辅助空中三角测量的作用在于:在满足先行航空摄影测量作业规范的前提下,极大地减少甚至完全免除常规空中三角测量所必需的地面控制点,从而达到大量节省相片控制点野外测量工作量、缩短航测成图周期、降低生产成本、提高生产效率的目的。

(2) 无人控制机航空摄影测量系统。无人控制机航空摄影测量系统由无人驾驶飞行器、轻型光学传感器及稳定平台、GPS 导航定位系统、遥控/程控飞行与摄影控制系统及地面监控站组成,是低空高分辨率遥感影像及高精度定位数据快速获取的高新技术装备。无人控制机航空摄影测量系统具有机动快速的反应能力,获取图像的空间分辨率达到厘米级,价格是相同性能载人机的三分之一左右,可有效地解决卫星定标问题,可以对车、船无法到达的地带进行环境监测、污染监测、灾情监测及救援指挥,可为小卫星遥感系统的研制提供航空试验平台。

(3) GPS+INS+CCD+LS[①] 集成的机载激光扫描制图系统。机载激光扫描制图系统由 GPS 接收机、姿态测量装置、激光扫描测距仪、扫描成像仪 4 个主要部分构成。GPS

---

① 激光扫描(laser scan)

测出三维成像仪在空中的精确三维位置,姿态测量装置测出其在空中的姿态参数,激光扫描测距仪可以精确测定成像中心到地面采样点的距离,根据几何原理就可以计算出激光采样点的三维位置。同时,扫描成像仪同步获取地面的遥感图像,而且扫描成像仪和扫描激光测距仪在硬件上共用一套扫描光学系统,组成扫描激光测距与成像组合传感器,从而保证地面的激光测距点和图像上的像元点严格匹配,即在获取地面点图像的同时,还获取该点到成像仪的激光距离值。在事后处理中,这些激光采样点作为控制点用于生成DEM,也可以纠正同步获取的遥感图像。

机载激光扫描制图系统的应用领域除与常规机载遥感技术系统相同之外,还有需要高效动态监测的区域、地面工作极端困难地区的资源环境调查、立体观测困难区、军事测绘快速保障等均是这一技术系统发挥特殊作用的领域。随着社会的进步、科学技术的发展,机载激光扫描制图系统必将成为遥感监测和三维空间数据信息采集的得力工具。

3) 星载测图系统

星载测图系统的主要代表是各种高分辨率的遥感卫星和小卫星。小卫星的发展克服了传统的空间技术卫星大、功能全、周期长和成本高的特点。它借助搭载或专用小火箭等廉价的运载工具,发射小型、轻量、单一(或少数几个)功能的卫星,通过多颗卫星所组成的小卫星网或星座的操作,满足大卫星应用的需求。小卫星已经成为空间技术必不可少的组成部分。特别是小卫星星群或星座的发展,将取代部分现代大型应用卫星的功能,已经引起卫星应用和空间技术发展的重大变革。

随着激光测距技术、成像技术、惯性导航技术、计算机技术和 GPS 技术等的发展以及社会需求的迫切性的增加而发展起来的多传感器集成空间数据采集系统,代表了对地观测领域一种新的发展方向。车载测图系统基本上属于一种测量系统,主要用于与道路监测等有关的领域。而机载系统的作业高度均在 1000 米以下,这样是为了减少姿态测量装置误差、激光点在地面上的扩散范围及其他几种潜在误差的影响。

多传感器集成技术三维空间数据采集系统的另外一个发展趋势是小卫星 SAR 技术。星载合成孔径雷达已经成为实用化的新型遥感技术手段,按业务操作方式向广大用户提供微波遥感图像数据。作为空间对地观测系统的有效工具,SAR 的技术目前还存在高空间分辨率和高重访率两者不能兼顾的严重缺陷。目前,解决这一难题的最为合适的方法是采用由多颗装载 SAR 遥感仪的小卫星构成 SAR 星座。利用高性能小型 SAR 来获取高分辨率图像,利用小卫星星座提高摄区地面图像的重访率。

7.2　三维空间数据建模

为了对现实世界中的对象进行三维真实的表达,需要对显示世界中的对象进行三维建模,从而有可能在计算机中真实地再现现实世界中的三维景观。与二维模型相比,三维模型在数据容量、数据类型、模型、交互操作等方面比二维模型都要复杂得多,因此对于三维对象的操作、管理、分析以及可视化的基础是三维对象的模型化。

7.2.1　三维空间数据建模概述

模型是用来表示实际的或抽象的实体或对象。建立模型的几何描述是对被处理的对象进行设计、分析、模拟和研究的基础。数据模型是一组实体以及它们之间关系的一般性描述，是真实世界的一个抽象。空间数据模型是关于现实世界中空间实体及其相互关系的概念，建立在对地理空间的充分认识与完整抽象的地理空间认知模型(或概念模型)的基础上。它用计算机能够识别和处理的形式化语言来定义和描述现实世界地理实体、地理现象及其相互关系，是现实世界到计算机世界的直接映射。而数据结构则是数据模型的表示，建立在数据模型这个基础之上，是数据模型的细化。在 GIS 中，连续的地理现象是通过采样以离散形式在数据模型中表示的，数据模型的选取取决于数据的类型和特点、对数据存储和处理的要求、所能够使用的软件以及 GIS 实际应用中各种不同应用的特点。

对于任何一个 3D GIS 而言，下述功能是 3D GIS 中对数据模型的一些基本的特性要求。

(1) 三维几何对象的定义和修改。要实现该功能，必须明确规定对象的定义语言、几何变化关系、布尔操作变换(交、并、差、积的运算)。

(2) 有效的三维可视化。在设计和分析模型时，对模型进行有效的可视化是保证几何对象正确性的前提条件。其中三维可视化的内容包括透视投影或正射投影显示，隐藏面、线的消隐，光照模型显示，纹理(贴图)模型显示等多种可视化模型的显示。

(3) 一定的计算分析功能。计算和分析是任何一个 GIS 中必须具备的基本功能之一，因此系统的逻辑模型应具备一些基本的计算分析功能。如图形的几何分析(面积、体积、方向、距离等)、缓冲区分析等基本功能。

(4) 高效的信息检索机制。其中信息的检索包括属性信息的检索(非空间信息)和几何数据的检索(空间信息)。对于空间信息的检索，要求模型能够尽可能的具有高效的检索效率。

(5) LOD 模型的生成能力。由于三维 GIS 中的数据量和数据的种类繁多，因此在有限的硬件资源条件下，需要尽可能地提高三维模型的显示速度，而 LOD 模型是提高三维模型显示速度的一个重要途径。因此，设计的逻辑模型应尽可能具备高效的 LOD 模型构造能力。

(6) 与其他模型转换的能力。为了保证 3D GIS 的实时性和一定的数据更新能力，模型应具备与其他模型相互转换的能力，而且要尽可能地做到模型转换时丢失的信息量最小。

(7) 与属性数据的集成能力。与 2D GIS 中的逻辑模型不同，3D GIS 中对于逻辑模型和属性数据集成的能力提出了更高的要求。例如，一个物理模型的每个面可能至少和三种不同的属性数据相连接，如颜色、纹理、材质等信息。

对于面向应用的 3D GIS 开发的三维目标数据模型应综合考虑以下几个方面的内容。

(1) 三维模型表达的精度。三维模型的表达精度对于设计合理的三维数据模型至关重要,模型表达的精度要求越高,所需的几何数据量越大,数据管理就会越复杂,反之亦然。

(2) 模型生成(创建)方法、模型重建方法的难易程度。对于任何一种三维数据模型,无论其使用何种结构,都应该具备自动重建和半自动重建两种功能,因此其自动重建的难易程度以及交互操作的难易程度在设计模型时都应该是重要的考虑因素。

(3) 生成 LOD 模型的难易程度。三维数据模型的一个重要特点是能够进行三维可视化,因此随着模型数据量的不断增加,其渲染的速度将会下降。LOD 模型是提高三维模型渲染速度的一种重要的解决途径。因此构造 LOD 模型的算法开发的难易程度也是一个重要的考虑因素。

(4) 三维空间的几何描述、数据之间的逻辑关系描述(空间关系的表达)。GIS 与 CAD 的最大不同之处时 GIS 能够处理模型的空间关系,因此在 3D GIS 中,三维数据模型对于空间关系表达能力的强与弱是其中一个重要的因素,也是分析功能能进一步开发的基础。

(5) 模型数据的存储空间以及在数据库中检索该模型的方便程度。3D GIS 所处理的不是一个个简单的单体对象,其需要对大量的数据(空间和非空间)进行管理,因此模型的数据存储量对于 GIS 而言是极其重要的,直接影响到三维显示的速度和数据检索的快慢。

(6) 模型三维显示的效果与速度。三维模型的显示效果、美观程度是由三维对象的数据模型和采用的数据结构决定的,如基于矢量数据结构的模型比基于栅格数据结构的模型的三维显示效果更美观。因此,三维模型显示的美观程度和可视化的快与慢都应该在设计模型时加以考虑。

(7) 能够描述与该几何数据相关联的属性数据。GIS 中的空间对象不但具备几何属性而且还具备语义属性,他们之间的连接可以通过多种方法进行。因此三维数据模型的几何数据与属性数据关联的难易程度也是评价模型性能的一个具体的方面。

(8) 模型所具备的分析功能以及和其他模型之间相互转化的方便程度。为了保证 GIS 中数据的现势性以及为其他的系统或决策活动服务,几何对象的三维数据模型应具备与其他系统的模型进行相互转换的能力。显而易见,模型之间转换的方便程度越容易、损失信息量越少的越好。

目前,真 3D GIS 的理论研究与产品开发都处于探索与试验阶段,众多学者(包括地理、测绘、计算机科学等领域的学者)对此作了深入的研究,取得了一定的成果,但目前还未开发出一个真正基于 3D 模型的 GIS 系统[简称真 3D GIS(Real-3D GIS)]。这使得矿山、地质、海洋、环境、城市、气象等众多领域的 3D 原始数据不能得到充分利用,3D 空间信息处理受到严重制约。真 3D GIS 地质模拟、地面地下工程的空间整合分析以及 3D 动态模拟等问题,已成为 GIS 的技术前沿和攻关热点。

就目前而言,3D GIS 理论的研究还不够成熟,没有一套完整的理论体系,相关的名称和概念的定义也比较混乱,没有一个统一的定义。在此,关于三维空间数据建模技术的分类,作者采用中国矿业大学(北京校区)吴立新教授的分类。

3D 空间数据建模方法研究是目前 3D GIS 领域以及三维地质建模系统(3D geology modelling system,3D GMS)领域研究的热点问题。许多专家学者在此领域做了有益的探索。地质、矿山领域的一些专家学者,围绕矿床地质、工程地质和矿山工程问题,对 3D GMS 的空间数据建模问题进行了卓有成效的理论与技术研究,加拿大、澳大利亚、英国、南非等国还相继推出了一批在矿山和工程地质领域得到推广应用的 3D GMS 软件。

过去十多年中,提出了 20 余种空间数据建模方法。若不区分准 3D 和真 3D,则可以将现有空间数据建模方法归纳为基于面模型(facial model)、基于体模型(volumetric model)和基于混合模型(mixed model)的 3 大类建模体系,如表 7.2 所示。

表 7.2　3D 空间数据建模分类表

面模型	体模型		混合模型
	规则体元	非规则体元	
TIN	结构实体几何树 (CSG-tree)	四面体格网 (tetrahedral network,TEN)	TIN-CSG 混合
格网	体素(volume pixels,voxel)	金字塔(pyramid)	TIN-八叉树混合(混杂)模型
边界表示(boundary-representation,B-rep)	八叉树(octree)	三棱柱(tri-prism,TP)	线框-块体混合
线框(wire frame) 或相连切片(linked slices)	针体(needle)	地质细胞(geocellular)	八叉树-TEN 混合
序列断面(series sections)	规则块体(regular block)	非规则块体(irregular block)	
断面-TIN 混合 (section-TIN mixed)		实体(solid)	
多层 DEM		3D Voronoi 图	
		广义三棱柱 (generalized tri-prism,GTP)	

7.2.2　三维空间数据建模原理

1. 基于面模型的三维空间建模

基于面模型的准 3D 空间数据建模方法侧重于 3D 空间实体的表面表示,如地形表面、地质层面、构筑物(建筑物)及地下工程的轮廓与空间框架。所模拟的表面可能是封闭的,也可能是非封闭的。基于采样点的 TIN 模型和基于数据内插的格网模型,通常用于非封闭的表面建模;而边界表示模型和线框模型通常用于封闭表面或外部轮廓模拟。断面模型、断面-TIN 混合模型及多层 DEM 模型通常用于地质建模。通过表面表示形成 3D 空间目标轮廓,其优点是便于显示和数据更新,不足之处是由于缺少 3D 几何描述和内部属性记录而难以进行 3D 空间查询与分析。

1) TIN 与格网模型

有很多方法可以用来表达表面,如等高线(contour)模型、格网模型、TIN 模型等。最常用的表面建模技术是基于实际采样点构造 TIN。TIN 方法将无重复点的散乱数据点集按某种规则[如狄洛尼(Delaunay)规则]进行三角剖分,使这些散乱点形成连续但不重叠的不规则三角面片网,并以此来描述 3D 物体的表面,而格网模型则是考虑到采样密度和分布的非均匀性,经内插处理后形成规则的平面分割网格。这两种表面模型一般用于地形表面建模,也可用于层状矿床建模。对于层状矿床,一般先生成各岩层接触界面或厚度在模型域上的表面模型,然后根据岩层间的切割和错断关系通过"修剪"、"优先级次序覆盖"、算术和逻辑运算方法对各岩层接触面或厚度进行精确修饰(如 EAGLES 系统)。

在数字地形建模中,TIN 通过从不规则分布的数据点生成的连续三角面来逼近地形表面。就表达地形信息的角度而言,TIN 模型的优点是它能以不同层次的分辨率来描述地形表面。与格网数据模型相比,TIN 模型在某一特定分辨率下能用更少的空间和时间更精确地表示更复杂的表面。特别当地形包含有大量特征如断裂线、构造线时,TIN 模型能更好地顾及这些特征从而能更精确合理地表达地表形态。对于 TIN 模型,其基本要求有三点:①TIN 是唯一的;②力求最佳的三角形几何形状,每个三角形尽量接近等边形状;③保证最邻近的点构成三角形,即三角形的边长之和最小。

在所有可能的三角网中,狄洛尼三角网在地形拟合方面表现最为出色,因此常常被用于 TIN 的生成。根据离散点的数据分布特征和约束条件,三角剖分还可分为约束三角剖分和无约束三角剖分。在约束域下进行的狄洛尼三角剖分称为约束狄洛尼三角剖分(Constrained Delaunay Triangulation),在无约束域下的 Delaunay 三角剖分则称为常规狄洛尼三角剖分。常规狄洛尼三角剖分的构建方法也可以分为间接法和直接法。TIN 的建模方法多种多样,根据数据来源的不同,可以将其分为基于离散点、基于等高线两种基本方式。

(1) 基于离散点构建 TIN

基于离散点的无约束构建 TIN 的基本思路是:利用随机分布的离散高程采样点建立连续覆盖整个区域的 TIN。其技术的关键是确定哪三个离散数据点构成一个最佳三角形,并使得每个离散采样点均成为三角形的顶点。由于狄洛尼三角形的良好特性,TIN 的构建一般可归结为狄洛尼三角网。根据狄洛尼三角网的实现过程不同,可以分为逐点插入法、三角网生长法、分治算法、凸包法等。

① 逐点插入算法。1977 年,Lawson 最早提出逐点插入法建立狄洛尼 TIN 的基本思想。此后,Lee、Watson、Floriani 和 Puppo 等众多学者先后完善和改进了这一算法。该法的基本思想是:在一个包含所有数据点的初始多边形中,将未处理的点逐次加入到已经存在的狄洛尼 TIN 中,每次加入一个点后,将狄洛尼三角网重新定义。

② 三角网生长算法。该算法的基本思路是:第一,找出离散点集中相距最短的两点,连线成为狄洛尼三角网的初始基线;第二,按狄洛尼的判断法则找出包含此基线的狄洛尼三角形的第三个顶点,该顶点应位于基线右侧;第三,连接新点与原来两点形成两条新边;第四,按狄洛尼三角网的判断法则找出包含此两边的另外两个狄洛尼三角网的第三顶点;最后,一次循环处理所有新生成的边,直到所有离散点均成为狄洛尼三角网的结点。

③ 分治算法。Shamos 和 Hoery 基于 Voronoi 图的构建,提出了分治算法的思想。1978 年,Lewis 和 Robinson 将分治算法的基本思想用于狄洛尼 TIN 的构建。他们采用

递归分割点集直至每个子集中仅含三个离散点而形成三角形的办法,经过自上而下逐级合并生成最终的三角网。此后,Lee 和 Schachter(1980)又改进和完善了 Lewis 和 Robinson 的算法:将数据排序,分成两个互不相交的子集,在每个子集中建立 TIN 后,将两个 TIN 合并以生成最终的狄洛尼 TIN。Dwyer(1987)对分治算法做了进一步的改进,通过将数据分成垂直条块,进而用相交边界将条块再一次细分为区域,并应用带约束条件的 Lawson 局部优化过程(local optimization procedure,LOP)将对角线进行交换,因而可以处理带约束条件的数据。不同的实现方法主要区别在于点集划分、子三角网生成与合并的方法不同。

④ 凸包算法。凸包(convex hull)是能容纳二维平面点且集中所有点的最小凸多边形。在凸包中,连接任意两点的线段必须完全位于多边形内。凸包是数据点的自然极限边界,相当于包围数据点的最短路径。显然,凸包必定是该点集的狄洛尼 TIN 的外部边界。

上面的方法都是仅仅考虑了几何信息,对一般的地形而言,只要采样点分布情况比较好,他们一般都能比较真实地反映地形情况。但在许多实际情况中,当利用离散点构建 TIN 时,不仅对三角形的形状有要求,而且对离散数据本身也有特殊要求。比如,某些点的连线(跨河大桥、地理边界、断裂线、结构线、河流等)对 TIN 网的局部合理性有决定性影响,某些点(山脊点、山谷点、断层点、河岸、湖岸等)必须连成一条线或一条封闭曲线等。此时,需要考虑将这些离散点给以某种强制约束,使得构建的 TIN 符合实际情况,并提高 TIN 的质量。

(2) 基于等高线构建 TIN

等高线是对离散采样点经内插、光滑等处理后得到的一种表达地面高程与地形特征的抽象方式,是一种传统地图制图方法。由于等高线难以直观地表达地形的起伏变化与地形特征,非专业人员在阅读和利用等高线图时往往存在一定困难。随着计算机应用技术和 GIS 技术的发展,人们已乐于使用 TIN 或格网模式来模拟和表达地面高程特征。在没有原始采样数据,而只有等高线图或数字化的等高线数据的情况下,如何利用等高线数据来构建 TIN 就显得尤为重要。从等高线生成 TIN 一般有三种方法,即等高线的离散点直接生成法、加入特征点的 TIN 优化法和以等高线为特征约束的特征线法。

无论是基于等高线图,还是基于数字化的等高线数据,以等高线为特征约束的特征线法均有一个数据预处理的过程。预处理的主要内容包括:数据数字化、离散化,离散数据点分布均匀化,地形特征点(即地面曲率变化点和坡度变化点,如峰点、谷点、鞍点、变坡点等)与特征线(山脊线、山谷线或流水线等)的加入,以及地形突变线(断层、陡坎、悬崖等)与突变区(陷落柱、岩溶柱、孤峰、洼地等)的加入等。

2) 边界表示模型

通过面、环、边、点来定义形体的位置和形状,边界线可以是平面曲线,也可以是空间曲线。例如一个长方体由 6 个面围成,对应有 6 个环,每个环由 4 条边界定,每条边又由两个端点定义。其特点是:详细记录了构成物体形体的所有几何元素的几何信息及其相互连接关系,以便直接存取构成形体的各个面、面的边界以及各个顶点的定义参数,有利于以面、边、点为基础的各种几何运算和操作。边界表示模型在描述结构简单的 3D 物体时十分有效,但对于不规则 3D 地物则很不方便,且效率低下。

3)线框模型

线框模型技术(Simon 1994)实质是把目标空间轮廓上两两相邻的采样点或特征点用直线连接起来,形成一系列多边形,然后把这些多边形面拼接起来,形成一个多边形网格来模拟地质边界或开挖边界。某些系统则以 TIN 来填充线框表面,如 DataMine。当采样点或特征点沿环线分布时,所连成的线框模型也称为相连切片(Linked Slices)模型,或连续切片模型。

4)序列断面模型[①]

序列断面模型技术实质是传统地质制图方法的计算机化,即通过平面图或剖面图来描述矿床,记录地质信息,其特点是将 3D 问题 2D 化,简化了程序设计。同时,在地质描述上它也是最方便、使用性最强的一种建模技术。但它在矿床的表达上是不完整的,断面建模难以完整表达 3D 矿床及其内部结构,往往需要通过其他建模方式配合使用。此外,由于采用的是非原始数据而存在误差,其建模精度一般难以满足工程要求。

5)断面-TIN 混合模型[①]

在二维的地质剖面上,主要信息是一系列表示不同地层的界线或有特殊意义的地质界线(如断层、矿体或侵入体的边界),每条界线赋予属性值,然后将相邻剖面上属性相同的界线用 TIN-三角面片连接,这样就构成了具有特定属性含义的 3D 曲面。断面-TIN 混合模型建模步骤为:①剖面界线赋值;②二维剖面编辑;③相邻剖面连接;④3D 场景的重建。

6)多层 DEM 建模[②]

多层 DEM 建模首先基于各地层(尤其是控制性地层或关键地层)的界面点按 DEM 的方法对各个地层进行插值或拟合,然后根据各地层的属性对多层 DEM 进行交叉划分处理,形成空间中严格按照岩性(或土壤性质)为要素进行划分的 3D 地层模型的骨架结构。在此基础上,引入地下空间中的特殊地质现象、人工构筑物等点、线、面、体对象,完成对 3D 地下空间完整剖分的重建。

2. 基于体模型的三维空间建模

体模型基于三维空间的体元分割和真三维实体表达,体元的属性可以独立描述和存储,因而可以进行三维空间操作和分析。体模型既可以按体元的面数分为四面体(tetrahedral)、六面体(hexahedral)、棱柱体(prismatic)和多面体(polyhedral)等 4 种类型,又可以根据体元的规整性分为规则体元和非规则体元两个大类。规则体元包括 CSG

---

① 曹代勇,李青云,朱小弟等.2001.地质构造三维可视化模型探讨.地质与勘探,37(4)
② 赵树贤,张达贤,王忠强.1992.基于裁剪曲面表示的煤矿床地质模型.黄金科学技术,Z1

· 128 ·

树、体素、八叉树、针体和规则块体等 5 种模型。规则体元通常用于水体、污染和环境问题建模,其中,体素、八叉树模型是一种无采样约束的面向场物质(如重力场、磁场)的连续空间的标准分割方法,针体和规则块体可用于简单地质构造。非规则体元包括 TEN、金字塔、TP、地质细胞、非规则块体、实体、3D Voronoi 图和 GTP 等 8 种模型。非规则体元均是有采样约束、基于地质地层界面和地质构造的面向实体的 3D 模型。

1) 基于规则体元的模型

(1) CSG 树建模[①②]

首先预定义好一些形状规则的基本体元,如立方体、圆柱体、球体、圆锥及封闭样条曲面等,然后在这些体元之间进行几何变换和正则布尔操作(并、交、差),由这些规则的基本体元通过正则布尔操作来组合成一个物体。生成的 3D 物体可以用 CSG 树来表示。CSG 树建模(李清泉 1998;孙敏等 2000)在描述结构简单的 3D 物体时十分有效,但对于复杂不规则 3D 地物尤其是地质体则很不方便,且效率也大大降低。

(2) 3D 体素建模

该模型的实质是 2D 格网模型的 3D 扩展,即以一组规则尺寸的 3D 体素($a = b = c$)来剖分所要模拟的空间。基于体素的建模法有一个显著优点,就是在编制程序时可以采用隐含的定位技术,以节省存储空间和运算时间(Simon 1994)。该模型虽然结构简单,操作方便,但表达空间位置的几何精度低,且不适合于表达和分析实体之间的空间关系。当然,通过缩小体素的尺寸,可以提高建模精度,但空间单元数据及存储量将呈三次方增长。

(3) 八叉树建模[③④]

八叉树模型是由 Hunter 博士于 1978 年在其博士论文中提出的一种数据模型。在 GIS 中,人们对八叉树模型的研究越来越广泛,而且广泛运用在海洋、地质等领域的 GIS 的数据结构中。八叉树模型通过对三维空间的几何实体进行体素剖分,每个体素具有相同的时间和空间的复杂度,通过循环递归的划分办法对大小为 $2^n \times 2^n \times 2^n$ 大小的空间对象进行剖分,从而构成了一个具有根节点的方向图。在八叉树模型中如果被划分的体元具有相同的属性则该体元构成一个叶节点,否则继续对该体元剖分成 8 个子立方体。根据上述过程进行递归剖分,对于 $2^n \times 2^n \times 2^n$ 大小的空间对象,最多剖分 n 次。在八叉树模型中,对于叶节点的属性描述一般使用黑和白予以标识,认为黑的节点是属于描述对象的,而白的则不是。为了节省八叉树模型的存储空间,一些学者提出了用线性八叉树对普通的八叉树模型进行压缩存储,仅仅存储那些属于体对象的叶节点以及该节点与根节点的路径关系。八叉树模型使用一定大小的体元对空间对象进行剖分,因此,其对于空间几

① 李清泉,李德仁.1998.三维空间数据模型集成的概念框架研究.测绘学报,27(4)
② 孙敏,陈军,张学庄.2000.基于表面剖分的 3D CM 空间数据模型研究.测绘学报,29(3)
③ 肖乐斌,龚建华,谢传节.1998.线性四叉树和线性八叉树领域寻的一种新算法.测绘学报,27(3)
④ 边馥苓,傅仲良,胡自锋.2000.面向目标的栅格矢量一体化三维数据模型.武汉测绘科技大学学报,25(4)

何对象的描述只能是近似的。

八叉树模型是四叉树模型在空间上的扩展,它用层次式的三维空间子区域划分来代替大小相等、规则排列的三维阵列。八叉树模型具有如下特点:

① 八叉树模型适于表示体对象,通常被认为是一个非原始的表示方法,即必须由其他方法表示(如三维阵列)转换生成;

② 八叉树模型是一个近似表示,特别适合表示复杂形状的对象,但表示精度受空间分辨率的限制;

③ 对于布尔操作和几何特征的计算效率很高,明显优于矢量模型;

④ 内在的空间顺序使得八叉树模型便于显示;

⑤ 几何变换难以进行,无法与矢量模型相比。

A. 八叉树的编码方法

编码的目的是对描述对象的数据进行有效的管理,实现各种不同的操作,如查询、检索和显示等。考察编码方法的优劣时从方法是否严密、操作速度的快慢、存储空间的占用等方面着手。八叉树的编码方法可以由四叉树的编码方法推广得到。常用的编码方法包括:

a. 线性八叉树编码(linear octree encoding)。线性八叉树编码是为了克服明晰树编码的不足而形成的一种高效编码方法。这种方法只存储叶节点,内容包括叶节点的位置、大小和属性值。叶节点的编码称为地址码,常用的地址码是 Morton 码,其中隐含了叶节点位置和大小信息。由于线性八叉树存储内容简单,存储空间占用较少,提高了运算效率,目前许多三维栅格算法都是基于线性八叉树编码,如几何特征(重心、体积等)的计算、剖面生成以及八叉树显示等。

b. 深度优先编码(depth first encoding)。深度优先编码是一个有序的节点排列,从根节点出发自上而下形成,当一个节点是灰节点时,其子节点将紧随其后排列,先于灰节点同级的其他节点。深度优先编码适用于对整个八叉树进行操作,不利于八叉树的随机查询。主要用于三维图像处理,其存储空间占用情况类似于线性八叉树编码。

c. 三维行程编码(three-dimension run encoding)。行程编码技术是将三维表示转换成一维表示,再进行数据压缩的有效方法。在压缩过程中对属性相同的连续编码进行压缩,同时保持空间关系没有任何损失。三维行程编码是二维行程编码的直接扩展。在三维行程编码中,叶节点采用线性八叉树相同的地址码,即 Morton 码。当采用十进制编码时,所有节点的编码成为一个一维的连续自然数编码,其中的顺序是一种空间左近关系。当采用自然数编码时,可以直接用 Morton 码作为属性值数组的下标,而不需开辟地址码的内存数组,这种方法也可以用在线性八叉树编码中。但是由于自然数编码没有隐含八叉树的层次,必须用另外的单元存储八叉树的层次。对于非节点的叶节点,其地址码由其前左上角元素的地址码来表示。按照地址码的大小进行排序,得到的序列可以看成是一组子序列的集合,其中每一个子序列对应于一组属性值相同的叶节点。对于每一个子序列只保留其第一个元素,删除其他元素,即可得到八叉树的三维行程编码表示。三维行程编码是线性八叉树的进一步压缩,其压缩的元素可以通过相邻两个三维行程编码的元素进行恢复。由于采用自然数编码排列,提高了检索和查询速度,对于插入、删除等操作更为简便,而且它与线性八叉树的转换也十分方便。

B.八叉树模型的生成

八叉树模型是一种中间结构,它不能直接由原始采样数据生成,只能由其他模型转换得到。建立八叉树的方法很多,归纳起来有以下四类:a.由三维阵列模型生成八叉树;b.由目标模型生成八叉树;c.由系列剖面四叉树生成八叉树;d.由目标的多个二维投影生成八叉树。前两种方法主要用于 GIS、CAD/计算机辅助制造(computer aided manufacturing,CAM)领域,后两种方法主要用于三维图像处理、CAD/CAM 等领域。

(4)针体建模

针体模型的原理类似于结晶生长过程,用一组具有相同尺寸的不同长度或高度的针状柱体对某一非规则 3D 空间、3D 地物或地质体进行空间分割,用其集合来表达该目标空间、3D 地物或地质体。

(5)规则块体建模

块体建模技术的研究和应用始于 20 世纪 60 年代初,是一种传统的地质建模方法。20 世纪 60 年代和 70 年代开发的一些计算机系统采用这种建模技术,比较典型的有 RTZ 公司开发的 OBMS 和 OPDP 系统,Control Data 公司的 MINEVAL 系统和 Minetec 公司的 MEDS 系统。这类建模技术是把要建模的空间分割成规则的 3D 立方网格,称为 Block,每个块体在计算机中的存储地址与其在自然矿床中的位置相对应,每个块体被视为均质同性体,由克立格法、距离加权法或其他方法确定其品位或岩性参数值。该模型用于属性渐变的 3D 空间(如侵染状金属矿体)建模很有效。对于有边界约束的沉积地层、地质构造和开挖空间的建模则必须不断降低单元尺寸,从而引起数据急剧膨胀,解决方法是在边界区域进行局部的单元细化,如 DataMine 系统(Simon W H 1994;吴立新等 2002)。

2)基于非规则体元的建模

(1)TEN 建模。TEN 模型是在 3D 狄洛尼三角化研究的基础上提出的,是一个基于点的 TEN 的 3D 矢量数据模型。其基本思路是对 3D 空间中无重复的散乱点集用互不相交的直线将空间散乱点两两连接形成三角面片,再由互补穿越的三角面片构成 TEN。其中四面体都是以空间散乱点为其顶点,且每个四面体内不含有点集中的任意点。TEN 建模时,四面体内点的属性可由插值函数得到,其中插值函数的参数由四个顶点的属性决定,因此,经过四面体剖分插值后,可以得到空间 3D 数据信息。TEN 随时可以描述实体内部,但是不能表示 3D 连续曲面,而且用 TEN 来生成 3D 空间曲面也较为困难,算法设计较复杂。TEN 模型的特点是能够根据三维空间采样点的坐标值有效地实现插值运算,能快速进行几何和逻辑变换,因而对于地质、矿山等领域需要描述几何体内部结构的空间对象十分地有用,其可以通过限定面或限定线等特征的插入实现约束的四面体格网的构造,有效地描述几何体的内部几何特征。但是该模型仅考虑了空间实体内部结构的划分,没有考虑空间实体的表面形态,难以用于表达三维面状目标及线状目标,其次对于景观模型的可视化方面不是十分的有效。此外随着数据精度的增加和数据量的急剧增加,将要求较大的存储空间去存储复杂拓扑关系和几何模型数据,会在很大程度上影响系统的查询速度,这些问题导致了 TEN 结构模型在城市景观模型构造方面不是十分的有效。

(2) 金字塔建模。金字塔类似于 TEN 模型,只不过是用 4 个三角面片和 1 个四边形封闭形成的金字塔状模型来实现对空间数据场的剖分。由于其数据维护和模型更新困难,一般很少采用。

(3) TP 建模(Simon 1994;戴吾蛟等 2001)。TP 模型是一种较常采用的简单的 3D 地学空间建模技术。张煜等(2001)给出了 TP 体素的定义,同时给出了相关切割和剖分算法,还列举了基于该模型的数字地层模型的相关应用。由于 TP 模型的前提是三条棱边相互平行,因而不能基于实际的偏斜钻孔来构建真 3D 地质,也难以处理复杂地质构造。戴吾蛟等(2001)则以不规则 TP 为基本单元,讨论了不规则 TP 网络(TPN)模型的数据结构、拓扑建立、拓扑检查和空间插值问题,但对其地学应用方面缺乏深入讨论。

(4) 地质细胞模型。其实质是体素模型的变种,即在 XY 平面上仍然是标准的格网剖分,而在 Z 方向则依据数据场类型或地层界面变化进行实际划分,从而形成逼近实际界面的 3D 体元空间剖分。

(5) 非规则块体建模(Simon 1994)。非规则块体与规则块体的区别在于:规则块体 3 个方向上的尺度(a、b、c)互不相等,但保持常数,如 OBMS 系统;非规则块体 3 个方向上的尺度(a、b、c)不仅互不相等,且不为常数。非规则块体建模的优势是可以根据地层空间界面的实际进行建模,因而可以提高空间建模的精度。

(6) 实体建模(Simon 1994)。该法采用多边形网格来精确描述地质和开挖边界,同时采用传统的块体模型来独立地描述形体内部的品位或质量的分布,既可以保证边界建模的精度,又可以简化体内属性表达和体积计算。以加拿大 Lnnx 系统中提供的 3D 元件建模(3D component modeling,3D CM)技术为代表,该技术以用户熟悉的和真实的地质或开挖边界形态为基础,以交互方式模拟生成由地质底面(sub-surface)或开挖边界构成的 3D 形体,称作元件(component)。元件不仅表示一个形体,也表示封闭的体积以及形体中的地质特征(品位或质量等)分布。相邻元件相连成组即为一个地质单元或一个开挖单元。实体建模适合具有复杂内部结构(如复杂断层褶皱和节理等精细地质结构)的建模。该法的缺点是人工交互工作量巨大,需要耐心细致的工作。

(7) 3D Voronoi 图模型。3D Voronoi 图是 2D Voronoi 图的 3D 扩展,其实质是基于一组离散采样点,在约束空间内形成一组面-面相邻而又互不交叉(重叠)的多面体,用该组多面体完成对目标空间的无缝分割。3D Voronoi 图模型最早起源于计算机图形学领域;近年,人们开始研究其在地学领域中的可行性,试图在海洋、污染、水体及金属矿体建模方面得到应用。

3. 基于面-体混合的三维空间建模

基于面模型的建模方法侧重于三维空间实体的表面表示,如地形表面、地质层面等,通过表面表示形成三维目标的空间轮廓,其优点是便于显示和数据更新,不足之处是难以进行空间分析。基于体模型的建模方法侧重于三维空间实体的边界与内部的整体表示,如地层、矿体、水体、建筑物等,通过对整体的描述实现三维目标的空间表示,优点是易于进行空间操作和分析,但存储空间大,计算速度慢。混合模型的目的则是综合面模型和体模型的优点,以及综合规则体与非规则体元的优点,取长补短。

1）TIN–CSG 混合建模[①②]

TIN–CSG 混合建模是当前城市 3D GIS 和 3D CM 建模的主要方式,即以 TIN 模型表示地形表面,以 CSG 模型表示城市建筑物,两种模型的数据是分开存储的。为了实现 TIN 与 CSG 的集成,在 TIN 模型的形成过程中将建筑物的地面轮廓作为内部约束,同时把 CSG 模型中建筑物的编号作为 TIN 模型中建筑物的地面轮廓多边形的属性,并且将两种模型集成在一个用户界面。这种集成是一种表面上的集成方式,一个目标只由一种模型来表示,然后通过公共边界来连接,因此其操作与显示都是分开进行的。

2）TIN–八叉树混合(混杂建模)

TIN–八叉树混合(混杂建模)以 TIN 表达 3D 空间物体的表面,以八叉树表达内部结构,用指针建立 TIN 和八叉树之间的联系,其中 TIN 主要用于可视化与拓扑关系表达。这种模型集中了 TIN 和八叉树的优点,使拓扑关系搜索很有效,而且可以充分利用映射和光线跟踪等可视化技术。缺点是八叉树模型数据必须随 TIN 数据的改变而改变,否则会引起指针混乱,导致数据维护困难。

3）线框–块体混合建模

线框–块体混合建模以线框模型来表达目标轮廓、地质或开挖边界,以块体模型来填充其内部。为提高边界区域的模拟精度,可按某种规则对块体进行细分,如以线框的三角面与块体的截割角度为准则来确定块体的细分次数(每次可沿一个方向或多个方向将尺寸减半)。该模型实用效率不高,因为每一次开挖或地质边界的变化都需进一步分割块体,即修改一次模型。

4）八叉树–TEN 混合建模[③]

随着空间分辨率的提高,八叉树模型的数据量将呈几何级数增加,且八叉树模型始终只是一个近似表示,原始采样数据一般也不保留。而 TEN 模型则可以保留原始观测数据,具有精确表示目标和表示较为复杂的空间拓扑关系的能力。对于一些特殊领域,如地质、海洋、石油、大气等,单一的八叉树或 TEN 模型很难满足需要,例如在描述具有断层的地质构造时,断层两边的地质属性往往是不同的,需要精确描述。因此,可以将两者结合起来,建立综合两者优点的八叉树–TEN 混合模型。该模型以八叉树作整体描述,以 TEN 作局部描述。该混合模型虽然可以解决地质体中断层或结构面等复杂情况的建模问题,但空间实体间的拓扑关系不易建立。

5）面向对象的 3D 建模

面向对象的 3D 建模 Object-Oriented 3D,OO 3D 模型将 3D 空间对象归纳为点、线、

① 李清泉,李德仁.1998.三维空间数据模型集成的概念框架研究.测绘学报,27(4)
② 孙敏,陈军,张学庄.2000.基于表面剖分的 3D CM 空间数据模型研究.测绘学报,29(3)
③ 李清泉,李德仁.1997.八叉树的三维行程编码.武汉测绘科技大学学报,(2)

面、体(简单体和复杂体)4个层次,研究了概念模型、逻辑模型和形式化描述,并以香港3D CM为例进行了试验分析。

建立在面向对象理论基础上的三维实体模型具有以下几个方面的特点(牛雪峰等1999;方金云 2000)。

(1) 较小的数据存储量以及较快的空间查询速度;

(2) 该模型的最小几何描述单元是三角形,因此对于三维可视化方面而言,可以不需要任何的处理而直接被图形渲染设备所接受;

(3) 能够比较容易地进行三维重建,例如可以根据建筑物底面轮廓线进行三维重建,也可以根据建筑物屋顶的形状进行三维重建;

(4) 在生成 LOD 模型方面,该模型使用三角形作为基本单元,一定程度上有利于不同精度 LOD 模型的生成;

(5) 由于使用了面向对象的原理,因此在模型的数据管理方面可以很方便地使用面向对象的数据管理方法,当然也可以使用关系表的方法;

(6) 在空间拓扑关系表达方面,该模型隐含地存储了一定数量的拓扑关系,因此很大程度上减少了数据的存储量,而这些空间的拓扑关系,在空间分析时可以实时地经推理计算而得到;

(7)在交互操作方面,修改模型的形状比较容易,而且拓扑关系比较容易维护和构造;

(8) 该模型能够很容易地接受或转化成其他流行的三维模型数据格式,如 OBJ 格式、VRML 格式等;

(9) 模型保留了明显的边界特征,因此可以方便地把其集成到地形模型中,构造整体的三维模型结构;

(10) 该模型在城市应用中具有明显的优势,但对于不规则目标的描述,如矿体、地质体、水体,其三维建模的效率有待进一步分析。

7.3 三维空间信息可视化

7.3.1 三维空间信息可视化概述

可视化是个科学术语,用于描述对模型或数据进行一定处理后把其显示在计算机屏幕上的过程。计算机图形学界对此一般称为科学计算可视化(visualization in scientific computing),它指的是运用计算机图形学和图像处理技术,将科学计算的结果以及过程转换为图像或图形在屏幕上显示并进行处理的理论技术和方法。可视化技术已被广泛运用于 GIS 中,用于增强用户与数据、模型之间的交互操作性能。

在计算机图形显示设备上生成一幅高度真实的三维图形,一般需要完成以下几步。

(1) 场景描述(建模)。根据被描述对象的几何特征,使用适当的数学模型对被描述对象进行严格的函数描述,从而把被描述对象变成计算机可以接受的事物;

(2) 坐标变换和投影变换。坐标变换指对需要显示的对象进行平移、旋转或缩放等数学变换。投影变换是指选取投影变换的方式,如透视投影或正射投影,对物体进行变换,完成从物方坐标到眼睛坐标的变换。其中透视投影多用于动画模拟及产生较真实感

的图形或图像,正射投影多用于建筑蓝图的绘制,其特点是物体的大小不随视点的远近而变化;

(3) 消除隐藏面和隐藏线。在把描述对象显示在计算机屏幕上之前,首先判断该对象的可见面或可见线,对被遮盖的线或面不予显示,从而保证显示对象的正确性;

(4) 浓淡处理。选取适当的光照模型,设置光源的位置对物体进行光照和渲染,计算物体的光照程度或阴影面,从而产生较强的立体感;

(5) 颜色与纹理的生成。根据物体的材质或自然常识对物体设置一定的颜色或对其贴合一定的自然纹理,从而增强物体的真实感;

(6) 绘制和显示。完成以上各个步骤后,即可选取适当的显示范围,通过一定的设备对物体进行显示或打印输出。

在以上流程中,场景建模部分涉及的内容比较广泛和复杂,在实际运用中需要根据被描述的对象的具体特征和需要描述的精确程度,确定具体的建模方法和数据结构,使其能够被计算机所接受。

最近几年,随着计算机图形技术的不断发展,三维图形的渲染工具越来越多,其中比较具有代表性的是 SGI 公司的 OpenGL,微软公司的 DirectX、虚拟现实建模语言(virtual reality modeling language,VRML)、Vega、Sun 公司的 Java 3D 等工具。下面简要介绍 OpenGL 和 Directe 3D 工作的基本原理。

1．OpenGL

OpenGL 是近几年发展起来的一个性能卓越的三维图形标准,它是在 SGI 等多家世界闻名的计算机公司的倡导下,以 SGI 的三维图形库为基础制定的一个通用共享的开放式三维图形标准。目前,包括 Microsoft、SGI、IBM、DEC、SUN、HP 等大公司都采用 OpenGL 作为三维图形标准,许多软件厂商也纷纷以 OpenGL 为基础开发出自己的产品,其中比较著名的产品包括动画制作软件 SoftImage 和 3D Studio MAX、仿真软件 Open Inventor、虚拟现实(virtual reality,VR)软件 World Tool Kit、CAM 软件 ProEngineer、GIS 软件 ArcInfo 等。OpenGL 实际上是一个开放的三维图形软件包,它独立于窗口系统和操作系统,以它为基础开发的应用程序可以十分方便地在各种平台间移植。OpenGL 可以与 Visual C++ 紧密接口,便于实现机械手的有关计算和图形算法,可保证算法的正确性和可靠性。OpenGL 使用简便,效率高。OpenGL 具有七大功能:

(1) 建模。OpenGL 图形库除了提供基本的点、线、多边形的绘制函数外,还提供复杂的三维物体(球、锥、多面体、茶壶等)以及复杂曲线和曲面(如 Bazier、Nurbs 等曲线或曲面)绘制函数。

(2) 变换。OpenGL 图形库的变换包括基本变换和投影变换。基本变换有平移、旋转、变比、镜像四种变换,投影变换有平行投影(又称正射投影)和透视投影两种变换。

(3) 颜色模式设置。OpenGL 颜色模式有两种,即 RGB 模式和颜色索引。

(4) 光照和材质设置。OpenGL 光有辐射光、环境光、漫反射光和镜面光。材质是用光反射率来表示。场景中物体最终反映到人眼的颜色是光的红绿蓝分量的反射率与材质红绿蓝分量的反射率相乘后的颜色。

(5) 纹理映射。利用 OpenGL 纹理映射功能可以十分逼真地表达物体表面细节。

(6) 位图显示和图像增强。图像增强功能除处理基本的拷贝和像素读写外,还提供融合、反走样和雾的特殊图像效果处理。以上三条可使被仿真物体更具真实感,增强图形显示的效果。

(7) 双缓存动画。双缓存即前台缓存和后台缓存,简而言之,后台缓存计算场景、生成画面,前台缓存显示后台缓存已画好的画面。

此外,利用 OpenGL 还能实现深度暗示、运动模糊等特殊效果,从而实现了消隐算法。目前基于 OpenGL 的著名的开发工具有 OpenInventor、Iris Persormer、OpenGL Optimeizer/Cosmo3D、GLUT 等几种。

OpenGL 的逻辑结构如图 7.3 所示。

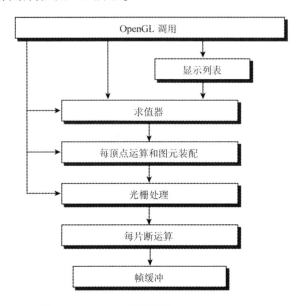

图 7.3　OpenGL 逻辑结构(Shreiner　2000)

2．DirectX

微软的 DirectX 软件开发工具包(software development kit,SDK)提供了一套优秀的应用程序接口(application program interface,API),这个编程接口提供开发高质量、实时的应用程序所需要的各种资源。DirectX 技术的出现将极大地有助于发展下一代多媒体应用程序和电脑游戏。总的来说,使用 DirectX 主要有两个好处:①为软件开发者提供硬件无关性;②为硬件开发提供策略。DirectX 为软件开发者提供硬件无关性开发,其最主要的目的之一是促进在 Windows 操作系统上的游戏和多媒体应用程序的发展。在 DirectX 出现以前,主要的游戏开发平台是 Windows,游戏开发者们为了使他们的程序能够适应各种各样的硬件设备而绞尽脑汁。自从有了 DirectX,游戏开发者们便可以获益于 Windows 平台的设备无关性,而又不失去直接访问硬件的特性。DirectX 主要的目的就是提供像 MS-DOS 一样简捷地访问硬件的能力,来实现并且提高基于 Windows 平台应用软件的运行效果,并且为个人电脑硬件的革新扫除障碍。另一方面,微软公司开发 DirectX 是为了在当前或今后的计算机操作系统上提供给基于 Windows 平台的应用程序以高表现力及实时的访问硬件的能力。DirectX 在硬件设备和应用程序之间提供了一套完整一致的接口,以减小在安装和配置时的复杂程度,并且可以最大限度地利用硬件的优秀特性。通过使用 DirectX 所提供的接口,软件开发者可以尽情地利用硬件可能带来的高性能,而不用烦恼于那些复杂而又多变的硬件执行细节。一个高表现力的基于 Windows 平台的游戏将得益于以下两种技术:①转为提高图形运算及快速反应能力而设计的即插即用加速卡(accelerator card)以及其他 Windows 软硬件;②内建于 Windows 的通信服务,包括 DirectPlay 为硬件开发提供策略。DirectX 的另外一个重要的目的是给硬件厂商提供开发策略,他们可以从高性能程序的开发者和独立的硬件供应商(independent hardware vendor,IHV)那里得到反馈。所以,在 DirectX 程序员参考书中有时可能会提供那些还不存在的硬件加速设备的技术细节。在很多时候,软件可以模拟这些特性,在另外一些情况下,软件根据硬件的指标判断出其特性,并且可以忽略那些硬件并不支持的性能。

Direct 3D 是 DirectX 软件开发包的一部分,适用于 Microsoft 的 32 位操作系统。这个图形库包含了与 OpenGL 不相上下的功能,同时也可提供对不同图形加速卡的统一访问方式。

与 OpenGL 相似,Direct 3D 由几个层组成,高级的保留模式层能对复杂的几何物体进行控制,而低级的立即模式层则代表真正的多边形渲染管道。

Direct3D 的逻辑结构如图 7.4 所示。

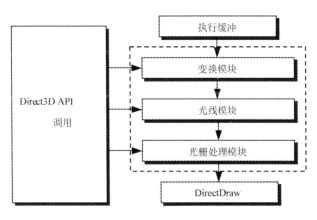

图 7.4　Direct3D 逻辑结构

7.3.2　LOD 模型

所谓的 LOD 模型是指根据不同的显示对同一个对象采用不同精度的几何描述,物体的细节程度越高,则数据量越大,描述得越精细;细节程度越低,数据量越小,描述得越粗糙。因此可以根据不同的显示需要,对需要绘制的对象采用不同精度,从而大大地降低需要绘制的数据量,使实时三维显示成为可能。从应用上讲,LOD 模型具有广泛的应用领域,它最早应用在飞行仿真器中。目前,在实时图像通信、碰撞检测、限时图形绘制、交互式可视化和虚拟显示等领域中都得到了应用,已成为一项关键的技术。最近,有一些造型软件和 VR 开发系统都开始支持 LOD 模型表示,如 Vega、Multigen Creator,就连目前非常流行的 VRML 语言也把 LOD 模型表示集成到建模语言中。

要使复杂的三维场景的实时三维显示成为可能,必须建立场景中三维模型的 LOD 模型,建立基于 LOD 模型动态显示的系统。要使基于 LOD 模型的显示系统获得成功,必须解决以下问题:选择 LOD 模型的尺度,选择 LOD 模型的算法,LOD 模型的平滑过渡以及 LOD 模型的自动生成等。其中 LOD 模型的自动生成是以上问题的基础。

因此,对于任何一个三维系统,为了能够在实时绘制方面取得好的效果,在软件方面必须具备以下几个方面的条件:① 动态多分辨率模型——LOD 模型的建立;② 良好的空间索引技术及数据检索机制;③ 动态的数据交换机制的建立;④ 快速的三维剪切算法;⑤ 高效的三维绘制技术。

由于三维几何对象数量(模型)的不断增加和越来越高的几何表达精度,用于描述几何对象的数据量也变得越来越多,从而管理、操纵、渲染这些巨额数量的三维几何数据需要大量的内存和计算机资源,这些要求已经远远地超出了目前任何图形设备所能承受的能力(尤其在实时交互操作和可视化方面)。这些问题在大范围内的数字城市模型的三维漫游、大型的数字地面模型的仿真系统中显得特别明显。

为了提高场景的显示速度,实现实时交互,在实际的三维显示中常常采用降低场景复杂度的方法,从计算机硬件绘制的角度考虑,即减少每帧中绘制的多边形的树木。其中 LOD 模型的方法具有普遍性和高效性,在飞行模拟和地形仿真应用中得到了广泛的应用。

为了提高复杂场景的显示速度,实现实时交互操作,3D GIS 中需要解决下述的几个方面的问题:①如何提高海量数据的三维漫游速度;②如何提高三维模型可视化的真实感和美感;③用户的定位处理。其中在提高海量数据的三维漫游速度方面,LOD 模型是一个重要的解决途径。

LOD 模型是对原始几何模型按照一定的算法简化后的模型的一种总称,有时也称为"简化模型"。简化后的模型在几何数量上比原始的几何模型的数据量减少了很多,降低了对计算机软件和硬件设备的需求,从而提高了数据操纵的速度,缩短了人机交互操作的时间,因此在图形的渲染速度上会有很大的提高。LOD 模型的种类在几何结构上大致分为以下三种类型:①不连续的 LOD 模型;②连续的 LOD 模型;③几何结构自身的 LOD 模型(图 7.5)。

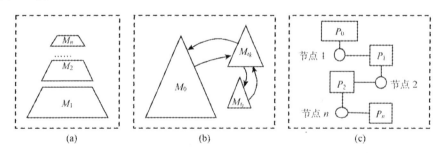

图 7.5 LOD 模型三种类型

M,模型;n,级别;M_0,原始几何模型;t,生成子模型的时间;P,分块;P_0,原始分块对于第一种 LOD 模型,它实际上是保存了原始模型的许多个副本,每一个副本对应一个特定的分辨率模型。所有的副本构成了一个金字塔模型。这种模型不同分辨率之间没有任何特定的关联,只是在实际的运用中根据不同的要求使用不同的分辨率,在可视化的过程中,不同分辨率模型之间的转换容易引起视觉上的跳动效果。该模型的优点是不用实时在线生成模型,因此速度上较快,但是由于它保存了原始模型的多个副本,所以占用较大的存储空间,而且容易引起几何数据的不一致性,很难满足不同运用的需要。

对于第二种 LOD 模型,它在某一时间只保留某一分辨率的模型,在实际的运用中根据需要,采用一定的算法实时生成另一分辨率的模型,用于满足实际的需要。该模型具有严格的数据一致性。在实际使用的过程中,一般是根据一定的算法和采用合理的数据结构保证实时生成不同分辨率的几何模型。该类模型一般能够保证视觉效果上的连续性和一定的误差范围,但是由于对实时操作要求较高,因此在算法设计和数据结构上往往比较复杂。

对于第三种 LOD 模型,其模型本身就是一个多分辨率的结构,模型的不同部件之间通过一个节点相连,在实际操纵过程中根据不同部件之间的节点判断该部件是否需要被操作,如果所有的部件都被操作,该情况下此模型是全分辨率结构。由于该模型保存了不同部件之间的节点信息,因此具有结构简单、操纵方便等优点。该类模型适合于表达复杂的不连续的体模型对象,如建筑物模型。该模型结构在一些程序语言和软件系统中得到了广泛的运用,如 VRML 语言、Multigen 系统的 Openflight 数据存储格式。

建立复杂三维模型的 LOD 模型具有不同的算法:从 LOD 模型建立的角度出发,可以分为与视点相关的算法和与视点无关的算法两类;从模型简化误差的分类上可以分为误差受控和误差不受控两种;从对模型拓扑关系的保存方面分为拓扑保持和不保持两类。每一种都具有不同的优点和应用场所,在方法的分类上很难把它们严格地区分开来,而且很难有一种很好的算法能够适合所有的三维场景的动态实时绘制。在确定采用何种 LOD 模型构造算法方面,应该综合考虑 LOD 模型的构造速度、生成模型的质量、数据结构、内存的使用以及算法的复杂程度等多个方面,在上述几个方面作出权衡。在 3D GIS 中,地形模型的可视化是一项重要的研究内容,虽然地形的范围很大,但是可视化时视野的范围是十分有限的,因此在地形 LOD 模型的构造算法上基于视相关的算法应该优先考虑;其次数据存储也是一个重要的因素,因而在数据结构上应尽量采用格网数据结构,而且 LOD 模型的构造结果应该是误差受控。(潘志庚等 1996;王宏武等 2000;许妙忠等 2003)

LOD 模型在数字地球、计算机图形学、三维地理信息系统、虚拟现实技术、科学可视化、计算机视觉等领域中具有十分重要的现实意义和广阔的运用前景。描述几何对象多分辨率模型的重要意义在于:①在可视化方面能够在不影响视觉效果的前提下,使用较低分辨率的模型代替原始模型进行交互操作,从而获得比较快速的操作速度,建立一种人机通信方式;②由于当前计算机软件和硬件条件的限制,对于海量数据的几何模型,现有的图形显示设备根本不能承受,因此,建立一定误差许可范围内的简化模型是十分必要的;③建立复杂几何模型的多分辨率模型描述有利于与虚拟现实技术相结合,进一步为网络三维模型所必需的数据压缩和快速的数据传输服务。

7.3.3　动态多分辨率影像模型

纹理映射(texture mapping)技术在计算机图形学领域中十分流行,它是通过将图像粘贴于几何表面来增强图形的真实感。由于图像具有十分丰富的信息含量和特征,其很大程度上可以取代复杂模型的几何描述,通过影像丰富的信息含量去弥补几何数据上的复杂描述的不足,因此,其在很大程度上能够减轻图形硬件的负担,从而提高图形的渲染速度。

在三维图形的显示中,图像的作用主要用于增强场景的真实感和信息量,因此合理地使用图像用于纹理映射可以使三维场景更加真实。但在另外一个方面,由于影像数据占用较大的存储空间,而且,一般的计算机的图形渲染设备限制了单次装载影像的大小,这在一定情况下限制了大范围场景内的影像映射。对于影像的大小在限制条件之内的,目前图形渲染设备普遍采用的方法是建立影像金字塔,用于减少纹理的失真,即目前普遍采用的 Mip-Map 技术。当一个多边形由近到远或由远到近进行变换的时候,其投影到屏幕上的面积也会相应地从大变小或从小变大,如此便会有一个屏幕像素对应多边形上多个点或者屏幕上多个像素对应多边形上一个点。如果这个多边形是贴上纹理的,则会是屏幕上多个像素对应多个纹理元素(texel),或反之,这样会造成闪烁或马赛克等失真效果。Mip-Map 技术可以用来处理屏幕像素对应多个纹理元素的情况,Mip-Map 的思想是在多边形距离观察者较近的时候贴较高分辨率的纹理,较远时贴较低分辨率的纹理,降低分辨率的方法是将原纹理缩小(唐丽玉等　2004)。

Mip-Map 方法只是对在限制条件之内的纹理大小具有很好的效果和作用,不能满足任意大小范围之内的纹理的映射操作。为了改变这一限制条件,实现高分辨率影像的映射,国外的一些计算机公司如 SGIIRIS Performer 2.1 在软件和硬件设备上做了一定的改进,提出了剪贴纹理(Clip-Map)技术,该技术能够突破 Mip-Map 技术对纹理大小的限制,允许应用程序使用大量的纹理数据,但是在每一时刻只保留必要的一小部分在内存中用于纹理映射,从而实现任意大小的影像的纹理映射。Clip-Map 技术通过定义一定的纹理大小,用于限制不同层的 Mip-Map 层的大小,该限制纹理的大小称为剪贴纹理大小(Clip-Size)。由于在 Clip-Map 中定义了剪贴纹理大小,从而任意一层的 Mip-Map 的大小不会超出这个限制。如果某一层的 Mip-Map 大于剪贴纹理的限制,则在映射时使用剪贴纹理大小进行纹理数据的装载和映射;反之,则全部装入。Clip-Map 充分利用上述的一些特性实现任意范围影像的纹理映射(肖金城等　2002)。

在 3D GIS 中,使用 Clip-Map 技术可以改进纹理的显示,提高纹理的分辨率,同时也可以减轻图形设备的负担。在对大范围的模型进行三维显示时,由于观察者的视觉范围的有限性和一定的有效的观察距离,因此对于所有的模型表面使用统一的分辨率会造成内存占用空间上的浪费和较差的视觉效果。在大范围的三维场景内,由于模型不同部分距离观察者具有不同的距离,这将造成不同的纹理映射效果,因此对于距离观察者较远的部分可以使用较低分辨率的影像,而对较近的部分则使用较高分辨率的影像进行纹理映射,对于三维地物模型则可以根据建筑物的高度和复杂程度采用不同分辨率的纹理。

显然,观察者的位置信息对于确定用于纹理映射的合适分辨率影像具有十分重要的作用。为了建立与观察者位置相关的多分辨率纹理模型,必须对大尺寸的影像进行分割,即首先使原始的大纹理影像变为一系列相连的纹理影像子块,然后对每个纹理子块建立多级不同分辨率的纹理子块。而在三维显示时,则根据不同区域内视点的位置来确定纹理的合适分辨率,以使不同的区域形成具有不同分辨率的纹理。

参 考 文 献

边馥苓,傅仲良等.2000.面向目标的栅格矢量一体化三维数据模型.武汉测绘科技大学学报,25(4)

曹代勇,李青元,朱小弟等.2001.地质构造三维可视化模型探讨.地质与勘探,37(4)

戴吾蛟,邹峥嵘,何凭宗,2001.3D-GIS 在边坡监测中的应用.地矿测绘,17(4)

方金云,何建邦等.2000.可扩展的并行地理图像处理系统.地理信息科学,(4)

侯恩科,吴立新.2002.面向地质建模的三维体元拓扑结构数据模型研究.武汉大学学报(信息科学版),27(5)

李培军.2000.层状地质体的三维模拟和可视化.地学前缘,7(增刊)

李青元.1995.三维矢量结构 GIS 拓扑关系研究.中国矿业大学博士论文

李清泉,李德仁.1998.三维空间数据模型集成的概念框架研究.测绘学报,27(4)

李清泉,李德仁.1996.三维地理信息系统中的数据结构.武汉测绘科技大学学报,21(2)

李清泉,李德仁.1997,八叉树的三维行程编码.武汉测绘科技大学学报,(2)

牛雪峰,孙运生,杨国东等.1999.三维地理信息系统面向对象数据结构.世界地质,18(3)

潘志庚,马小虎,石教英.1996.虚拟环境中多细节层次模型自动生成算法.软件学报,7(9)

孙敏,陈军,张学庄.2000.基于表面剖分的 3D CM 空间数据模型研究.测绘学报.29(3)

唐丽玉,彭国均,舒娱琴.2004.Mip-map 技术在三维实时仿真中的应用.福州大学学报,32(1)

万剑华,朱长贵.2001.3D-GIS 中空间对象的几何表示.矿山测量,(1)

王宏武,董士海.2000.一个与视点相关的动态多分辨率地形模型.计算机辅助设计与图形学学报,12(8)

吴立新等.2002.三维数字模拟与虚拟矿山系统.测绘学报,31(1):28~33

肖金城,李英成.2002.大规模地形场景三维实时漫游显示.技术研究.遥感信息,(6):11~14

肖乐斌,龚建华等.1998.线性四叉树和线性八叉树领域寻找的一种新方法.测绘学报,27(3)

张煜,白世伟.2001.一种基于三棱柱体体元的三维地层建模方法及应用.中国图像图形学报,(3)

赵树贤,张达贤等.1992.基于裁剪曲面表示的煤矿床地址模型.黄金科学技术,(Z1)

朱大培,牛文杰,杨钦等.2001.地质构造的三维可视化.北京航空航天大学学报,27(4)

Atkinson H, Gargantini H, Ramanath M V S.1985. Improvements to a recent 3D-border algorithm. Pattern Recognition,18

Borgefors G .1984. Distance Transformations in Arbitrary Dimensions. Computer Vision, Graphics, and Image Processing,27

Fisher T R, Wales R Q. 1992. Three-dimensional solid modeling of geo-objects using non-uniform rational B-splines (NURBS). In: Three-Dimensional Modeling with Geoscientific Information Systems. Pordrecht: Kluwer Academic Publishers

Molenaar M A. 1992. Topology for 3D vector maps. ITC Journal,1

Shi Zhongchao, Shibasaki R. 2000. Dynamic simulation of land use/cover change based on time series satelite images. ACR 2000, poster session 3

Shreiner D.2000. Open G L 编程指南.第四版.北京:人民邮电出版社

Simon W H. 1994. 3D Geoscience Modeling: Computer Techniques for Geological Characterization. Springer-Verlag

第三部分

旅游信息系统实现方法

第8章 数字旅游建设框架

数字旅游系统的总体框架和结构,是系统研究工作的核心和建设的依据。总体方案和结构指导系统研究与开发的全过程,保证系统建设的近期目标与远期目标协调一致。总体框架和结构设计的主要任务是确定建设的总体目标,根据系统总体目标设计系统建设的内容、规模和系统的各个组成部分,说明他们在整个系统中的作用和相互之间的关系,确定系统的软硬件配置,确定系统采用的技术规范,确保系统总目标的实现。

8.1 数字旅游建设目标

基于3S技术、数据库技术、网络技术、通信技术、多媒体技术和虚拟现实技术,建立旅游信息数据库,建立旅游信息采集、存储、管理、查询、分析、显示和发布系统,实现旅游信息的数字化和网络化管理。提高旅游信息采集质量与更新速度,提高旅游管理人员工作效率,降低劳动强度,提高旅游信息服务的质量,为游客提供全面优质的旅游信息服务,增加旅游产业的经济效益和社会效益,全面促进旅游产业信息化发展。适应旅游产业发展国际化与全球化的需要,实现管理与服务标准的国际化,提高对外服务的质量与水平,实现我国旅游产业发展与国际旅游产业发展全面接轨。

8.2 数字旅游建设原则

1.实用性

最大程度地满足旅游信息中心日常办公需要,为业务管理提供最大的辅助决策,是系统建设的根本目标。具体要求:页面友好、易于使用、便于管理维护、数据更新快捷和系统升级容易,具有优化的系统结构和完善的数据库系统,具有与其他系统数据共享、协同工作的能力。

2.前瞻性

目前,数据库技术与GIS技术发展非常快,同时旅游信息中心的业务也在不断扩大和调整,这就要求本系统的设计具有超前性,以便更好地处理因此引发的系统升级问题。同时,系统设计应充分考虑这些方面的发展趋势,使系统具有较强的扩展能力,处于应用系统技术领先地位,确保系统能适应现代信息技术的高速发展。

(1)充分考虑数据不断增加的需要。数据是本系统中最重要的基础,也是系统生命力所在,数据管理是一个不断更新的过程,因此充分满足系统不断更新的需要,是保证系统持续长久生命力的关键。

(2)充分考虑业务发展的需要。本系统面临的业务会发生变化,系统在功能设计时必须考虑为业务的变化留有余地。

（3）充分考虑软硬件技术发展的需要。软件和硬件的更新升级非常快，系统必须要具备前瞻性，以保证软硬件的升级不会给系统使用带来困难。

3．经济性

系统建设要求在实用的基础上做到最经济，以最小的投入获得最大的产出。在硬件和软件配置、系统开发和数据库设计上应充分考虑在实现系统全部功能基础上尽量节约经济成本。

（1）软件选择经济实惠。选择性能价格比高的软件平台是系统建设经济实用的重要基础。

（2）系统数据建设成本低。系统所需要的空间数据格式符合面向对象空间数据库标准，系统属性数据符合关系数据库标准，数据录入工具操作简便。

（3）系统开发成本低。系统技术方案可操作性强，系统所选择软件能充分实现功能，从而能缩短开发周期，节约开发成本。

（4）系统维护成本低。系统的数据更新容易实现，软件升级成本低廉，系统升级扩展容易实现。

4．安全性

必须保证系统具有足够的安全性控制，简单地说安全性必须考虑两个方面的问题。

（1）数据不被非法访问和破坏。本系统安全性首要的是数据的安全性，系统必须具备足够的安全权限，保证数据不被非法访问、窃取和破坏。

（2）系统操作安全可靠。系统应该具备安全权限，不让非法用户操作系统；同时要具备足够容错能力，以保证合法用户操作时不至于引起系统出错，充分保证系统数据的逻辑准确性。

5．标准化与规范化

为了实现信息的共享，必须建立统一的标准和共同遵守的规范，严格按照标准与规范进行系统建设，使系统产品——数据能为政府各部门及社会各行各业所接受和使用。

6．网络化

信息资源共享的重要条件是网络化，通过内部的局域网、城域网和国际互联网实现信息资源的共享与发布。以关系数据库为核心存放空间数据和相关的文本数据。实现市内信息共享，并实现空间信息的 Internet 发布和共享。

7．继承性

旅游地理信息系统(Tourism Geographic Information System, TGIS)必须有完整的GIS 数据结构，支持的数据结构包括点、线、面、注记、拓扑关系、遥感影像、数字地面模型等。因此，系统设计和建设中必须考虑 3S 集成原则。

8.3 数字旅游建设内容

数字旅游是数字中国、数字省、数字城市建设的重要组成部分,以国家、省、城市的基础信息建设为依托,同时与其他领域的数字化建设相互独立又紧密联系,其内容包括旅游信息基础设施的建设与旅游应用信息系统的建设。数字旅游建设框架如图8.1所示。

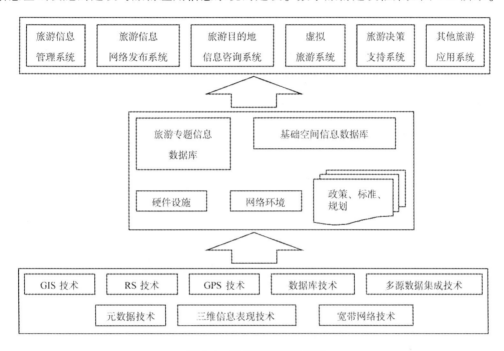

图 8.1　数字旅游建设框架

8.3.1　数字旅游信息基础设施建设

旅游信息基础设施建设主要包括计算机服务器/工作站等硬件运行环境、网络环境的建设,国家政策、国家标准、行业标准的制定,旅游产业发展规划的制定,基础空间信息数据库的建立以及旅游专题信息数据库的建立。其中,硬件运行环境与网络运行环境的建设是数字中国、数字省与数字城市基础设施建设的子集;政策、标准以及发展规划的制定是数字旅游建设的行动准则,数字旅游的建设需要各个相关部门合作进行,政府的政策支持与各项规章制度的制定是各部门协调运行的保障,标准体系的建立是部门与部门间、系统与系统间信息交流正常进行的前提与基础;数据是应用系统处理的对象与信息来源,建立内容全面、数据准确、现势性强且能够实现共享的信息数据库是实现旅游数字化的关键。

8.3.2　数字旅游应用信息系统建设

应用信息系统是旅游管理者和游客进行管理与获取信息的工具,根据应用目的的不同将应用系统分为旅游信息管理系统、旅游信息网络发布系统、旅游目的地信息咨询系统、虚拟现实旅游系统和旅游决策支持系统等。

旅游信息数据库包括海量的图形数据、属性数据、影像数据与多媒体数据。数据质量的好坏与数据组织是否合理,直接影响其他应用系统功能与性能的发挥。旅游信息管理系统为旅游管理者提供高效的旅游信息管理工具,为其他旅游应用信息系统的应用提供数据保障。

利用快速发展的网络技术构建的旅游信息网络发布系统,彻底解决了以往旅游信息发布渠道不畅的问题,为旅游管理部门的信息发布和游客获取及时的旅游信息提供了新的渠道,为旅游业的发展起到了导向性的作用。

旅游目的地信息咨询系统为游客在旅游目的地的旅游提供游览观光、购物、交通、娱乐、餐饮、住宿等全方位的咨询服务,为自助旅游提供信息保障。

利用虚拟现实技术与三维信息显示技术构建的虚拟现实旅游系统为游客提供虚拟旅游的环境,游客不必亲临旅游景区,也可以体验到高科技带来的如身临其境般的美的享受。

8.4 数字旅游逻辑设计

系统的逻辑设计包括系统的硬件、软件和网络配置等组成部分。

8.4.1 硬 件 配 置

硬件是系统运行的设备环境,包括计算机、各种输入/输出设备以及网络设备等,系统硬件的配置需要充分考虑系统运行的稳定性、速度、系统数据的大小以及硬件的各项性能指标,遵循技术上稳定可靠、投资少、见效快、立足现在并顾及发展的原则,综合权衡,合理配置。

(1) 服务器配置。系统的服务器包括应用计算服务器、数据服务器、Web 发布服务器、主域控制服务器以及数据备份服务器等。应用计算服务器用于支持系统中主要的GIS 应用的执行(计算);系统数据服务器的配置必须能支持最大的并发网络文件系统(net file system,NFS)或磁盘共享客户数。使用 NFS(一种面向联结的通信协议)并在网上传送大块的空间数据将耗去大量的网络带宽,因此尽可能地将空间数据放在 GIS 应用服务器上,将有助于减少网络传输量,从而显著地改善应用的性能。系统对 Web 发布服务器和网络主域控制服务器的性能无过高要求,此外可以根据实际情况采用独立的服务器或将几个服务器合并到一台物理服务器上。

(2) 客户机配置。随着技术的不断发展,计算机的性能不断提高,对于一般的客户端系统,现在的主流微机基本都能满足要求,如果客户端系统或单机版系统对硬件要求比较高,可以根据需要采用高档微机。

(3) 其他设备配置。其他设备,如扫描仪、打印机、绘图仪等输入、输出设备,可以根据需要,具体选择合适型号的设备。

8.4.2 软件配置

软件是系统的核心,根据系统架构层次由低到高,可以将系统的软件分为操作系统软件、应用系统开发软件、数据库系统和地理信息系统软件。

(1) 操作系统。操作系统是各种应用软件运行的基础平台。目前操作系统主要包括 Windows 系列操作系统、Unix 操作系统和 Linux 操作系统,它们对于运行于其上的应用系统的成功开发与运行具有决定性的意义。Windows 和 Unix 操作系统各具优势,大型网络系统的服务器操作系统多选用 Unix、Windows Server 2003、Windows 2000 Advanced Server、Windows 2000 Server 或 Windows NT Server 等操作系统,客户端与工作站多选用 Windows XP Professional、Windows 2000 Professional、Windows NT Workstation 以及 Windows 98 等操作系统。

(2) 数据库系统。数据库是地理信息系统的核心组成部分,高性能的数据库管理系统可以为地理信息系统的高效、稳定运行提供有力的保障。选择数据库管理系统时,应根据应用系统建设成本、数据量的大小、并发处理以及系统结构等需求的不同来选择,既要避免因数据库管理系统功能与性能的限制造成的应用系统的开发与应用瓶颈,也不能忽视系统的实际需求,一味追求过高的功能与性能,造成不必要的资源浪费。表 8.1 是对主流数据库管理系统的部分功能与性能进行的简单对比。

表 8.1　主流数据库对比

	Oracle	SQL Server	Sybase	Infomix	IBM DB 2
与 Windows 兼容性	高	最高	高	一般	一般
易操作性	较高	高	高	一般	一般
稳定性	高	较高	高	高	高
速度	最高	较高	高	高	高
海量数据下的表现	最好	一般	好	好	好
空间数据库结构	有	有	无	有	无
空间数据索引速度	高	一般	无	一般	无
支持三种操作系统	是	仅 Windows	是	是	是
Windows 客户端	有	有	有	有	有
标准数据接口	ODBC、ADO、OLEDB	ODBC、ADO、OLEDB	ODBC、ADO	ODBC	ODBC

(3) GIS 软件。GIS 应用软件是数字旅游系统的核心内容,可以从底层开发,也可以在商品化的通用 GIS 软件的基础上进行二次开发。如果应用系统采用在通用 GIS 平台上进行二次开发,则需要选择一个成熟的、功能和性能上都能满足系统建设需要的软件,具有良好的兼容性,有良好的扩充功能。选择 GIS 平台时,主要考虑以下几个方面:

① 稳定性。稳定性是在选择软件时首先要考虑的问题,只有软件的稳定性才能保证系统的稳定性,因此,在选择、比较 GIS 平台软件时,尤其要注意到这一点。要选择具有大型工程应用经验的软件作为系统的 GIS 平台。

② 数据兼容性。由于现有的数据格式差别很大,而且在系统建成以后,系统还要与各种不同格式的数据进行交换,因此数据的兼容性是衡量 GIS 平台好坏的一个非常重要的因素。只有 GIS 平台具有较好的数据兼容性,建成的数字旅游系统才能得到成功的应用。

③ 数据库连接。采用大型数据库管理软件,是实现空间数据与普通非空间数据一体化管理的一个发展趋势。采用大型关系型数据库来管理数据,能够实现海量数据的安全并发处理,同时能够实现多种条件的快速查询、统计及方便的数据更新。因此所选用的 GIS 平台软件应该能支持大型数据库。

④ 与其他应用系统的连接。数字旅游作为数字城市的一个重要的组成部分,它应与数字城市其他子系统如数字政务、数字交通以及各种办公自动化系统有机地融合在一起。因此,在软件的选型上要保证在该平台上开发的软件能够非常容易地与其他系统集成,实现所有管理信息系统的一体化。

(4) 系统开发工具软件。目前,流行的软件开发平台有微软的 Visual C++、Visual Basic、Visual J++ 等 Visual Studio 6.0 系列开发工具,微软的 DOT NET 系列开发工具,Borland 公司的 Delphi、Borland C++、C++ Builder、JBuilder 等开发工具,Sybase 公司的 Power Builder,以及 SUN 公司提供的 Java 系列开发工具等。这些开发工具各有所长。应根据所开发的软件性质的不同选择适当的开发工具。

在项目中,我们采用了表 8.2 所示软件配置方案。

表 8.2　作者的软件配置方案

软件分类		软件选型	
系统软件	服务器	UNIX/LINUX Tomcat 4.0 Window 2000 Server 中文版	
	工作站	Windows 95/98/2000/XP 中文版	
数据库管理系统		Oracle 8i，SQL Server 2000	
GIS 软件		空间数据引擎	自主开发
		开发平台	MO
		日常维护	ArcView
		数据处理软件	ArcView
		WebGIS 平台	Java 自主开发平台
开发软件		VB、VC、Java、JSP 等通用开发语言	

8.4.3　网络配置

网络环境对于 GIS 而言至关重要。GIS 应用时所访问的数据相对较多,特别是进行空间分析和显示时更是如此,这就对网络的通信能力提出了很高的要求。考虑网络配置时,必须保证提供足够的带宽以满足地理信息系统应用的需要。

通信环境可由各种网络部件(如交换机、路由器、桥、调制解调器、HUB 等)和通信技术(100BaseT、10BaseT、FDDI、ATM、T1、帧中继等)建立;另外,还须选用某种通信协议(TCP/IP、IPX、SNA、DECNet 等)。

8.5　数据库设计

采用大型关系数据库系统管理海量的空间与属性数据是数字旅游系统的必然选择，数据库是数字旅游系统的核心组成部分。数据库设计实际上是对地理数据建模的过程，是数字旅游应用系统运行的基础。数据库的合理设计有助于应用系统的高性能实现。数据库的设计过程通常包括:设计目标的确定,设计方案的制定、分析与评估,以及设计方案的确定。设计方案制定的过程包括系统概念模型的建立、逻辑模型的建立以及物理模型的建立。同时,数据库的设计是一个逐渐细化不断反复的过程,随着设计过程的逐步进行,设计逐步完善。

完备的数据模型设计是建立在对现实世界应用领域的充分认识基础上的,对数字旅游系统涉及的资源与数据的全面理解、总结与归纳也是旅游信息数据库的设计前提。数字旅游系统按照行政区划级别和地域范围可以分为国家旅游信息系统、省(自治区、直辖市)旅游信息系统、地市旅游信息系统、城市旅游信息系统和景区旅游信息系统。每一级别的数据库信息侧重点与概括程度都有所不同,级别越高,信息概括程度越高,级别越低,信息越详细。每一级别的数据库按照其内容可以分为:基础信息数据库与旅游专业信息数据库两大类,基础信息数据库内容主要为各种比例尺的地形图的数字化数据,如行政区、交通、水系、绿地等数据,旅游专业信息数据库包括观光浏览、购物、娱乐、餐饮、住宿以及其他各种与旅游业密切相关的服务场所的信息。

8.6　系统功能设计

系统功能的设计是具有针对性的,即必须针对用户的需求进行设计,以最大程度地满足用户的需求为准则。在进行系统功能设计之前,必须对先行系统进行深入调研,了解现行系统的状况,掌握不同用户对系统的不同需求,同时要善于发现现行系统存在的不合理地方,以便于在新的系统中加以改进。

8.6.1　系 统 设 计

1. 空间数据库共享

随着网络的速度越来越快,带宽越来越大,服务价格在不断下降。对于任何一个单位,建立一套信息系统的目的,就是为了将其下面所有的部门关联在一起协同工作,从而提高工作效率。另外,遍布全球的 Internet 给人们带来了一种全新的生活和工作模式,一个具有很多分支机构的单位也可以利用 Internet/Intranet 技术来构建整个信息系统,使得系统更加方便和实用。随着网络技术的发展和政府网络的逐步开通,建立一个结构规范、易于操作、便捷服务的省、市级空间信息网,通过 WebGIS 技术,可以实现城市空间信息的网络发布和在省、市政府及有关部门的共享,为政府及有关部门提供决策支持。同时,通过城市空间信息网的建设,可以进行必要的技术和数据资源的积累,为下一步"数字旅游"的建设打下坚实基础。

传统的 GIS 基本上是一套独立的系统,该系统有自己的图形平台和关系数据库管理系统,图形基本上是放在图形文件中,而属性是放在自己的数据库管理系统中或采用通用的数据库管理系统来进行管理,图形和属性之间通过一定的关联来保证二者之间的一致性。同时在 GIS 技术的前期发展中,将发展重点放在 GIS 的基本功能——图形处理和空间分析上,形成了许多独立的商用 GIS 系统。其操作系统平台、数据库、应用系统不尽一致,数据又没有统一的标准结构,格式也不相同。这样做出来的系统与其他系统的集成难度较大,尤其是像城市地理信息系统,事务处理的功能(如录入、维护等)要求非常高,系统要求非常灵活,一般情况下传统的 GIS 比较难于做到上面的这一点,所以以前的 GIS 我们都称为"专家 GIS"(由于其大而全,一些技术又比较专业独立,只有专家才能使用的)。但是最近 GIS 也随着计算机技术的发展而有了革命性的变革。一是将地理空间数据(图形数据)存储在大型关系数据库(如 SQL Server 或 Oracle)中,这样不但解决了海量空间数据的存储和快速检索问题,还将空间数据与属性数据放在相同的存储器中,这样就避免了空间信息与属性信息的不一致带来的诸多问题。在软件结构方面,以 Microsoft 为首的计算机软件龙头企业大力推动的 OLE 工业标准、Internet/Intranet 技术,使得基于大型数据库来构建应用系统变得非常灵活,使用也比较容易。

由于旅游服务系统是一个区域性的网络,它涉及各种空间信息,如全国重点旅游城市的位置、著名旅游景点的位置等,所以系统的设计和建设必须基于地理信息系统技术。基于 WebGIS 技术,建设一套满足旅游服务系统的录入、维护、管理、发布的综合型网络旅游服务系统,是本项目的基本出发点和根本需求。

2．地名快速查询定位

地名查询作为一项最基本的空间分析功能,它需要为广大浏览者提供最有效的地名查询手段。其应该包括根据指定地名进行地图精确定位,根据指定地名的其中一个或者多个关键字进行查询,并在地图上精确定位等多功能。

3．系统扩展

信息技术的发展日新月异,特别是电子政府的公众系统,要求系统全天24h无间断运行。随着公众应用需求不断增加,对系统性能提出更高要求,系统怎样去适应这种增长需求和系统的可扩展性成为衡量系统建设是否成功的一个重要标志。

4．数据接口

系统设计时应充分考虑到该系统与现有相关系统的兼容性,要求能够与其他信息系统快速集成,实现操作互动,并在最大程度上实现现有成果共享,为其他系统设计接口(例如与城市 120 急救系统、12315、城市交通信息系统等链接),能够为其他系统提供电子地图、地名快速查询定位以及最短路径分析等强有力的空间信息服务。

5．海量影像数据网络发布

随着卫星遥感和航空摄影技术的发展,通过遥感获得的地理信息越来越多,特别是随着小卫星高分辨率遥感图像的商业化(如 EOSAT),遥感影像成为 GIS 一个非常重要的信息源,这对海量数据的及时存储与传输提出了很高的要求。互联网技术的迅速发展导致了 WebGIS 的出现,这时则需要以较少的数据量来存放高质量的图像信息。这些技术趋势展示了数字灰度或彩色图像的潜力和更高的需求。过去常用的数据压缩方法已逐渐无法满足大量高质量图像的存储和传输的要求,从而成为了 GIS 发展的技术障碍。

6. 系统安全性

TGIS 是旅游业的一个公众系统,访问系统的人员素质参差不齐。由于它是政府对外发布重要信息的综合性系统的一个重要组成部分,因而系统的安全保障显得非常重要。概括起来说,系统安全性必须考虑以下几个方面:

(1) 权限管理,保证合法用户按照权限对系统进行操作,防止非法用户的操作;

(2) 防病毒设计,防止病毒对系统或数据的侵害;

(3) 系统数据备份,防止意外情况导致数据损失;

(4) 系统容错处理,保证数据的完整性和一致性。

7. 系统用户界面

界面美观友好,用户能够方便地使用,力求做到不需要特别专业的计算机操作人员就可以正确地操作程序。对于用户而言,界面就是系统,不管系统内部数据结构组织得多么合理,但直接与操作者打交道的还是系统的用户界面。一个友好的用户界面主要包括以下两个方面:

(1) 屏幕设计的艺术性。屏幕布局需稳重协调,颜色匹配应符合视觉规律,切忌大红大紫的颜色搭配。

(2) 界面内容安排的合理性。合理的内容安排和屏幕分割处理,可以减少操作者的击键次数,从而节约数据录入、查询处理等系统操作的时间。

控制界面应灵活多变。每个操作者都有自己的审美观,有个人偏好的色彩,常言道"众口难调",一个画面设计很难适合每个人的胃口。如果能让用户可以自定义某些画面,会取得很好的效果。某些主控性的操作画面,允许用户对其颜色、背景画面、甚至屏幕空间的布局在一定的范围内做适当的调整。

8.6.2 系 统 功 能

(1) 数据管理功能。数据管理功能包括数据导入、导出,图形数据与属性数据的增加、删除与修改,以及多源空间与属性数据的集成管理等。

(2) 显示功能。显示功能是指将数据表达的信息以形象直观的方式显示出来。

(3) 查询功能。查询功能包括多种方式的图形与属性数据的双向查询、显示与结果输出功能。

(4) 分析与评价功能。分析功能包括连通分析、最佳路径分析、最短路径分析、缓冲区分析、空间关系分析以及空间量算等地理分析功能。进一步地可以包括统计分析等建立在旅游专业分析模型基础上的专业分析功能。系统还可以在科学分析的基础上对各种方案作出客观的评价。

(5)旅游信息网络发布功能。旅游业是典型的服务行业,其潜在的服务对象极为广泛,系统的潜在用户也遍布各地,因此系统必须具有网络信息发布功能,包括空间数据、属性数据、影像数据、多媒体数据的发布以及与旅游相关的其他导向性综合信息。

(6)远程数据上报功能。旅游业是一个信息密集型行业,在行政上又存在分级管理的特点,下级管理部门的数据需要向上级汇总,尤其是在特殊的旅游时期(如每年的旅游黄金周),每天都需要及时上报大量的旅游数据。传统的数据上报方式效率低下,利用网络进行在线数据上传与编辑可以大大提高工作效率。

(7)三维景观系统功能。三维空间数据采集、建模与可视化技术的发展,为三维景观系统的建立提供了技术保障。三维景观系统为用户提供快速三维场景重建、二维与三维数据编辑、图形与属性信息双向查询、场景漫游与飞行显示以及三维空间分析功能。

第9章　旅游数据库设计与实现

　　旅游数据库的建设是数字旅游建设的主要内容之一,数据库设计与建设的好坏影响系统实施,软件设计质量、性能的发挥,以及系统数据的维护,因此数据库的建设是数字旅游建设成功的关键之一。

　　旅游数据包括空间数据、属性数据、影像数据以及多媒体数据等多种数据,需要根据数据的特点以及数据量的大小采用不同的数据组织方式。本章将重点对旅游空间数据的内容、旅游信息的分类和编码方案、分级分类特征以及属性数据库结构设计进行介绍。

9.1　数字旅游信息分类与编码

9.1.1　数字旅游信息内容

　　数字旅游信息的内容比较多,大体上可以分为两类。

　　(1) 基础信息:即最基本的地理信息,包括各种平面和高程测量控制点、建筑物、道路、水系、境界、地形、植被、地名以及某些属性信息等,用以表示某一地区的基本面貌,作为各种专题的信息空间定位的载体。

　　(2) 旅游专题信息:即用于表示旅游专业领域要素的地理空间分布及其规律的信息,具有专业性、统计性和空间性的特点。

9.1.2　数字旅游信息分类和编码的原则

　　(1) 科学性。分类应以计算机、数字旅游系统和数据库技术对数据进行处理、管理和应用为目标,根据信息的特征进行严密的科学分类。

　　(2) 系统性。分类应按合理的顺序排列,形成系统的、有机的整体,既反映相互间的区别,又反映彼此间的联系。

　　(3) 稳定性。分类应以我国使用多年的信息分类为基础,以各要素最稳定属性或特征为依据制定出分类方案以及相应的编码方案,保证在较长的时间内不发生重大变更。

　　(4) 不受比例尺限制。信息的分类和编码应包容各级比例尺数据库所涉及的全部要素,在不同比例尺数据库中,分类的详细程度可以有差异,但应形成上下层间的隶属关系,同一要素要具有一致的分类和代码,以达到分类与编码的一致性,简化不同部门与系统间的信息交换工作。

　　(5) 兼容性。在进行信息分类和编码时,已经颁布实施有关国家标准的应直接引用,同时应参考有关行业标准及各城市颁布实施的有关地方标准,参考正在研究和制定的国家、行业及地方标准的成果,力求最大程度的兼容与协调一致。

　　(6) 完整性与可扩展性。信息的分类体系应力求有很大的概括性和包容性,既反映要素的属性,又反映要素间的相互关系,具有完整性;信息的编码方案应留有适当的余地和给出扩充办法,以便在必要时扩充新的类别的代码,且不影响已有的分类和代码。

9.1.3　数字旅游信息分类与编码方案

就基础信息的分类与编码方案而言,《1∶500、1∶1000、1∶2000 地形图要素分类与代码(GB 14804–1993)》、《1∶5000、1∶10 000、1∶25 000、1∶50 000、1∶100 000 地形图要素分类与代码(GB/T 15660–1995)》、《国土基础信息数据分类与代码(GB/T 13923–1992)》和《中华人民共和国行政区划代码(GB2260–1995)》等国家标准已经颁布实施,在系统建设与数据库的建设过程中应严格执行相应的标准,在此不再赘述。

对于旅游专题信息的分类与编码,国家旅游局信息中心制定了《中国旅游业信息分类表》,尚没有颁布相应的国家标准与行业标准。参考《中国旅游业信息分类表》,对内容进行调整后,建立的旅游信息分类与编码方案如表 9.1 所示。

表 9.1　旅游信息分类与代码

代码	类目名称	说明
10000	旅游资源	
11000	自然景观资源	
11100	地质景观	
11110	名山奇峰	
11120	奇特山石	
11130	火山熔岩	
11140	典型地质构造	
11150	生物化石	
11160	沙(砾石)地风景	
11170	洞穴	
11190	其他	
11200	水域景观	
11210	江河溪流	
11220	湖泊	
11230	泉	
11240	瀑布	
11250	海滨	
11260	岛礁	
11270	冰川	
11290	其他	
11300	天象景观	
11310	云雾	
11320	冰雪	
11330	天象奇观	
11390	其他	
11400	生物景观	

代码	类目名称	说明
11410	森林草原	(森林公园入此)
11420	观赏植物	(植物园入此)
11421	古树名木	
11422	奇花异草	
11430	野生珍奇动物	
11440	观赏动物	(动物园入此)
11490	其他	
12000	人文景观资源	
12100	历史遗存	
12110	远古社会遗址	
12120	古城楼、殿堂、厅堂	
12130	古军事工程和战场遗址	
12140	牌、坊、塔	
12150	碑、碣	
12160	桥	
12170	摩崖字画	
12190	其他	
12200	宗教建筑与设施	
12210	佛教寺庙	(石窟等佛教遗址入此)
12220	道观	
12230	清真寺	
12240	天主教堂、基督教堂	
12290	其他	
12300	陵园墓地	
12310	皇家陵园	
12320	名人墓地	
12330	公共陵墓	
12390	其他	
12400	名人故居	[名人纪念地(馆、堂、碑)入此]
12410	古代名人故居	
12420	近现代革命领袖故居	
12430	近现代名人故居	
12490	其他	
12500	园林	
12510	皇家园林	
12520	邸家园林	
12530	现代公园	
12540	造型园林	
12590	其他	
13000	社会旅游资源	
13100	民风民俗	

代码	类目名称	说明
13110	民族风情	
13120	节日庆典	
13130	地方习俗风情	
13190	其他	
13200	餐饮	
13210	特色菜系	
13220	特色餐馆	
13230	旅游团定点餐馆	
13290	其他	
13300	购物	
13310	著名商店	
13320	著名商业市镇与街道	
13330	特种商品工厂	
13340	交易会(博览会)	
13350	中国和地方名产	
13390	其他	
13400	娱乐	
13410	影视剧院(中心)	
13420	歌舞厅	
13430	游乐园	
13440	戏曲、音乐、舞蹈	
13450	酒吧、咖啡、茶馆	
13490	其他	
13500	健身	
13510	体育场馆	
13520	保健项目	
13530	特种医疗	
13590	其他	
13600	文化设施	
13610	博物馆(院)	
13620	档案馆	
13630	科技馆	
13640	艺术馆	
13650	会议厅(中心)	
13660	展览厅	
13690	其他	
13700	产业观光地	
13710	特色工矿场所	
13720	特色农牧渔场地	
13730	现代科技基地	
13740	现代交通工程	
13790	其他	

9.2 旅游信息数据组织

不同行政级别与地域范围的旅游信息数据,其表达的侧重点与概括程度不同。旅游信息数据按照行政级别由高到低和地域范围由大到小,分为全国—省(直辖市)—城市—景区/景点四级进行组织。全国级旅游信息数据库,主要包括全国、省以及重点旅游目的地的宏观旅游信息,数据概括程度较高;省(直辖市)级旅游信息数据库,主要包括本省、直辖市及重点旅游目的地的旅游信息;城市级旅游信息数据库,主要包括本市旅游信息,其专题进一步细化,区域特征表现力更强,数据量大,精度高,为游客的旅游提供全方位的旅游信息服务;景区/景点级旅游信息数据库,包括景区/景点的特色旅游信息全方位展示。数字旅游信息数据库逻辑模型如图9.1所示。

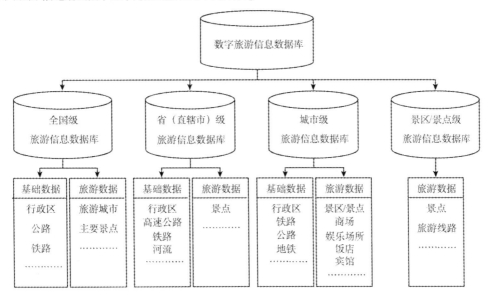

图 9.1　旅游信息数据库逻辑模型

对于"旅游城市"这一级的数据,我们将旅游数据按"游、购、娱、食、宿、行、服务"等方面内容进行分类管理,并以"行"为主线联系其他方面要素。"景区"级数据主要考察"游"(景点)和"行"(旅游路线)两方面内容,"景点"是系统考察最终成果,以文字、图片、音频、视频等多媒体形式详细介绍景点的具体内容。

旅游信息数据包括空间数据与属性数据。在空间数据库中将不同级、不同类的地理要素分层管理,每一层存储一种专题或一类信息。图层的划分可以从以下两方面考虑:①根据专题划分图层,如行政区、河流、铁路等均可以单独构成一个专题图层;②二维空间地理要素在形态上可以抽象为点、线、面三类要素,因此在划分图层时可以将点状、线状与面状实体存储在不同的图层上。

图层的划分同样有利于属性数据库的设计。依据图层的划分确定图层中包含的实体、描述实体的属性和分析实体之间的关系,利用辅助数据库建模的计算机辅助系统评价(computer aided system evaluation,CASE)工具完成属性数据库的逻辑设计。

9.2.1　全国旅游信息数据库

全国旅游信息数据库包括基础数据与旅游专业数据,基础数据主要是小比例尺的基础地理信息数据,旅游专业数据主要是全国重点旅游城市与旅游景点数据(表9.2~9.8)。

1.图层划分

表9.2　图层划分

类别		图形要素分层		说明
		图层名称	图层类型	
全国旅游信息	基础信息	行政区	面层	行政区界线
		南海诸岛	面层	
		公路	线层	主要公路线
		铁路	线层	主要铁路
	旅游信息	旅游城市	点层	全国重点旅游城市
		主要景点	点层	全国重点旅游景点

2.属性数据库结构

(1)行政区。

表9.3　行政区

字段名称	数据类型	说明	备注
XH	C15	序号	主键
DQMC	C25	地区名称	

(2)南海诸岛。

表9.4　南海诸岛

字段名称	数据类型	说明	备注
XH	C15	序号	主键
DQMC	C25	地区名称	

(3)公路。

表9.5　公路

字段名称	字段类型	说明	备注
XH	C15	序号	主键
DLMC	C30	道路名称	
DLLX	C15	道路类型	
DLCD	N12.3	道路长度	
DLJB	N10	道路级别	

（4）铁路。

表 9.6　铁路

字段名称	数据类型	说明	备注
XH	C15	序号	主键
TLMC	C30	铁路名称	
TLLX	C15	铁路类型	
TLCD	N12.3	铁路长度	

（5）旅游城市。

表 9.7　旅游城市

字段名称	数据类型	说明	备注
XH	C15	序号	主键
CSMC	C12	城市名称	
CSJB	C7	城市级别	
SZSQ	C6	所在省区	
SZJD	N16.3	所在经度	
SZWD	N16.3	所在纬度	
YLSJ	N16.3	游览时间	
CSDJ	C12	城市等级	
CSTP	C16	城市图片	
CSJJ	C200	城市简介	
CSJD	C80	城市景点	

（6）主要景点。

表 9.8　主要景点

字段名称	数据类型	说明	备注
XH	C15	序号	主键
JDMC	C30	景点名称	
SZCS	C8	所在城市	
LYLX	C15	旅游资源类型	
YLSJ	C8	游览时间	
CSTP	C65	城市图片	
CSJJ	C52	城市简介	

9.2.2　省(直辖市)级旅游信息数据库

省(直辖市)级旅游信息数据库中,基础数据包括行政区、水系、各等级公路、铁路和地铁等,旅游专业数据主要是省内重点旅游景点数据(表9.9~9.20)。

1. 图层划分

表 9.9　图层划分

类别		图形要素分层		说　明
		图层含义	图层类型	
省(直辖市)旅游信息	基础信息	行政区界线	线层	省辖市界线
		行政区	面层	省辖市
		高速公路	线层	省内
		一级公路	线层	省内
		二级公路	线层	省内
		三级公路	线层	省内
		铁路	线层	省内
		地铁	线层	省内
		线状河流	线层	省内
		面状河流	面层	省内
		水库与湖泊	面层	省内
	旅游信息	景点	点层	省(直辖市)内重点旅游景点

2. 属性数据库结构

(1) 行政区。

表 9.10　行政区

字段名称	数据类型	说明	备注
XH	C15	序号	主键
DQDM	C15	地区代码	
DQMC	C25	地区名称	
ZC	N12.3	周长	
MJ	N12.3	面积	
RK	N10	人口	
CZRK	N10	常驻人口	
LDRK	N10	流动人口	

（2）高速公路。

表9.11 高速公路

字段名称	数据类型	说明	备注
XH	C15	序号	主键
DLMC	C30	道路名称	
DLLX	C15	道路类型	
DLCD	N12.3	道路长度	
DLJB	N10	道路级别	

（3）一级公路。

表9.12 一级公路

字段名称	数据类型	说明	备注
XH	C15	序号	主键
DLMC	C30	道路名称	
DLLX	C15	道路类型	
DLCD	N12.3	道路长度	
DLJB	N10	道路级别	

（4）二级公路。

表9.13 二级公路

字段名称	数据类型	说明	备注
XH	C15	序号	主键
DLMC	C30	道路名称	
DLLX	C15	道路类型	
DLCD	N12.3	道路长度	
DLJB	N10	道路级别	

（5）三级公路。

表9.14 三级公路

字段名称	数据类型	说明	备注
XH	C15	序号	主键
DLMC	C30	道路名称	
DLLX	C15	道路类型	
DLCD	N12.3	道路长度	
DLJB	N10	道路级别	

(6) 铁路。

表 9.15　铁路

字段名称	数据类型	说明	备注
XH	C15	序号	主键
TLMC	C30	铁路名称	
TLLX	C15	铁路类型	
TLCD	N12.3	铁路长度	

(7) 地铁。

表 9.16　地铁

字段名称	数据类型	说明	备注
XH	C15	序号	主键
DTMC	C30	地铁名称	
DTLX	C15	地铁类型	
DTCD	N12.3	地铁长度	

(8) 线状河流。

表 9.17　线状河流

字段名称	数据类型	说明	备注
XH	C15	序号	主键
HLMC	C30	河流名称	
HLCD	N12.3	河流长度	
SSSX	C30	所属水系	

(9) 面状河流。

表 9.18　面状河流

字段名称	数据类型	说明	备注
XH	C15	序号	主键
HLMC	C30	河流名称	
HLMJ	N12.3	河流面积	
SSSX	C30	所属水系	

(10) 水库与湖泊。

表 9.19 水库与湖泊

字段名称	数据类型	说明	备注
XH	C15	序号	主键
SYMC	C30	水域名称	
SYMJ	N12.3	水域面积	
SYLX	C30	水域类型	

(11) 景点。

表 9.20 景点

字段名称	数据类型	说明	备注
XH	C15	序号	主键
MC	C30	名称	
DZ	C50	地址	
YZBM	C6	邮政编码	
LYLX	C15	旅游资源类型	
JB	C15	级别	
DHHM	C20	电话号码	
JDJJ	C500	景点简介	
JQXH	C15	景区序号	外键
JTLX	C100	交通路线	
PJ	C20	票价	
WZ	C30	网址	
SZCQ	C15	所在城区	
TP	Binary	图片	
DMT	Binary	多媒体	

9.2.3 城市级旅游信息数据库

城市级旅游信息数据库是数字旅游信息数据库建设的主体,数据库中包括大量的城市基础地理信息数据和全面的城市旅游信息数据。城市基础地理信息数据包括行政区、交通设施、水系及重要大型建筑物数据,城市旅游信息数据包括游览、购物、娱乐、饮食、住宿、出行和综合服务等七大类(表9.21~9.54)。

1．图层划分

表 9.21　图层划分

类别		图形要素分层		说明
		图层含义	图层类型	
城市 旅游 信息	基础 信息	行政区	面层	
		一级公路	线层	
		二级公路	线层	
		三级公路	线层	
		四级公路	线层	
		铁路	线层	
		地铁	线层	
		立交桥	面层	
		河流	面层	
		水库、湖泊	面层	
		国家机关驻地	点层	
		街道办事处驻地	点层	
	旅游 信息	景点	点层	
		景区	面层	
		博物馆	点层	
		大型商场与特色商店	点层	
		大型超市	点层	
		休闲娱乐场所	点层	酒吧、咖啡馆、茶馆、餐馆、迪厅
		影视娱乐场所	点层	剧院、戏楼和音乐厅
		高尔夫球俱乐部	点层	
		保龄球馆	点层	
		健美场所	点层	
		保健按摩	点层	
		餐饮企业	点层	大型及特色餐饮企业
		宾馆	点层	
		火车站	点层	
		长途汽车站	点层	
		地铁站点	点层	
		公交车站	点层	
		订票服务点	点层	
		汽车租赁中心	点层	
		汽车急救中心	点层	
		医院	点层	

2．属性数据库结构

（1）行政区。

表 9.22 行政区

字段名称	字段类型	说明	备注
XH	C15	序号	主键
DQDM	C15	地区代码	
DQMC	C25	地区名称	
MJ	N12.3	面积	
RK	N10	人口	
CZRK	N10	常驻人口	
LDRK	N10	流动人口	

（2）一级公路。

表 9.23 一级公路

字段名称	数据类型	说明	备注
XH	C15	序号	主键
DLMC	C30	道路名称	
DLLX	C15	道路类型	
DLCD	N12.3	道路长度	
DLJB	N10	道路级别	

（3）二级公路。

表 9.24 二级公路

字段名称	数据类型	说明	备注
XH	C15	序号	主键
DLMC	C30	道路名称	
DLLX	C15	道路类型	
DLCD	N12.3	道路长度	
DLJB	N10	道路级别	

（4）三级公路。

表 9.25 三级公路

字段名称	数据类型	说明	备注
XH	C15	序号	主键
DLMC	C30	道路名称	
DLLX	C15	道路类型	
DLCD	N12.3	道路长度	
DLJB	N10	道路级别	

（5）四级公路。

表 9.26　四级公路

字段名称	数据类型	说明	备注
XH	C15	序号	主键
DLMC	C30	道路名称	
DLLX	C15	道路类型	
DLCD	N12.3	道路长度	
DLJB	N10	道路级别	

（6）铁路。

表 9.27　铁路

字段名称	字段类型	说明	备注
XH	C15	序号	主键
TLMC	C30	铁路名称	
TLLX	C15	铁路类型	
TLCD	N12.3	铁路长度	

（7）地铁。

表 9.28　地铁

字段名称	字段类型	说明	备注
XH	C15	序号	主键
DTMC	C30	地铁名称	
DTLX	C15	地铁类型	
DTCD	N12.3	地铁长度	

（8）立交桥。

表 9.29　立交桥

字段名称	字段类型	说明	备注
XH	C15	序号	主键
MC	C30	名称	
MJ	N12.3	面积	
WZ	C50	位置	

（9）河流。

表 9.30　河流

字段名称	字段类型	说明	备注
XH	C15	序号	主键
HLMC	C30	河流名称	
HLCD	N12.3	河流面积	
SSSX	C30	所属水系	

(10) 水库与湖泊。

表 9.31　水库与湖泊

字段名称	字段类型	说明	备注
XH	C15	序号	主键
SYMC	C30	水域名称	
SYMJ	N12.3	水域面积	
SYLX	C30	水域类型	

(11) 国家机关驻地。

表 9.32　国家机关驻地

字段名称	字段类型	说明	备注
XH	C15	序号	主键
MC	C30	名称	
DZ	C50	地址	
YZBM	C6	邮政编码	
DHHM	C20	电话号码	
LX	C15	类型	
ZN	C100	职能	
WZ	C30	网址	
SZCQ	C15	所在城区	

(12) 街道办事处驻地。

表 9.33　街道办事处驻地

字段名称	字段类型	说明	备注
XH	C15	序号	主键
MC	C30	名称	
DZ	C50	地址	
YZBM	C6	邮政编码	
DHHM	C20	电话号码	
LX	C15	类型	
ZN	C100	职能	
WZ	C30	网址	
SZCQ	C15	所在城区	

(13) 景点。

表 9.34　景点

字段名称	字段类型	说明	备注
XH	C15	序号	主键
MC	C30	名称	
DZ	C50	地址	
YZBM	C6	邮政编码	
LYLX	C15	旅游资源类型	
JB	C15	级别	
DHHM	C20	电话号码	
JDJJ	C500	景点简介	
JQXH	C15	景区序号	外键
JTLX	C100	交通路线	
PJ	C20	票价	
WZ	C30	网址	
SZCQ	C15	所在城区	
TP	Binary	图片	
DMT	Binary	多媒体	

(14) 景区。

表 9.35　景区

字段名称	字段类型	说明	备注
XH	C15	序号	主键
MC	C30	名称	
DZ	C50	地址	
YZBM	C6	邮政编码	
LYLX	C15	旅游资源类型	
JB	C15	级别	
DHHM	C20	电话号码	
JQJJ	C500	景区简介	
JQSM	N10	景点数目	
JTLX	C100	交通路线	
WZ	C30	网址	
SZCQ	C15	所在城区	
TP	Binary	图片	
DMT	Binary	多媒体	

(15) 博物馆。

表 9.36　博物馆

字段名称	字段类型	说明	备注
XH	C15	序号	主键
MC	C30	名称	
DZ	C50	地址	
YZBM	C6	邮政编码	
DHHM	C20	电话号码	
CZHM	C20	传真号码	
LYLX	C15	旅游资源类型	
JB	C100	级别	
RL	C30	容量	
WZ	C30	网址	
KFSJ	C30	开放时间	
SZCQ	C15	所在城区	

(16) 大型商场与特色商店。

表 9.37　大型商场与特色商店

字段名称	字段类型	说明	备注
XH	C15	序号	主键
MC	C30	名称	
LX	C30	类型	
JB	N10	级别	
DZ	C30	地址	
YZBM	C6	邮政编码	
DHHM	C20	电话号码	
TCZK	C100	特长与专科	
MZSJ	C50	门诊时间	
SZCQ	C15	所在城区	

(17) 大型超市。

表 9.38　大型超市

字段名称	字段类型	说明	备注
XH	C15	序号	主键
MC	C30	名称	
DZ	C50	地址	
YZBM	C6	邮政编码	

字段名称	字段类型	说明	备注
DHHM	C20	电话号码	
CZHM	C20	传真号码	
LYLX	C15	旅游资源类型	
JB	C100	级别	
WZ	C30	网址	
SSGS	C50	所属公司	
SZCQ	C15	所在城区	

(18) 休闲娱乐场所。

表 9.39　休闲娱乐场所

字段名称	字段类型	说明	备注
XH	C15	序号	主键
MC	C30	名称	
DZ	C50	地址	
YZBM	C6	邮政编码	
DHHM	C20	电话号码	
CZHM	C20	传真号码	
LYLX	C15	旅游资源类型	
JB	C100	级别	
RL	C30	容量	
WZ	C30	网址	
SZCQ	C15	所在城区	

(19) 影视娱乐场所。

表 9.40　影视娱乐场所

字段名称	字段类型	说明	备注
XH	C15	序号	主键
MC	C30	名称	
DZ	C50	地址	
YZBM	C6	邮政编码	
DHHM	C20	电话号码	
CZHM	C20	传真号码	
LYLX	C15	旅游资源类型	
JB	C100	级别	
RL	C30	容量	
WZ	C30	网址	
SZCQ	C15	所在城区	

(20) 高尔夫球俱乐部。

表 9.41　高尔夫球俱乐部

字段名称	字段类型	说明	备注
XH	C15	序号	主键
MC	C30	名称	
DZ	C50	地址	
YZBM	C6	邮政编码	
DHHM	C20	电话号码	
CZHM	C20	传真号码	
LYLX	C15	旅游资源类型	
JB	C100	级别	
WZ	C30	网址	
SZCQ	C15	所在城区	

(21) 保龄球馆。

表 9.42　保龄球馆

字段名称	字段类型	说明	备注
XH	C15	序号	主键
MC	C30	名称	
DZ	C50	地址	
YZBM	C6	邮政编码	
DHHM	C20	电话号码	
CZHM	C20	传真号码	
LYLX	C15	旅游资源类型	
JB	C100	级别	
RL	C30	容量	
WZ	C30	网址	
SZCQ	C15	所在城区	

(22) 健美场所。

表 9.43　健美场所

字段名称	字段类型	说明	备注
XH	C15	序号	主键
MC	C30	名称	
DZ	C50	地址	
YZBM	C6	邮政编码	
DHHM	C20	电话号码	
CZHM	C20	传真号码	

字段名称	字段类型	说明	备注
LYLX	C15	旅游资源类型	
JB	C100	级别	
RL	C30	容量	
WZ	C30	网址	
SZCQ	C15	所在城区	

(23) 保健按摩。

表9.44 保健按摩

字段名称	字段类型	说明	备注
XH	C15	序号	主键
MC	C30	名称	
DZ	C50	地址	
YZBM	C6	邮政编码	
DHHM	C20	电话号码	
CZHM	C20	传真号码	
LYLX	C15	旅游资源类型	
JB	C100	级别	
WZ	C30	网址	
SZCQ	C15	所在城区	

(24) 餐饮企业。

表9.45 餐饮企业

字段名称	字段类型	说明	备注
XH	C15	序号	主键
MC	C30	名称	
DZ	C50	地址	
YZBM	C6	邮政编码	
DHHM	C20	电话号码	
CZHM	C20	传真号码	
LYLX	C15	旅游资源类型	
JB	C100	级别	
RL	C30	容量	
WZ	C30	网址	
SZCQ	C15	所在城区	

(25) 宾馆。

表 9.46　宾馆

字段名称	字段类型	说明	备注
XH	C15	序号	主键
MC	C30	名称	
DZ	C50	地址	
YZBM	C6	邮政编码	
DHHM	C20	电话号码	
CZHM	C20	传真号码	
LX	C15	类型	
JB	C100	级别	
JW	C20	价位	
RL	C30	容量	
WZ	C30	网址	
SZCQ	C15	所在城区	

(26) 火车站。

表 9.47　火车站

字段名称	字段类型	说明	备注
XH	C15	序号	主键
ZDMC	C30	站点名称	
ZDWZ	C50	站点位置	
YZBM	C6	邮政编码	
ZDLX	C15	站点类型	
TLXH	C15	铁路序号	外键
SZCQ	C15	所在城区	

(27) 长途汽车站。

表 9.48　长途汽车站

字段名称	字段类型	说明	备注
XH	C15	序号	主键
ZDMC	C30	站点名称	
ZDWZ	C50	站点位置	
YZBM	C6	邮政编码	
ZDLX	C15	站点类型	
GLXH	C15	公路序号	外键
SZCQ	C15	所在城区	

(28) 地铁站点。

表 9.49　地铁站点

字段名称	字段类型	说明	备注
XH	C15	序号	主键
ZDMC	C30	站点名称	
ZDWZ	C50	站点位置	
YZBM	C6	邮政编码	
DTXH	C15	地铁序号	外键
ZDLX	C15	站点类型	
SZCQ	C15	所在城区	

(29) 公交站点。

表 9.50　公交站点

字段名称	字段类型	说明	备注
XH	C15	序号	主键
ZDMC	C30	站点名称	
ZDWZ	C50	站点位置	
YZBM	C6	邮政编码	
ZDLX	C15	站点类型	
DLXH	C15	道路序号	外键
GJCL	C100	公交车辆	
SZCQ	C15	所在城区	

(30) 订票服务点。

表 9.51　订票服务点

字段名称	字段类型	说明	备注
XH	C15	序号	主键
MC	C30	名称	
DZ	C50	地址	
YZBM	C6	邮政编码	
DHHM	C20	电话号码	
CZHM	C20	传真号码	
LX	C15	类型	
JB	C100	级别	
WZ	C30	网址	
SZCQ	C15	所在城区	

(31) 汽车租赁中心。

表 9.52　汽车租赁中心

字段名称	字段类型	说明	备注
XH	C15	序号	主键
MC	C30	名称	
DZ	C50	地址	
YZBM	C6	邮政编码	
DHHM	C20	电话号码	
CZHM	C20	传真号码	
LX	C15	类型	
JB	C100	级别	
WZ	C30	网址	
SZCQ	C15	所在城区	

(32) 汽车急救中心。

表 9.53　汽车急救中心

字段名称	字段类型	说明	备注
XH	C15	序号	主键
MC	C30	名称	
DZ	C50	地址	
YZBM	C6	邮政编码	
DHHM	C20	电话号码	
CZHM	C20	传真号码	
LX	C15	类型	
JB	C100	级别	
WZ	C30	网址	
SZCQ	C15	所在城区	

(33) 医院。

表 9.54　医院

字段名称	字段类型	说明	备注
XH	C15	序号	主键
MC	C30	名称	
LX	C30	类型	
JB	N10	级别	
DZ	C30	地址	
YZBM	C6	邮政编码	
DHHM	C20	电话号码	
TCZK	C100	特长与专科	
MZSJ	C50	门诊时间	
SZCQ	C15	所在城区	

9.3 数据库安全设计

数据库是数字旅游系统应用的基础,数据泄漏或遭到破坏将给系统造成巨大损失,甚至导致系统瘫痪。如何保证数据库的安全性,是数据库设计中不可忽视的一个重要问题。数据库的安全主要是指保护数据库以防止非法存取,保证数据库中数据的完整性、一致性以及数据库备份与恢复。数据库的安全设计包括以下几方面。

1.保护数据库防止非法存取

(1)加强身份认证管理。对应用系统与数据库管理系统的用户进行身份认证,确保使用者的合法身份。强化系统合法用户的管理,删除数据库管理系统的缺省用户与密码,采用指纹认证技术等高强度的身份认证技术。

(2)存取控制。对已经进入系统的用户的访问进行控制,确保系统授权的合法用户能够可靠地访问数据库中的数据信息,同时防止非授权用户的任何访问操作。

(3)数据加密。对数据库中的数据进行加密处理,以密文的形式存放,有效地防止数据库中数据的泄漏。

保护数据库、防止非法存取要做到的目标是进不来、拿不走、看不懂,即攻击者很难进入数据库系统,即使进入系统也无法获取对其有用的信息,即使获取了信息,也无法辨识。

2.审计跟踪和攻击检测

在数据库系统运行期间,自动建立数据库运行日志,以便于事后调查和分析。同时可以利用日志文件中的数据进行分析,检测来自系统内外部的攻击企图,追查有关责任者,并及时发现和维护系统的安全漏洞,增强系统的安全强度。

3.保证数据的完整性与一致性

定义数据规则,充分应用数据库管理系统的事务处理功能,加强入库数据的验证,保证入库数据的完整性与一致性。

4.数据的备份与恢复

对数据库中的数据定期或不定期地进行自动/人工备份部分/全部数据,以便在必要时能够恢复数据,最大限度地减少损失。数据库备份与恢复的方案需要根据系统中数据的数据量、变化频度等因素进行确定。

第10章　旅游信息网络发布系统的设计与建立

在当今信息高度膨胀与高速传播的时代,互联网技术的发展无疑为信息的快速传播提供了保障。旅游业是典型的信息依赖型产业,信息传播渠道的畅通与否极大地影响旅游业的发展。建立旅游信息网络发布系统,就是要为旅游信息管理者提供信息发布平台,为游客提供及时获取旅游信息的渠道,在旅游信息管理者与游客之间架起沟通的桥梁。

10.1　系统建设意义

旅游信息网络发布系统是数字旅游建设的重要组成部分,其建设的意义在于:

(1) 为旅游管理部门提供旅游信息发布平台。方便旅游管理部门管理与维护旅游信息数据,将国家和地方旅游管理部门掌握的旅游信息,及时在网上发布,灵活定制系统的功能与风格,使游客能够快速获取各旅游目的地最新的旅游信息;根据最近的旅游动向,对未来几天的旅游动向做出科学的分析与预报,使游客掌握最新的旅游动态,合理安排自己的出行计划,同时对旅游市场起到宏观导向作用。

(2) 加快数据汇总速度,提高工作效率,降低劳动强度。为下级旅游管理部门向上级上报当地旅游信息提供新的渠道,加快信息与数据的上报速度;改变传统的手工数据汇总模式,实现上报信息与数据自动汇总与发布,提高数据统计准确性,将上级旅游管理部门工作人员从繁重的数据统计分析中解脱出来。实现分布地理信息及各地相关旅游信息的网络一体化管理,扩大信息传播范围。

(3) 为旅游目的地提供宣传平台。将旅游目的地的信息以文字、图片、音频与视频等多种方式全方位地向游客展示,通过多媒体提高宣传质量,使游客更直观地了解旅游目的地的风光与独特的魅力,增加目的地知名度,吸引客源,提高效益。

(4) 地图导航为游客提供便捷的服务。充分利用网络地理信息系统的空间数据发布功能,为游客提供方便快捷的基于地图的旅游信息服务,提供不同级别旅游信息网络间的导航服务,使游客只需轻松点击鼠标,即可尽览天下旅游信息。

10.2　系 统 分 析

1. 系统发布信息

系统发布的数据包括空间数据、属性数据、图像数据、视频以及音频等多媒体数据。空间数据主要为小比例尺的地图数据,为游客提供地图导向查询;属性数据主要为大量的说明性文字及数字,为游客提供属性条件查询模式;图像数据主要为各种统计图表以及各地的旅游风光;视频与音频数据主要为各重点旅游城市与旅游景点的相关视频与音频资料,为游客提供旅游目的地的历史、文化、民俗以及风光等全方位的介绍。

2．需求分析

旅游信息网络发布系统为旅游信息管理者与游客提供了信息流动的渠道,因此系统的用户为旅游信息管理者与游客,他们对系统有不同的需求。

对于旅游信息管理者而言,他们需要方便高效地管理他们所掌握的信息,以便对旅游数据进行科学的分析并对旅游业的发展做出科学的预测。及时地以多种表现形式向广大游客发布相关的旅游信息,灵活定制发布信息的内容和风格样式,对旅游业的发展起到宏观导向作用,适应国民经济发展的需要,加快旅游业的发展步伐。

对于游客而言,他们需要获取大量的有关旅游目的地的生动详细的介绍资料,方便快捷地获取旅游目的地的近期旅游动态信息,从而合理安排旅游计划。

10.3　系　统　设　计

1．系统结构设计

系统采用三层结构应用程序设计模式,即表示层、逻辑层和数据层。如图10.1所示。

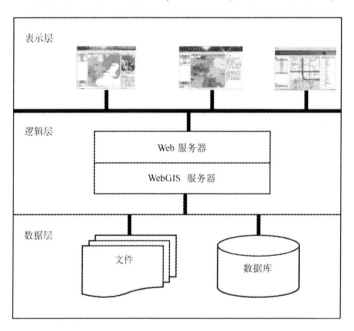

图 10.1　旅游信息网络发布系统三层结构

表示层主要指用户界面,它要求尽可能的简单,使最终用户不需要进行任何培训就能方便地访问信息;逻辑层就是应用服务器,也就是常说的中间件,所有的应用系统、应用逻辑、控制都在这一层,系统的复杂性也主要体现在这一应用层;数据层是数据库服务器,存储大量的数据信息和数据逻辑,所有与数据有关的安全性、完整性、一致性、并发操作等都是在数据层完成的。

2．系统组建模式

以数字地图为导航,按全国、省(直辖市)、城市与景区四级组建旅游信息网络发布系统。从全国到景区,随着地域范围的缩小,旅游信息由全面概括变得具体详细。

全国:提供全国重点游览信息分类查询、咨询与检索,旅游计划线路虚拟展示。

省(直辖市):提供省内重点游览信息分类查询、咨询与检索,旅游计划线路虚拟展示以及推荐游程线路虚拟展示。

城市:提供游览、购物、娱乐、饮食、住宿、出行等相关信息的分类查询、咨询及快速检索,旅游计划线路虚拟展示以及精品旅游线路虚拟展示。

景区:提供游览信息查询、咨询及快速检索,推荐游程虚拟展示。

3．信息检索链接方式

系统提供由高到低向下兼容的信息检索链接方式。

1) 全国旅游信息网络发布系统信息检索链接方式

(1) 全国—省(直辖市)—城市—景区/景点。

(2) 全国—城市—景区/景点。

(3) 全国—景区/景点。

2) 省级旅游信息网络发布系统信息检索链接方式

(1) 省(直辖市)—城市—景区/景点。

(2) 省(直辖市)—景区/景点。

3) 城市级旅游信息网络发布系统信息检索链接方式

城市—景区/景点。

4) 景区级旅游信息网络发布系统信息检索链接方式

景区—景点。

4．系统功能设计

根据系统的需求分析,系统功能设计如下。

1) 旅游空间信息发布

系统可以电子地图的形式,基于广域网发布各级、各类的空间信息。将旅游空间信息以图形的形式表达出来,使旅游信息表达得更准确、直观、生动、具体,有利于游客及旅游资源开发、管理人员快速而宏观地认识和把握旅游地的信息。系统在客户端提供电子地图显示与调控的基本功能。

(1) 分图层显示地图工程。一个地图工程由多个要素图层组成,如:全国旅游城市工程,可由行政区划、公路、铁路、旅游城市、主要景点等多个图层叠加而成。图层的显示或隐藏可由用户根据需要自行控制。

(2) 地图显示控制。用户可以控制地图的显示比例,依据实际需要对地图进行放大、缩小和复原。初始状态的地图展示研究区域的整体特征,显示的要素较为概略。如果用户需要了解区域内某一部分的具体细节,可对地图进行放大处理。放大时,地图将呈现出更多的细节要素。

(3) 地图漫游。用户可用鼠标拖拽地图。此外,系统提供了地图浏览的鹰眼功能。用户可在地图左上角的一张相对较小的全区概略图中选择要在地图主窗口显示的区域,从而帮助用户从宏观角度定位微观信息。

2) 空间——属性信息双向查询

建立基于地图模式的信息搜索引擎。按上述检索策略,以空间数据为核心进行空间、属性信息的双向查询。

(1) 从空间信息到属性信息的查询。在电子地图上依据上述信息检索链接模式逐级查找,并最终定位到目标城市、景区或景点。同时,系统显示已查找到的要素的相关属性信息。

(2) 从属性信息到空间信息的查询。根据城市、景区或景点等目的地的名称等属性信息,通过精确查询或模糊查询两种方式在地图上定位要素的空间位置。在地图上定位后,用户可以获得更多的相关属性信息,也可依据上述信息检索链接模式继续查找其下一级信息。

(3) 从属性信息到属性信息的查询。从属性信息到属性信息的查询是传统的网络搜索模式。目前这一技术比较成熟,而且确有其存在的价值,因此应该予以保留。这一查询不涉及图形数据,只依据属性数据的内在关系提供查询服务。

3) 多媒体数据的网络发布

系统存储了丰富的城市、景区或景点介绍信息,并以音频、视频、全景图、静态图片、文本等多媒体方式全方位地展示给用户。展示效果生动直观,游客轻松而愉快地感受旅游艺术的魅力。

4) 旅游专业服务功能

对已有的旅游数据进行统计分析,对近期的旅游形势作出科学的预测,供游客参考,合理安排旅游计划,同时对旅游市场起到指导性作用。

(1) 旅游信息分析。根据用户输入的城市(或景区)、日期信息进行统计分析,统计城市(或景区)的日接待人数,历史同期数据对比情况,占核定最佳日接待量的百分比,占核定最大日接待量的百分比,当日饭店、宾馆利用率等信息。分析的结果以折线图、饼图或柱状图等统计图或表格的形式展现给用户。

(2) 旅游信息预报。根据数据库中的历史数据分析并预测指定日期城市或景区的旅游相关信息,以辅助用户决策。预报的内容包括指定城市或景区在未来 10 天中的旅行社接待情况,饭店与宾馆的预定率,民航机票预定已超过 90% 的航线,铁路车票已售完的主要干线等,城市或景区游客量、住宿量的预测情况。

(3) 旅游计划推荐。向用户推荐专业旅游机构为用户设计的精品线路和特色旅游信息。对于这些信息用户既可在地图上定位,也可查阅线路中涉及的具体景区及景点信息。

5) 数据更新、维护与系统定制功能

为系统管理员提供系统数据的更新维护与系统定制功能。系统管理员通过身份与权限认证登陆管理系统,依据权限的不同可以编辑、维护系统数据,定制发布信息的内容与风格样式。

10.4 技术实现

10.4.1 三层结构实现方案

系统三层结构实现方案如图 10.2 所示。

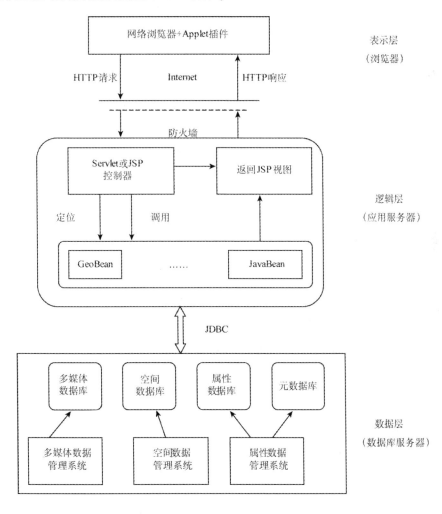

图 10.2 系统三层结构实现方案

1．表示层(浏览器)

表示层使用商业浏览器接收和解释来自服务器的 HTML 文件。对于空间数据的处理,是通过在浏览器中插入并运行 Applet 实现的。Applet 可插入 HTML 文件中,在网络浏览器下载该 HTML 文件时,Java 程序的执行代码也同时被下载到用户端的机器上,在客户机上完成 GIS 数据解释和 GIS 分析功能,并可实现与服务器端的通讯。Applet 提供内部函数接口,可使用 Java Script 或 VB Script 实现对它的控制。

2．逻辑层(应用服务器)

逻辑层的开发与管理采用"模型 视图 控制器"(model-view-controller)结构。

1) 模型

模型是通向后台各类数据库的桥梁,由 JavaBean 组成。JavaBean 内部封装了与数据表相关的属性和算法。模型由控制器调用并从控制器获得参数;依据参数使用 JDBC 查询数据库资源,获得数据集;再对数据集运算、分析求得结果,并将结果集返回控制器或直接交视图显示。

系统使用国产 WebGIS 平台软件 GeoBean 提供的三种 MapExpress JavaBean 完成空间数据的处理、显示与发布工作。其他类型的查询和分析工作采用自行开发的 JavaBean 完成。

2) 控制器

控制器由 Servlet 构建,负责监听客户端发出的 HTTP 请求,定位并运行相应的 JavaBean 完成各类操作。Servlet 从 JavaBean 获得计算结果后驱动视图,将运算结果显示给用户。

3) 视图

视图由 JSP 编写,负责将系统运行的结果动态返回给客户端。由于 JSP 可以动态生成 HTML 文件,因此可以实现用户与服务器的动态交互。

3．数据层(数据库服务器)

空间数据、多媒体数据采用文件方式部署于数据库服务器,其他属性数据、元数据采用 SQL Server 2000 的数据库系统构成。

4．各层接口实现

客户端与服务器间的通讯和连接使用 TCP/IP 和 HTTP 通过 Internet/Intranet 实现。服务器端应用程序与后台数据库的通讯通过 JDBC 技术实现。

10.4.2 空间数据搜索引擎实现方案

空间数据搜索引擎的实现有赖于空间数据的分类、分级方案设计与实施,有赖于数据字典的合理组织。数据字典中有一部分数据是关于各级工程关系的数据表,这些表的组织采用瀑布式结构,依据分级、分类方案逐级记载工程之间的关系。主要的数据表包括:全国的省及直辖市信息,全省的城市信息,全市的景区信息,景区的景点信息。

当用户从地图上某一等级开始查询或客户通过其他方式向系统提交等级信息时,系统查找此类数据字典中相应级别的数据表,并依据等级信息逐级或越级向下面的数据表进行搜索,直到得到最终查询结果。

10.4.3 多媒体网络传输

系统要求多媒体数据动态显示,然而,多媒体数据特别是音频、视频的多媒体,数据量较大,网络传输较为困难。为实现多媒体数据的动态、快速传输,需要采用流方式来传递多媒体数据。当 Servlet 接到显示多媒体的请求后,从多媒体数据库读取所需的多媒体数据;而后,与客户端建立连接,将数据分块传输到客户端。客户端得到所需数据后调用客户机上的应用程序播放多媒体。

10.4.4 安 全 保 障

由于系统将与 Internet 实现互联,所以系统安全问题极为重要。为提高网络安全性,防止外界非法用户入侵,系统从以下三方面来保障系统的安全运行。

1. 硬件

在系统网络部署框架中引入防火墙(firewall),从网络安全性和数据安全性两个角度保证系统安全。

网络安全性方面,防火墙提供一个复杂的,可根据需要进行定制的 Internet 安全解决方案,提供对 IP 源地址、IP 目的地址、ICP、UDP、ICMP、FTP、HTTP、域名服务器(domain name server,DNS)等各种协议的安全检查,防止非法用户进入。防火墙使用先进的包过滤方式来防止非法访问。它检视每个包的源 IP 地址,决定是否给予其访问的权限。所有这些安全策略都可通过简单可编程的 GUI 界面来制定。用户可以在网络的任何地方通过 X-Windows 界面来访问。整个内部网络与 Internet 必须只有一个接口,以保证防火墙能捕捉每一个进出的包。通过这些安全技术可以禁止不期望的网络通信,并可以利用其强大的监听和报警机制记录任何有疑问的通信。

在数据安全性方面,防火墙提供了 SHTTP 和安全套接层(security socket layer,SSL)技术。SHTTP 是 HTTP 的超集,可以采用多种方式封装信息。它的封装包括加密、签名和基于介质访问控制层(medium access control layer,MAC)的认证。

2. 软件

系统设有合法用户数据库,实现用户身份验证,保证只有合法用户才可登录系统;同时,对登录系统的合法用户授予不同的权限,不同权限的用户将见到不同的页面、拥有不同功能和操作任务。这样,既可防止非法用户的恶意破坏,也可使用户的各类业务操作变得简洁明了。

3．数据库

数据库安全从应用系统软件角度主要通过以下几方面得到实现。

(1) 用户分类。不同类型的用户授予不同的数据管理权限。将权限分为三类:数据查询权限类、资源管理权限类和数据库管理员权限类。

(2) 数据分类。同一类权限的用户,对数据库中数据管理和使用的范围又可能是不同的。为此,数据库管理系统(date base management system,DBMS)提供了将数据分类的功能,即建立视图。管理员把某用户可查询的数据逻辑上归并起来,简称一个或多个视图,并赋予名称,再把该视图的查询权限授予该用户(也可以授予多个用户)。

(3) 审计功能。审计功能是一个十分重要的安全措施,它用来监视各用户对数据库施加的动作。有两种方式的审计,即用户审计和系统审计。用户审计时,DBMS的审计系统记下所有对自己表或视图进行访问的企图(包括成功的和不成功的)及每次操作的用户名、时间、操作代码等信息。这些信息一般都被记录在数据字典(系统表)之中,利用这些信息用户可以进行审计分析。系统审计由系统管理员进行,其审计内容主要是系统一级命令以及数据库客体的使用情况。

(4) 数据备份。定期数据备份可以有效地防止意外事故造成的数据遗失。一旦数据遭到破坏,还可以依据备份得到最大限度的恢复。

第11章 城市旅游咨询系统设计与实现

作为数字旅游建设的重要组成部分,城市旅游咨询系统建设的目的在于充分利用地理信息技术与网络信息技术相结合的优势,以大比例尺城市电子地图及旅游专题数据为基础,为游客提供一个直观、形象的旅游目的地信息查询与专家咨询一体化的系统。本章将详细介绍首都师范大学基于 WebGIS 技术的城市旅游咨询系统设计与技术实现——CNU 旅游空间信息发布系统软件(登记号:2004SR02655),包括面向应用的信息集成处理系统与符号制作系统,以及面向二次开发的空间信息发布与分析组件系统的设计与实现。

11.1 系统建设意义

(1) 为游客提供方便快捷的全面的旅游信息咨询服务。在没有网络的年代,人们经常为信息渠道的不畅而苦恼,在旅游这个对信息咨询服务依赖性非常强的领域,游客们对此体会尤为深刻。基于信息高速公路建立的城市旅游信息系统将为广大游客提供全面的旅游目的地信息咨询服务,实现将旅游目的地的游览、购物、娱乐、餐饮、住宿、出行等旅游相关信息一"网"打尽的目标。

(2) 为服务部门提供方便高效的旅游资源信息管理与发布方式。信息渠道的不畅在阻碍游客及时获取有效旅游信息的同时,也导致了旅游资源信息服务部门信息发布的困难。城市旅游咨询系统将为旅游资源信息服务部门提供旅游资源信息快速发布平台,提高信息发布速度,从而提高信息的时效性,同时降低服务人员的劳动强度,提高信息的利用率,增加服务的社会效益与经济效益。当然信息的快速发布离不开信息的有效管理,系统提供的旅游信息管理功能将提高信息管理工作的效率与质量。

(3) 为旅游信息网络咨询系统二次开发人员提供一整套的系统开发方案与系统底层技术。旅游信息网络咨询系统将为系统的二次开发人员提供集通用 WebGIS 功能与旅游专业系统功能于一体的组件系统,基于旅游资源信息的特点提供一整套的旅游 WebGIS 解决方案,大大减少开发人员的工作量,提高开发速度。组件系统良好的可扩展性将使得开发人员可以有更大的系统功能扩充空间。

11.2 系统需求分析

(1) 从应用系统用户的角度考虑,系统的用户包括旅游数据管理部门与广大游客,他们需要的系统功能包括:

① 旅游空间信息集成与管理。旅游数据管理部门需要收集、编辑、管理旅游空间信息,从而辅助各类旅业业课题研究、产品设计与规划以及旅游信息发布。

② 旅游空间信息网络发布。旅游管理者基于网络环境发布目的地旅游空间信息,展示研究成果,增强对旅游目的地宣传的力度。游客通过触手可及的网络环境获得对基于

图形的旅游目的地各类旅游资源信息及其他辅助信息的直观认识。

③ 目的地旅游资源图形信息与属性信息多种方式的查询功能。①单条件或复合条件属性信息查询并定位相关的图形对象;②查询选定图形对象的属性信息;③统计研究区域旅游资源的数量、承载力、分布密度等,并以各类专题图形式展示统计分析结果,如统计图、数值分级图等。

④ 空间分析功能。包括空间量算(距离、面积、角度等)、缓冲区分析、路径分析等。

⑤ 企业用户信息远程提交。企业用户通过网络在线提交企业的旅游资源信息。

(2) 从软件平台的角度考虑,系统的用户包括软件开发人员,尤其是二次开发人员,他们对系统的需求主要为系统底层技术的实现,包括:

① 空间数据远程传输。空间数据远程传输速度是影响 WebGIS 性能的关键因素之一,除了提高系统运行的硬件与网络环境之外,软件的设计优化与技术实现是提高传输速度的一个重要途径。

② WebGIS 解决方案。对旅游 WebGIS 建设的系统框架、技术路线、设计方案等进行全面考虑,为系统提供一个比较完善的解决方案。

③ 系统功能的底层技术实现。采用面向对象的方法进行系统设计与开发,对系统的功能进行封装,为二次开发人员提供能够实现快速开发的系统组件。

11.3 WebGIS 技术

11.3.1 WebGIS 运行模式

WebGIS 的基本运行模式可以概括为三类:侧重服务器的运行模式、侧重客户端的运行模式、二者结合的运行模式。

(1) 侧重服务器的运行模式(瘦客户端)。客户端向服务器发出请求,请求处理在服务器端进行,并以图像形式返回给客户端。客户端没有数据处理能力,仅用于组织和发送请求、显示服务器的响应结果。这种模式的优点是:通过一个高性能的服务器,可以让用户获得一些难以传输的空间数据或难以在客户端实现的复杂分析功能;可以有效控制用户对数据的访问,保证数据安全。缺点是:任何请求和处理都集中在服务器端,增大了服务器端处理的数据量和网络传输负担。

(2) 侧重客户端的运行模式(胖客户端)。客户端向服务器发出请求,服务器返回给客户端的是矢量地图。客户端负责矢量空间数据的解释与分析。这种模式的优点是:充分利用客户端计算机的处理能力,用户对数据分析过程可自由控制;一旦服务器返回结果,用户可不再与服务器进行频繁的信息交换,从而减轻了网络负担。缺点是:大量的数据和组件要下载到客户端,初始化等待时间较长;此外,大型的 GIS 分析任务也会受到客户端处理能力的制约。

(3) 两者结合的综合模式。汲取两种运行模式的优点,提出一个综合模式来实现WebGIS,即频繁的数据库操作和复杂的 GIS 分析由服务器端执行,涉及用户控制的任务则由客户端执行,这样能更好地发挥服务器和客户端的性能,也比较切合实际。二者结合的运行模式是 WebGIS 运行模式的发展方向。

11.3.2 WebGIS 实现技术

WebGIS 运行模式的实现有多种技术方案:可使用传统的 CGI、服务器应用程序接口(Server API)、插件(plug-in)、ActiveX、Java Applet、Servlet 或 Dcom 等方法实现,也可以使用以 J2EE 或.Net 为代表的网络应用程序开发新技术体系实现。表 11.1~ 11.3 是各运行模式不同实现技术情况下的性能对比。

表 11.1　侧重服务器运行模式的主要实现技术对比

技术类型	优　点	缺　点
CGI	客户端小; 处理大型 GIS 操作分析的功能强; 充分利用服务器资源	网络传输和服务器的负担重; 客户端只能操作 JPEG 和 GIF 格式的静态图像
Server API	不像 CGI 那样每次都要重新启动; 速度较 CGI 快得多	需要依附于特定的 Web 服务器和计算机平台

表 11.2　侧重客户端运行模式的主要实现技术对比

技术类型	优　点	缺　点
插件	服务器和网络传输的负担轻; 可直接操作 GIS 数据; 速度快	更新困难; 需要先下载安装到客户机上; 与平台和操作系统相关; 对于不同的 GIS 数据类型,需要有相应的 GIS 插件来支持; 处理较大的 GIS 分析任务的能力有限
ActiveX	具备插件的优点; 具有动态可重复用代码模块	与操作系统相关; 需要下载、安装,占用存储空间; 与平台和操作系统相关; 对于不同的 GIS 数据类型,需要有相应的 GIS ActiveX 控件来支持; 安全性较差; 处理较大的 GIS 分析任务的能力有限
Java Applet (胖客户端)	具备插件、ActiveX 的优点; 与平台和操作系统无关; 实时下载运行,无需预先安装; GIS 操作速度快; 服务器和网络传输的负担轻	处理较大的 GIS 分析任务的能力有限

由以上对比可见:侧重服务器端的 CGI、Server API 等技术可为用户提供强大的服务器运算、分析功能,而在动态交互和网络传输效率上颇有缺陷;侧重客户端的插件、ActiveX、Java Applet 等技术,交互速度相对较快,然而,处理较大的 GIS 分析任务的能力有限。综合模式涉及的技术目前相对完善,但技术体系相对复杂。各种技术各有优劣,系统开发需要对各类技术的设计思想综合考虑、各取所长,采用合理的解决方案。

表 11.3　综合模式的主要实现技术对比

技术类型	优　点	缺　点
Servlet 或 Dcom 方法	既可支持静态网页生成，又可分别为 Applet/ActiveX 提供后台服务	支持企业级 WebGIS 开发能力差
J2EE 或 Dot NET 方法	具备 Servlet 或 Dcom 方法优点；具备 CGI、Server API 方法优点；技术体系完备，性能卓越；具有企业级 WebGIS 开发的支持能力	技术体系相对复杂

目前，商业 WebGIS 领域中较为成熟的国外方案有，ESRI 公司 ArcIMS，MapInfo 公司的 MapXtreme，Autodesk 公司的 MapGuide，Intergraph 公司的 GeoMedia Web Map 等；较为成熟的国内方案有，国家遥感应用工程技术研究中心的地网 GeoBean，超图公司的 Super Map 等。各类软件提供的解决方案如表 11.4 所示。

表 11.4　主流 WebGIS 软件技术比较

软件名称	提供模式	实现技术	
		客户端	服务器端
ArcIMS	基于静态图像的 HTML 方式	HTML 技术	CGI 方法
	基于 Java Applet 的动态方式	Java Applet 方法	CGI 方法
MapXtreme	基于静态图像的 HTML 方式	HTML 技术	CGI 方法、Server API 方法
	基于 Java Applet 的动态方式（MapJ）	Java Applet 方法	Servlet 方法
	基于 ActiveX 的动态方式（MapX）	ActiveX 方法	Server API 方法
MapGuide	基于 Plug-ins 的动态方式	插件方法	CGI 方法
	基于 Java Applet 的动态方式	Java Applet 方法	
GeoMedia	基于 ActiveX 的动态方式	ActiveX 方法	
GeoBean	基于 Java Applet 的动态方式	Java Applet 方法	Servlet 方法
Super Map	基于 ActiveX 的动态方式	ActiveX 方法	Dcom 方法

由表 11.4 可见，主流 WebGIS 软件所支持的基本运行模式以综合运行模式为主，它将瘦客户端模式与胖客户端模式所涉及的技术相结合，各取所长，组建成强大的 WebGIS 开发平台。但主流 WebGIS 软件在客户端和服务器端具体技术选取上采取了不同方式。

11.3.3　J2EE 技术体系

Java 2 平台企业版（Java 2 platform enterprise edition，J2EE）是 SUN 公司定义的一个开发分布式企业级应用程序开发技术架构。城市旅游咨询系统的开发遵循 J2EE 技术体系，本节简要介绍 J2EE 应用程序结构、系统使用到的 J2EE 主要技术，使读者对 J2EE 技术体系有一个概要的认识，以利于对下文关于系统设计与技术实现部分的理解。

1．J2EE 应用程序结构

J2EE 应用程序是由组件构成的，J2EE 组件是具有独立功能的软件单元，它们通过相关的类和文件组装成 J2EE 应用程序,并与其他组件交互。基于组件式的开发使我们可以实现 2~4 层的应用程序模型,J2EE 中定义了典型的 4 层模式的 J2EE 组件模型,如图 11.1 所示。

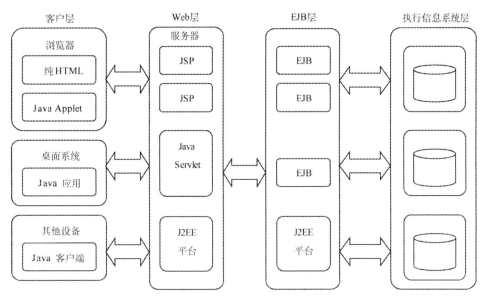

图 11.1　J2EE 的结构

1) 客户层(client tier):客户层用来实现系统的操作界面。
2) Web 层(Web tier):负责为用户提供 Web 服务。
3) EJB 层(EJB tier):负责业务逻辑的实现。
4) 执行信息系统层(executive information system tier,EIS tier):主要为基础建设系统,如数据库系统等。

2.J2EE 的主要技术

1) 组件技术

(1) Servlet:一种小型的服务器 Java 程序,用于扩展 Web 服务器的功能。

(2) Java 服务器页(Java Server Pages,JSP):由 HTML 代码和嵌入其中的 Java 代码所组成,用于生成动态页面。

(3) EJB:企业级 JavaBean,用于开发应用服务器组件。

2) 数据库访问

Java 数据库连接(Java Database Connectivity,JDBC):独立于特定数据库的数据库访问接口。

3) 分布式通信技术

(1) Java 遥感方法调用(Java Remote Method Invoke,Java RMI):实现 Java 对象间

的远程通信与调用。

(2) Java 命名和目录接口(Java Naming and Directory Interface,JNDI):JNDI 为分布式系统访问远程对象提供了一个标准的命名接口。

4) 其他技术

(1) XML:一种可以用来定义其他标记语言的语言。

(2) Java 处理 API(Java Transaction API,JTA):一种标准的 API,实现各种事务监控。

11.3.4 系统解决方案

1. 运行模式

系统基本的网络运行模式为瘦客户端模式与胖客户端模式相结合的综合模式。这一模式的选择借鉴了主流 WebGIS 平台关于基本运行模式的设计方案。系统基于综合模式在客户端与服务器均衡部署应用程序,同时,引进目前支持网络应用程序开发的新技术,弥补传统 WebGIS 实现技术中的不足。基于这一综合性、均衡化的设计模式开发的旅游 WebGIS 产品既具有在服务器端的空间数据处理能力、大型数据库管理能力,又具有在客户端的界面友好、操作灵活等特征;平衡了客户端和服务器之间的负载,减小了网络流量。

2. 客户端解决方案

系统客户端的实现采用 Java Applet(Java 小应用程序)方法。系统为旅游 WebGIS 客户端开发了具有 GIS 功能的 GIS Applet 组件。GIS Applet 封装了常用 GIS 函数,可响应用户交互操作,支持客户端与服务器的通讯,实现对空间信息的显示、查询、编辑及简单分析等功能。GIS Applet 可嵌入在 HTML 页面中,在网络浏览器下载该 HTML 页面时,Applet 的执行代码也同时被下载到客户端的机器上,并由浏览器解释、执行。开发人员可使用 JavaScript 或 VB Script 实现对各类函数的调用和响应。

目前的主流 WebGIS 软件大都提供了基于 Java Applet 的实现方式。Applet 方法相对于其他侧重客户端的实现方法具有更多的优点和更少的缺点,而其缺点恰好可以通过在服务器端的扩展得以弥补。

3. 服务器端解决方案

服务器端采用新的网络应用程序开发技术体系。目前网络应用程序开发的新技术以 J2EE 技术体系和 Dot NET 技术体系为代表。二者在组成架构、运转性能和应用范围等方面具有高度的一致性。考虑到与客户端 Applet 的兼容问题以及 Java 技术在跨平台和高安全性方面所具有的强大的优势,城市旅游咨询系统采用 J2EE 技术体系。相对于传统 WebGIS 开发技术,J2EE 技术体系具有如下优势。

1) 技术体系完备

J2EE 具有完备的技术体系,提供对网络应用程序开发的全面支持。因此,使用 CGI、

Server API、Servlet 或 Dcom 方法所开发的 WebGIS 功能,绝大部分可以利用 J2EE 中的相关技术,以逻辑更合理、运行性能更优秀的模式实现。而 J2EE 技术体系在应用程序开发上的其他优势是上述方法无法比拟的。

2) 支持异构环境

基于 J2EE 的应用程序不依赖任何特定操作系统、中间件、硬件。因此,设计合理的基于 J2EE 的程序只需开发一次就可部署到各种平台,便于旅游 WebGIS 与旅游目的地营销系统其他子系统的集成。

J2EE 标准也允许客户订购与 J2EE 兼容的第三方组件,因此,可以把本系统开发的各类组件部署到异构环境中,节省了由旅游 WebGIS 开发人员制订整个方案所需的时间和费用。

3) 高效的开发

J2EE 允许开发人员把一些通用而复杂的服务器维护任务交给中间件供应商去完成。中间件可以帮助系统开发者很好地解决远程方法调用、负载均衡、事务协调、线程管理、高速缓存等常见问题,使开发人员可以将精力集中在旅游专业逻辑的创建上,从而缩短开发时间、提高开发效率。

4) 可伸缩性

基于 J2EE 平台的应用程序可被部署到各种操作系统上,如 Windows、Unix 或大型机系统。J2EE 领域的供应商提供了广泛的负载平衡策略,允许多台服务器集成部署。这种部署可达数千个处理器,实现可高度伸缩的系统。

4．稳定的可用性

J2EE 可部署到可靠的性能优越的操作环境中,支持应用程序的长期的可用性。

系统在服务器端提供了可在 J2EE 应用程序各层进行部署的二次开发组件。通过对组件的部署和组织,可实现服务器端与客户端的协同工作。服务器端组件负责监控客户提交信息,并依据客户端提交的信息对空间数据进行各类复杂的查询与分析。

11.4　系 统 设 计

11.4.1　系统框架设计

城市旅游咨询系统由数据集成预处理子系统、符号库管理子系统和旅游空间信息发布组件子系统组成,系统逻辑结构如图 11.2 所示。

(1) 数据集成预处理子系统是基于 Core Java 开发的桌面应用程序。除具备基本的旅游空间数据管理功能外,还具有为网络应用程序集成、预处理数据源的功能。

(2) 符号库管理子系统是基于 Core Java 开发的桌面应用程序。用于设计制作和管理旅游空间信息符号库,从而支持旅游空间信息直观而形象的表达。系统根据旅游资源

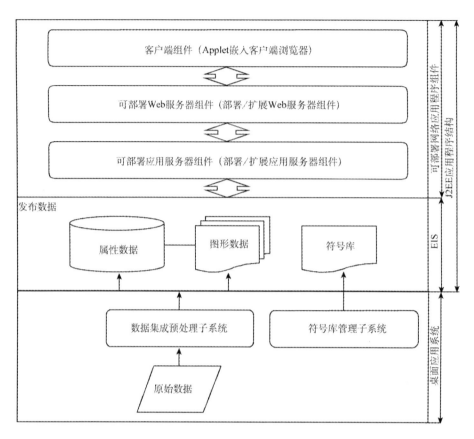

图 11.2　系统逻辑结构

空间信息的分类、分级特征,分类、分级构建了旅游空间信息符号库,提供大量旅游专业符号。用户可直接选用系统提供的符号,也可根据需要扩展新的符号。

(3) 旅游空间信息网络发布组件系统是旅游 WebGIS 应用程序开发的核心,提供可在 J2EE 应用程序各层进行部署的二次开发组件,基于这一组件系统可快速搭建旅游WebGIS。

11.4.2　系统功能设计

1.数据集成预处理子系统

旅游空间信息集成预处理子系统以旅游空间信息数据库为核心,提供对旅游图形、属性信息的一体化集成、管理、处理、发布工程的制作等功能,其功能模块如图 11.3 所示。

(1) 数据集成与发布。支持多元旅游空间信息、旅游属性信息的集成与连接以及发布工程的制作。

(2) 图层显示与控制。支持图层控制、视图控制、空间数据的符号化显示、专题化显示。

(3) 图形、属性数据双向查询。支持由图形到属性以及由属性到图形的双向查询。

(4) 图形、属性信息一体化编辑。支持图形、属性数据的创建,一体化编辑,编辑的无

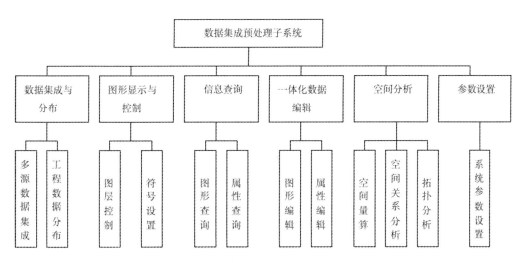

图 11.3 数据集成预处理子系统功能模块

限撤销与重做。

(5) 空间分析。支持长度、面积、角度等空间量算,图形对象的空间关系分析及路径分析等空间分析功能。

(6) 系统设置。支持系统的工程属性设置、图层属性设置、显示参数设置、操作参数设置等。

2．符号库管理子系统

旅游空间信息符号库管理子系统提供符号库的管理与符号编辑功能,其功能模块如图 11.4 所示。

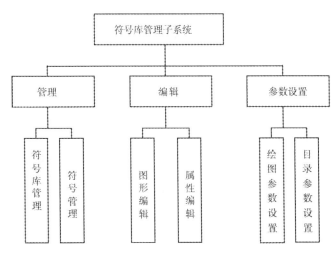

图 11.4 符号库管理子系统功能模块

(1) 管理功能。支持旅游符号库、旅游符号的分类创建与删除。

(2) 符号编辑。支持基于基本绘图要素的符号绘制、选择、移动、删除、复制、剪切、粘贴、编辑的无限撤销与恢复以及编辑结果的保存。

(3) 系统设置。支持系统工作目录与绘图要素等参数设置。

3．空间信息发布组件系统

1）组件深度

应用系统的大小决定了系统开发在人力、财力、物力上的投入差别,它取决于客户对系统效率、稳定性、扩展性等性能要求的高低不同。不同级别的应用项目的开发需要选用相应组件集合,以保证应用系统有较高的性价比。旅游空间信息网络发布组件系统提供了适合2、3、4层三种不同深度的应用程序框架体系的组件集合,以满足不同级别用户的具体需求。各类组件组成及综合对比如表11.5所示。

表 11.5　三类组件集合综合对比

	2 层模式组件集合	3 层模式组件集合	4 层模式组件集合
客户端组件	GIS Applet; JavaBean	GIS Applet	GIS Applet
Web 服务器		具有 GIS 应用功能的 Servlet 组件; JavaBean	具有监控和派发功能的 Servlet 组件
应用服务器			具有 GIS 应用功能的 EJB 组件
执行信息系统	图形、属性数据及其他资源	图形、属性数据及其他资源	图形、属性数据及其他资源
使用项目	小型项目	小型项目/中型项目	企业级项目
效能要求	较低	一般	较高
合理性	较低	一般	较高
开发难度	易	较易	较难
推荐	不建议使用	建议使用	建议使用

2）4 层模式的组件集合

组件系统提供了三类组件集合,4 层模式组件集合体现了组件系统最全面、核心、复杂的设计思想。4 层模式组件提供了可部署于客户端、Web 服务器、应用服务器的组件,执行信息系统层目前仅作为图形和属性数据的存储层。

(1) 客户端组件。客户端提供的组件为 GIS Applet。GIS Applet 封装了各类常用GIS 函数,作为开发者访问 Applet、实现 GIS 功能的客户端接口。GIS Applet 提供的函数包含以下几类。

视图函数:支持工程视图的信息获取与设置,包括视图及空间数据的边界信息,工程的投影信息的获取与设置。

图层函数:支持图层的控制与选择,图层信息获取与设置。

查询函数:支持图形、属性信息的双向查询,基于各级、各类旅游资源自身特征进行信息查询。

编辑函数:支持客户端编辑状态设置、编辑操作运行、编辑结果保存。

专题图制作函数:支持唯一值分类、数值分级、统计图三类专题图绘制。

空间分析函数:支持空间量算,邻域分析、穿越分析、包含分析等空间位置关系分析,以及拓扑分析等空间分析功能。

扩展组件接口:支持旅游 WebGIS 开发人员在服务器端自行扩展组件,提供统一标准的服务器组件入口。

扩展 Applet 绘图函数:GIS Applet 调入了 Applet 的基本绘图函数,因此,开发人员可在网页脚本语言中调用 Applet 本身的绘图函数,从而根据自身需要在 Applet 中绘制新的图形。扩展的绘图函数与 java.awt.Graphics 包的函数接口一致。

(2) 网络服务器组件。网络服务器组件以可部署 WAR 文件形式提供给开发人员。WAR 文件封装了大量具有控制功能的 Servlet,主要用于监控客户端提交的请求,并对请求信息进行组织、派发,协调应用服务器的具体应用组件进行计算,最后将计算结果反馈给客户端。

从运行模式来看,可将 Servlet 分为两类:由 Applet 调度的 Servlet 组件和由网页调度的 Servlet 组件。由 Applet 调度的 Servlet 组件与 GIS Applet 具有直接接口,用户对这类组件的使用要以与 GIS Applet 提供的函数为入口;由网页调度的 Servlet 组件与 GIS Applet 无直接接口,通过网页调用。

从功能角度来看,可将网络服务器组件分为以下几类。

主控调度组件:分为 GIS Applet 主控调度组件、网页主控调度组件两类,分别负责监控用户从 GIS Applet 或网页提交的请求信息,并将请求信息派发到具体的功能调度组件。对于 GIS Applet 主控调度组件还要负责将计算结果返回 GIS Applet。

图层下载调度组件:属于由 Applet 调度的 Servlet 组件,由 Applet 内部函数调用,支持空间数据下载的调度工作。

查询调度组件:①由 Applet 调度的查询组件,由 Applet 的查询函数接口调用,实现服务器端查询调度,查询结果返回 Applet;②由网页调度的查询组件,由网页实现调度,实现服务器端查询调度,查询结果存入 Session,由后继网页使用。

编辑存储调度组件:属于由 Applet 调度的 Servlet 组件,由 Applet 外部编辑函数调用,支持客户端远程编辑结果保存的调度工作。

专题图调度组件:①专题图计算调度组件,属于由 Applet 调度的 Servlet 组件,由 Applet 的三类专题图绘制函数调用,解决图层的分级、分类及统计值计算的调度问题,结果返回 Applet;②专题图策略调度组件,属于由网页调度的查询 Servlet 组件,支持从网页获得分级分类的策略信息,结果存入 Session,由后继网页使用。

复杂空间分析调度组件:①综合统计调度组件,属于由网页调度的 Servlet 组件,支持图形、属性的一体化统计分析的调度;②公交分析调度组件,属于由网页调度的 Servlet 组件,支持城市级旅游 WebGIS 中的公交选线分析的调度;③最佳路径分析调度组件,属于由 Applet 调度的 Servlet 组件,支持城市级旅游 WebGIS 中的最佳路径分析的调度。

(3) 应用服务器组件。应用服务器组件可部署 EJB,以 .jar 文件形式提供给开发人员,该文件封装了大量具有 GIS 功能的 EJB 组件,是服务器端最终执行 GIS 操作的组件,与网络服务器的具体功能组件具有一一对应关系。

从功能角度来看,可将应用服务器组件分为以下几类。

图层读取组件:此类组件响应图层下载调度组件的调度,从服务器读取空间数据文件,并生成图层,返回值为客户端请求的图层。

查询组件:此类组件响应查询调度组件的调度,访问服务器端的属性数据库,并将符合条件的查询结果返回。

编辑存储组件:此类组件响应编辑存储调度组件的调度,将客户端远程编辑的结果保存到相应空间数据文件和属性数据库中,并返回存储是否成功的信息。

专题图组件:此类组件响应专题图调度组件的调度,依据客户的请求提供分级策略和分级计算结果。

复杂空间分析组件:此类组件响应复杂空间分析调度组件的调度,实现各类复杂的空间分析功能。

11.4.3　数据组织与数据结构设计

1．数据组织

系统数据包括图形数据、属性数据和符号三类,三类数据的组织层次结构如图11.5所示。

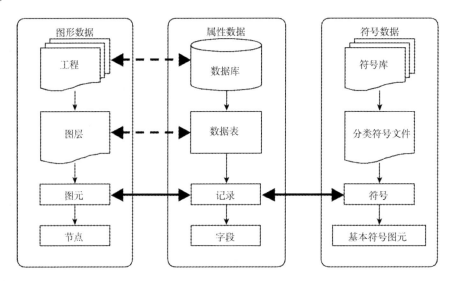

图11.5　数据组织结构图

1)图形数据

图形数据由上到下按工程→图层→图元→节点的顺序进行组织,以二进制文件形式存储。

工程:在同一视图中发布的图形数据,可归入同一工程。工程对图形数据进行分层管理,一个工程包含若干图层。工程以文件夹的形式保存,工程文件夹中包含一个工程索引文件和多个图层文件。工程索引文件包含工程基本信息、图层数量信息、各图层名称及顺序信息、投影信息等。

图层:具有相同空间特征的地理要素可归入同一图层,图层信息中包含基本的图元记录信息、符号信息、颜色信息、注记信息以及统计图信息等。依据图元类型不同,分为点层、多点层、线层和面层。

图元:这是组成图层的基本图形要素,包括点图元、多点图元、线图元、面图元和 0 图元。0 图元为特殊的图元类型,指在数据库中有属性数据记录而在图层中无图形数据的图元,0 图元可存在于任何一类图层之中。

节点:这是组成图元的基本单位,也是组成 GIS 矢量地图的基本单位,是真实的空间数据点。

2) 属性数据

属性数据按数据库→数据表→记录→字段的层次顺序进行组织,以关系数据库形式存储。

数据库:数据表的集合,与图形数据的工程相对应,存储工程所包含的各图层属性信息。

数据表:与图形数据的图层相对应,存储图层的属性信息。属性表含有关键字字段 Sys_Shp_InnerID,与图形数据的图元 ID 一一对应。

记录:与图形数据的图元一一对应,通过 Sys_Shp_InnerID 与图形要素的图元 ID 相关联。

字段:图元所表示的空间数据的属性值被存储在数据表的字段中。

3) 符号数据

符号数据按符号库→分类符号文件→符号→基本符号图元的顺序进行组织,以二进制文件形式存储。

符号库:符号库以文件夹的形式保存,文件夹中包含分类符号文件。

分类符号文件:是相同类型的符号的集合载体。系统将符号文件分为点符号文件、线符号文件和面符号文件,各类符号文件之间以文件扩展名区分。符号文件存储的信息包括符号个数及真实存储的符号信息。

符号:符号的管理采用与空间数据相同的分层管理思想,符号中包含多个符号层的信息。符号层与空间数据层的区别在于每个符号层仅有一个图元,且这一图元仅能从基本符号图元中选择。

基本符号图元:是组成符号的基本单位,依据符号类型不同提供不同的基本符号图元。点符号基本图元包括可配置的点、直线、折线、矩形、圆角矩形、多边形、圆、椭圆和弧段;线符号基本图元包括可配置的实线和虚线;面符号基本图元包括可配置的像素点。

2. 数据结构

1) 图形数据

图形数据的数据结构设计,主要为图层和图元的数据结构设计。

（1）图层数据结构。图层类包含图层基本信息，图元记录信息，符号信息，颜色信息，注记信息，统计图信息等。

图层基本信息：包括图层名称（LayerName）、图层类型（LayerType）、图层基本颜色（LayerColor）和地图坐标的最大、最小值（MinX，MinY，MaxX，MaxY）。

图元记录信息：包括图元记录表（RecordList）和图元显示比例（ShapShowScale）。图元记录以 Vector 形式保存，Vector 可兼容任意类型的类，因而可以一体化的形式存储不同类型的图元，而无需生成点、多点、线、面子类。其他基本类中，如符号类的设计等，也广泛地使用了 Vector 作为基本的数据类型。图元显示比例用于记录图元在地图中显示时的地图比例尺。

符号信息：包括图层符号类（LayerSymbol）和符号显示比例（SymbolShowScale）。

图层分级、分类颜色信息：包括颜色索引（ColorIndex）和颜色链表（ColorList）。图层分类、分级颜色是否使用颜色索引表的存储模式与分级数量和图元数量有关，其方式的选择将在系统实现中论述。

统计图信息：包括统计图层（LayerChart）、统计图数据链表（ChartList）和统计图显示比例（ChartShowScale）。统计数据链表存储统计图所代表的数值，统计图显示比例用于记录统计图显示时的地图比例尺。

注记信息：包括注记字体类（LabelFont）、注记链表（LabelList）和注记显示比例（LabelShowScale）。注记链表以 String 形式存储注记内容，注记显示比例记录注记显示时的地图比例尺。

（2）图元数据结构。图元数据结构包含点图元（ShapPoint）、多点图元（ShapMultiPoint）和线/多边形图元（ShapPolyLine）三个基本类。三种结构共有的属性为记录号（RecordNum）和记录长度（RecordLength）。以下列出三者的数据结构。

点图元的属性包括记录号、记录长度、x 坐标（x）和 y 坐标（y）。

多点图元的属性包括记录号、记录长度、多点图元的坐标最大、最小值（x_{min}，y_{min}，x_{max}，y_{max}）、图元包含点数量（NumPoint）和图元点坐标（Point）。

线/多边形图元的属性包括记录号、记录长度、图元的坐标最大、最小值（x_{min}，y_{min}，x_{max}，y_{max}）、图元分段数量（NumPart）、图元包含点数量、图元点坐标和图元各段在点坐标中的起始位置（FirstPoint）。

2）属性数据

属性数据管理采用关系数据库，因而对于属性数据的数据结构设计主要围绕二维表的特征进行展开。目前关系数据库技术已经非常成熟，Java 语言也为二维数据表定义了若干基础类。系统对于属性数据结构的定义直接引用了 javax.swing.table.DefaultTableModel 类。

3）符号数据

符号数据的数据结构设计，主要分为符号（symbol）和基本符号图元的数据结构设计。

（1）符号

基本符号图元层表（SymbolLayerList）用于存储基本符号图元。

（2）基本符号图元

点的基本图元（PointLayer）属性包括图元所在符号层序号（PointLayerNum）、图元类型（PointLayerType）、线状图元颜色（Linecolor）、线状图元宽度（LineWidth）、多边形图元填充色（FillColor）、图元起点比例（Start）、图元终点比例（Last）和多边形图元坐标点比例（Points）。需要指出的是，后三类属性虽然定义为 Point 类型的数据，但并非记录点的真实坐标，而是分别记录符号点的中心点(x,y)到y轴、x轴的距离与符号长、宽数据的比例。

线的基本图元（LineLayer）属性包括图元所在符号层序号（LineLayerNum），图元类型（LineLayerType），线状图元颜色（Linecolor），图元沿中心线方向左、右侧线宽（LeftWidth，RightWidth），线端点的样式（Head），线之间的连接方式（Join），图元是否为覆盖层（IsCover），图元为虚线时的第一节线划长度（Length1）、第一节空白长度（Inner1），第二节线划长度（Length2）、第二节空白长度（Inner2）。其中，线端点的样式为圆角或方角，线之间的连接方式为直线连接或圆连接。

面的基本图元（PolygonLayer）属性包括图元所在符号层序号（PolygonLayerNum）、层所对应的像素点坐标(x,y)和层所对应的像素点颜色（PixelColor）。

11.4.4 空间数据传输方案设计

相对于普通的商业属性数据而言，空间数据数量更多，结构更为复杂，极大地影响了系统数据传输和响应的速度。此外，我国目前网络设施的软硬件条件参差不齐，低性能的网络设施也是制约 WebGIS 发展的一个重要因素。提高数据传输速度，充分体现 WebGIS 的优越性，一方面需要改善硬件设备与网络环境，另一方面也需要不断提高软件技术。

系统客户端基于 GIS Applet 构建，Applet 在初始化时将空间信息下载到本地，以胖客户端的形式承担了基本的图层管理、显示、操作等基本 GIS 功能，在很大程度上减小了用户与地图交互造成的网络传输压力。同时，系统采用压缩、分块、多路并发传输等具体应用策略提高空间数据下载速度，确保系统在各类环境下达到较高工作效率。

11.4.5 容 错 设 计

1. 组件参数合法性校验

组件对输入参数进行合法性校验，避免非法参数造成错误指令的执行。

2. 异常捕获

系统支持异常事件的捕获，将异常在监测控制台立即显示，并分别存入 Session 和工作日志文档。

监测控制台显示，使管理员和开发人员即时发现并处理错误。

存入 Session,用于通知其他应用程序,并将错误返回客户端。

存入日志,用于支持管理员和开发人员查询异常历史,分析错误原因,同时对错误出现频率进行统计。

11.5 关键技术实现

11.5.1 应用程序设计模式实现

1．应用系统设计模式

城市旅游咨询系统的三个子系统——数据集成预处理子系统、符号库管理系统、空间信息发布组件系统采用 MVC 设计模式。MVC 模式是一种松散耦合的应用程序的解决方案,采用"分治"的思想,将数据的访问和数据的表现进行了分离。应用这种模式,可以开发一个伸缩性强、便于扩展、便于流程维护的应用程序。MVC 主要由三个部分组成:模型(model)、视图(view)和控制器(controller)。

模型:这是 MVC 模式的核心,采用面向对象的方法将应用软件的数据和商业逻辑抽象为应用程序对象,并通过商业逻辑来控制数据的访问和修改。

视图:这是 MVC 模式的外在表现,用来呈现模型的内容,决定如何把数据表示出来。一个模型可以对应一个或者多个视图。当模型改变时,视图也要跟着改变,以维持数据的一致性。视图具有与外界交互的功能,是应用系统与外界的接口:一方面它为外界提供输入手段,并触发应用逻辑运行;另一方面,它又将逻辑运行的结果以某种形式显示给外界。

控制器:这是联系模型与视图的纽带,控制器提取通过视图传输进来的外部信息,解释用户的操作意图,将其转化成相应事件,对模型进行更新或把信息交给模型去执行,并且根据请求以及执行结果来决定下一次显示哪一个视图。

MVC 组件类型的关系和功能如图 11.6 所示。

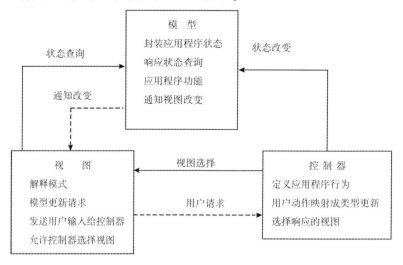

图 11.6　MVC 组件类型的关系和功能

2．数据集成预处理子系统实现

系统由模型、视图、控制器三部分组成,三部分均由总控应用程序创建。

1）总控应用程序

总控应用程序为可执行程序,用于创建模型、视图、控制器集合的骨干部分。三部分内容通过总控应用程序实现彼此的通讯。

2）模型集合

模型集合由图形模型、属性模型、参数模型、符号模型四部分组成。前三者由总控应用程序直接创建,分别用于实现对空间信息、属性信息、系统运行参数信息的抽象及逻辑归纳。符号模型包含在图形模型之中,用于实现对于符号信息的抽象及逻辑归纳。模型的信息以链表形式组织,链表中的元素为系统设计部分定义的基本数据结构实体。

3）视图集合

视图集合以多文档的结构向用户展示模型信息,这里分为两类:一类为交互视图集合,另一类为数据视图集合。

（1）交互视图集合。交互视图集合作为系统与用户交互信息和指令的接口,一般为GUI界面。交互视图集合中的应用程序框架由总控应用程序直接创建,提供给用户菜单、工具栏状态条等交互入口。其他交互视图由应用程序框架负责创建,主要以对话框(javax．swing．JDialog)的形式与用户交互。交互视图集合的分类与系统设计中的功能模块分类为一一对应关系。

（2）数据视图集合。数据视图集合由应用程序框架负责创建,以面板(javax．swing．JPanel)的形式展示空间信息和属性信息。此外,数据视图集合也提供接口功能。可以将用户的交互指令提交给控制器中的功能派发控制器。

4）控制器集合

控制器集合包括功能派发控制器和具体功能控制器。功能派发控制器由总控应用程序直接创建,用于接收接口视图的指令,并将指令派发到具体功能控制器。具体功能控制器由功能派发控制器创建,其分类与系统设计中的功能模块分类为一一对应关系。具体功能控制器调度模型完成业务逻辑,并选择视图显示操作结果。

符号库管理子系统与数据集成预处理子系统均为桌面应用程序,两者的实现模式相同,只不过符号库管理子系统管理的模型为符号模型,详细内容不再赘述。

3．空间信息发布组件系统

1）视图组件

视图形成于Web服务器端,显示于客户端。系统提供对两类视图的支持,一类为GIS Applet组件,另一类为动态JSP页面。两类视图以不同的方式与服务器通信,并以不同的方式获得并展示模型信息。

GIS Applet 组件：GIS Applet 组件自身具有空间数据显示、用户交互功能。同时，GIS Applet 可通过与服务器的通讯获得更为复杂的 GIS 功能。GIS Applet 以二进制流的形式与 Web 服务器的 GIS Applet 主控 Servlet 通信，并直接从 Servlet 获得运算结果。空间数据的显示主要由 GIS Applet 完成，用户对空间数据的交互性操作也以 GIS Applet 为入口。

动态 JSP 页面：以文本的形式向服务器端的网页主控 Servlet 提交请求，并显示服务器端动态生成的 JSP 页面。JSP 页面在客户端显示与空间信息相对应的属性信息，并用于提交用户关于属性信息的请求。

2）控制器组件

控制器组件位于 Web 服务器，由 Servlet 构成。控制器组件包括两类，一类用于与 GIS Applet 进行交互，另一类用于与 JSP 页面交互。两类控制器均有各自的主控 Servlet，用于监控客户端的具体请求，并根据请求的不同，结合 XML 部署描述符将请求信息派发到相应的功能 Servlet 中。功能 Servlet 组织应用服务器的各类模型组件，完成用户请求的操作内容。响应 GIS Applet 的 Servlet 将计算结果信息直接返回 Applet。响应 JSP 页面的 Servlet 将结果保存到 Session，并选择相应的 JSP 页面，显示 Session 信息。

3）模型组件

模型组件位于应用服务器，由 EJB 构成。接受控制器组件调度，存取 EIS 的资源，并进行计算和分析，最后将结果直接返回调用者。

11.5.2　空间数据符号化显示

符号是地图的语言，是系统标准化与专业化设计的重要内容之一。系统根据空间数据的特点，实现了点(多点)、线、面 3 类图元符号。

1．符号设计基本思想

符号设计的基本思想为分层组合，即将每个符号信息分层存储，逐层绘制。符号分层管理与空间数据分层管理的区别在于符号分层的每一层仅有一个图元，而且，这一图元只能为该类符号的基本符号图元。通过对各层基本图元的属性设置、各层基本图元的叠加，可组建多种类型的复杂符号。

2．符号分层组合方案

各类符号的基本图元类型、图元配置属性及组合方式如下。

1）点符号

(1) 基本图元：点，直线，折线，矩形，圆角矩形，多边形，圆，椭圆，弧段。

(2) 配置属性：实体颜色，填充颜色，线宽度。

(3) 组合方式：以空间数据点的点坐标为定位中心，在以空间数据点为中心的指定大小的正方形区域内绘制并配置各层基本图元。

(4) 点符号分层图解：如图 11.7 所示，媒体符号由多边形、两个圆形、两条直线五层组成。

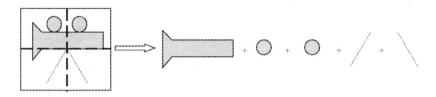

图 11.7　点符号分解配置图

2) 线符号

(1) 基本图元：实线，虚线。

(2) 配置属性：线色，图元沿中心线方向左、右侧线宽，线端点的样式(圆角或方角)，线之间的连接方式(直线连接或圆连接)，该图元是否为覆盖层。图元为虚线时设置第一节线划长度，第一节空白长度，第二节线划长度，第二节空白长度。其参数解释如图 11.8 所示。

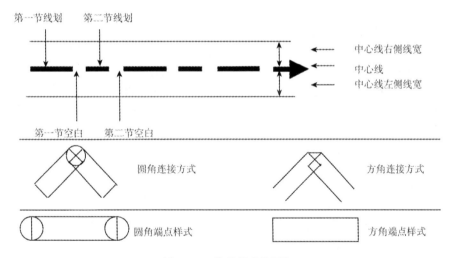

图 11.8　线符号参数图解

(3) 组合方式：以空间数据线为定位中心，在沿空间数据线左、右一定距离内的两条平行线之间绘制并配置各层的基本图元。

(4) 线符号分层图解：如图 11.9 所示，铁路线符号由空心矩形和实心矩形两层组成，国界线符号由竖线、实心矩形和实心圆三层组成。

3) 面符号

(1) 基本图元：像素点。

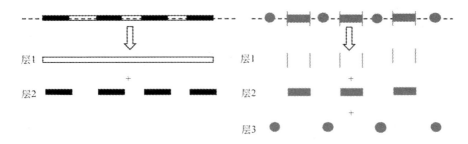

图 11.9　线符号分解配置图

（2）配置属性：像素点颜色。

（3）组合方式：在空间数据面的多边形闭合轮廓内绘制并配置各层基本图元。

（4）面符号分层图解：面符号以像素点为基本的可配置图层，各层记录有色像素的位置及颜色。图 11.10 为棕榈林地的 16× 16 像素环境中符号的图层配置。

3．各类符号绘制算法

1）点符号

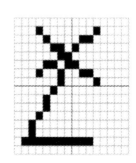

图 11.10　面符号分解配置图

点符号绘制的算法相对比较简单，可直接使用 Java 的绘图函数绘制，其绘制过程为：① 获取点符号定位坐标；② 获取点符号尺寸；③ 依据点符号定位坐标和点符号尺寸，将符号图元数据点的比例信息转化为视图的真实坐标点；④ 获取符号图元类型、图元配置参数；⑤ 依据获取符号图元类型、图元配置参数和图元数据点真实坐标绘制图元符号。

2）线符号

线符号节点分布不规则，是线符号绘制的难点。GIS 中的大量线实体是由多条线段连接而成的，而每一条线段的长度是不同的，如何绘制均匀的线实体是线图层符号化的一个难点。系统采用动态跟踪的算法：在视图逐线段绘制线图元的过程中进行状态监控、分支判断、状态修改、递归调用。

（1）输入参数：待绘制线段的起点、终点坐标（Point pStart, pEnd）；当前绘制的线段为第几节（int current）。

（2）监控状态参数：为控制流程正常运转，算法首先定义监控状态。定义的监控状态包括：由第一节线划长度、第一节空白长度、第二节线划长度、第二节空白长度四项元素组成的数组（int eachLength[ ]），实线的 eachLength 四项元素值均取 0；当前绘制的线段为第几节（int current）；当前节绘制完毕的长度（currentLength）。

（3）其他参数。pStart 与 pEnd 间距长度（r）；前节还有多长未绘制完毕（remain）。

（4）分支判断。① 如果当前节绘制完毕的长度累加上待绘制的两点间距离仍未完成当前节绘制（currentLength + r < eachLength[current]），绘制线段（pStart, pEnd）、 currentLength 数值增加 r。② 如果当前节绘制完毕的长度累加上待绘制的两点间距离恰好完成当前节绘制(currentLength + r = eachLength[current]),绘制线段(pStart, pEnd)、currentLength 清 0,current 增加 1(如果 current = 4,current 赋值 0)。③如果当前节绘制完毕的长度累加上待绘制的两点间距离超过当前节绘制所预定义的长度(currentLength + r > eachLength[current]),计算当前节还有多长未绘制完毕(remain = eachLength[current] − currentLength),计算线段(pStart, pEnd)上距离 pStart 长度为 remain 的点坐标(pTemp);绘制线段(pStart, pTemp),currentLength 清 0,current 增加 1(如果 current = 4,current 赋值 0)。递归调用该算法,绘制线段(pTemp, pEnd)直到符合①或②条件,继续绘制下一线段。

3) 面符号

面符号的绘制需要解决两方面问题:一方面是多边形扫描,确定闭合多边形所包含的像素坐标;另一方面是符号匹配,将符号的像素点信息与多边形所包含的像素信息相匹配。

(1) 多边形扫描。多边形扫描一般采用有序边扫描算法或种子点填充算法。种子点填充算法要以视图像素的颜色作为参考参数,因而不能支持空间数据图层叠加。本系统采用有序边扫描算法。

基本思想:按扫描线顺序,计算扫描线与多边形的相交区间,再用要求的颜色或符号匹配的方式显示这些区间的像素。

算法概述:输入多边形顶点及顶点数(比实际多一个点——起点);求多边形的所有顶点最大、最小值,依次为扫描线范围;为每条扫描线建立有序边表,存放该扫描线第一次出现的边。对每条扫描线进行如下操作。

① 用有序边表建立当前扫描线的活化边表。活化边表指存放当前扫描线与多边形交点的链表,交点按坐标变量 x 递增的顺序排序。交点的数据结构为:

```
public class edge{
    float x;      //当前扫描线与边的交点横坐标值
    float dx;     //从当前扫描线到下一条扫描线间 x 的增量
    int ymax;     //该边所交的最高扫描线号 ymax
}
```

② 活化边依据各节点 x 坐标顺序排序。

③ 从活化边表中依次取出一对交点,对两点间的像素进行颜色填充或符号匹配。

④ 为下一条扫描线更新活化边表(增加交点的 x 值或删除不再相交的边)。

(2) 符号匹配。

基本思想:直接计算多边形什么位置填充什么符号难度较大,对于这一问题的解决系统采用逆向思维方式。假设基本符号以矩形单元格的形式填充了整个视图,进而求出多边形内通过扫描线算法求出的点像素在其位置所对应符号的像素应该填充的颜色。

算法概述:将面符号各层的像素提出,组成 $M \times N$ 位图,并假设该位图以矩形单元的形式填充了整个视图,通过扫描线算法求出的点像素在其位置 (x, y) 使用公式 $x\% M$、$y\% N$ 换算出该点对应的符号颜色,进而算出的该点对应的符号颜色填充绘制该点。

4．符号化功能实现

为方便用户,系统提供丰富的旅游空间信息符号资源,并将其整合为旅游空间信息符号库。同时,开发了旅游空间信息符号库管理系统,支持符号的设计与管理。

在空间信息集成预处理平台中提供了使用符号库的用户接口,可辅助用户实现对旅游空间信息的符号化预处理。集成预处理平台将符号信息整合到图层信息中,实现与图形信息的一体化发布。

11.5.3　公交换乘分析

系统提供了对公交信息的查询,其中包括公交线路查询、公交站查询和公交换乘查询。公交换乘查询是公交信息查询中最常用、最重要的,也是最复杂的,它不仅是基于属性信息的关联、比较,而且又包括对空间信息的比较和显示。用户输入出发站和目的站,并选择换乘方式后,系统根据输入条件进行分析,输出各种换乘方案以及方案详细信息显示。对于用户选中的换乘方案,系统在图形窗口中输出高亮显示。

1．公交查询表结构

系统主要通过对两个图层的空间数据及属性数据分析查询比较,得出公交车站层和公交线路层。两层的属性数据基本结构如表 11.6 和表 11.7 所示。

表 11.6　公交车站层属性数据基本结构

字段名称	字段含义	字段类型	索引	备注
XH	序号	C15	主键	NOT NULL
CZMC	车站名称	C30		
GJXLXH	公交线路序号	C15	外键	

表 11.7　公交线路层属性数据基本结构

字段名称	字段含义	字段类型	索引	备注
XH	序号	C15	主键	NOT NULL
XLMC	线路名称	C100		
QDZMC	起点站名称	C30		
ZDZMC	终点站名称	C30		

2．算法描述

首先通过对公交车站表查询经过出发站和目的站的直通车并将结果集保存为临时表 Nonstop。再分别查出经过出发站的所有公交车辆及其所经过的公交车站,和经过目的站的所有公交车辆及其所经过的公交车站,并分别将结果用临时表保存为出发站扩展集 Qset1 和目的站扩展集 Mset1,两个结果集中车站名称相同的即为公交换乘站。再分别查出从出发站至换乘站的公交线路和从换乘站至目的站的公交线路,并除去与 Nonstop 中相同的结果后,将结果以临时表方式保存为换乘一次线路集 Onestop。

以同样的方法可以得到出发站二次扩展集 Qset2 和目的站二次扩展集 Mset2,再以相同的方法可以得到从 Qset1 至 Qset2 的换乘线路集 tmp1 和从 Qset2 至 Mset1 的换乘线路集 tmp2,并将二者合并得到结果集;或者获得从 Qset1 至 Mset2 的换乘线路集 tmp3 和从 Mset2 至 Mset1 的换乘线路集 tmp4。将二者合并后会得到与先前计算结果相同的结果集,除去与 Nonstop 中相同的结果和 Onestop 中相同的结果后,将之保存为换乘两次线路集 Twostop。

若以同样的方法得到从 Qset2 至 Mset2 的换乘线路集 tmp5,再将 tmp1、tmp5 和 tmp4 合并起来,除去与 Nonstop、Onestop 和 Twostop 中相同的结果后,就得到了换乘三次线路集 Threestop,并将之保存。

将上述方法以此类推,即可得到出发站和目的站的 $3,4,\cdots,N$ 次扩展集(QsetN、MsetN),随即也就得到了换乘 $3,4,\cdots,N$ 次的线路集(Nstop)。

最后,结合公交线路属性数据和两个图层的空间数据将一些特殊情况在结果集中进行比较排除(如站名相同而位置相差很远),最终将正确的结果在地图中定位显示。

11.5.4 最佳路径分析

最佳路径不仅可以指一般意义上的距离最短,还可以是时间最短、费用最少、线路利用率最高等标准。系统采用基于邻接表的 Dijkstra 算法,来求解两点间的最短路径。

1. 数据结构

邻接表是图的一种链式存储结构,如图 11.11 所示。在邻接表中,对图中每个顶点建立一个单链表,第 i 个单链表中的结点表示依附于顶点 V_i 的边(对有向图是以顶点 V_i 为尾的弧)。每个结点至少由三个域组成,其中邻接点域(adjvex)指示与顶点 V_i 邻接的点在图中的位置;链域(nextarc)指示下一条边或弧的结点;数据域(info)存储和边或弧相关的信息,如权值等。每个链表上通常附设一个表头结点。在表头结点中,除了设有链域(firstarc)指向链表中第一个结点之外,还设有存储顶点 V_i 的名或其他有关信息的数据域(data)。这些表头结点多以顺序结构的形式存储,以便随机访问任意顶点的链表。在无向图的临接表中,顶点 V_i 的度恰为第 i 个链表中的结点数;而在有向图中,第 i 个链表中的结点个数只是顶点 V_i 的出度,为了求入度,必须遍历整个邻接表。在所有链表中其邻接点域的值为 i 的结点的个数是顶点 V_i 的入度。有时,为了便于确定顶点的入度或以顶点 V_i 为头的弧,可以建立一个有向图的逆邻接表,即对每个顶点 V_i 建立一个链接以 V_i 为头的弧的表。

邻接表中前向关联/逆邻接表中后向关联节点查询时间复杂度仅为 $O(e/n)$。此外,对于交通网络等稀疏图,采用邻接表数据结构存储网络拓扑数据空间复杂度仅为 $O(e+n)$,不存在存储空间的浪费,当和路径或路段相关的信息较多时更是如此。邻接表数据结构已证明是网络表达中最有效的数据结构,在各种类型的网络分析算法中都得到了十分广泛的应用。

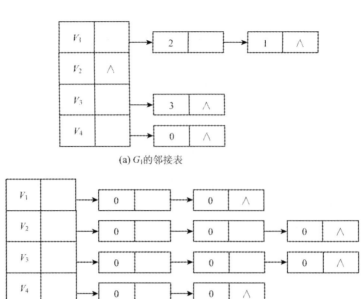

(a) G_1的邻接表

(b) G_2的邻接表

图 11.11　图的邻接表

如果 G 代表加权有向图,V 代表 G 中所有顶点的集合,StartPoint 为图中任意顶点,即 StarPoint $\in V$。S 代表已经确定了与 StartPoint 之间的最短路径的顶点的集合(S 集合的初始状态只包含 StartPoint),T 代表尚未确定与 StartPoint 之间的最短路径的点的集合(T 的初始状态包含除源点 StartPoint 外的 V 中所有顶点)。

$W(i,j)$ 等于从顶点 i 到顶点 j 的链路耗费($i,j \in V$)。若两个顶点之间不直接相连,则 $W(i,j) = \infty$;若两个顶点之间直接相连,则 $0 \leqslant W(i,j) < \infty$。

$P(n) = $ 从 StartPoint 到顶点 n 的最短路径的耗费。

Q 表示优先级队列,将集合 T 中的结点按照 $W(\text{StarPoint}, n)$($n \in T$)递增的顺序排列所得到的序列,就叫做升序优先级队列。通过对优先级队列的操作,可以将 T 集合中的顶点逐个加入到 S 集合中去,并使得从 StartPoint 到 S 集合中各顶点的路径长度始终不大于从 StartPoint 到集合 T 中各顶点的路径长度。

2．算法描述

Dijkstra 算法按路径长度递增的次序,来构造以 StartPoint 为起点的最短路径树,其基本的算法操作流程如下。

第一步:初始化。初始化集合 S 和集合 T,S 的初始状态只包含 StartPoint,T 的初始状态包含除 StartPoint 以外的 V 中的所有顶点;初始化 V 中所有结点的最小路径耗费,令 $P(n) = W(\text{StartPoint}, n)$,式中,$n \in V$。

第二步:构造升序优先级队列。按照 $W(\text{StartPoint}, n)$($n \in T$)递增的顺序来构造基于集合 T 的升序优先级队列 Q。

第三步:提取优先级队列的首元素。从集合 T 中删除与优先级队列的首元素相对应的结点,也就是 T 中使 $W(\text{StartPoint}, n)\,(n \in T)$ 值最小的节点,同时将该节点加入到集合 S 中。

第四步:检验 S 是否等于 V。如果 $S = V$,表示 V 中所有的节点都找到了最短路径;如果 $S \neq V$,表示还有节点没有被处理,需要继续搜索。如果 V 中存在始终不能进行松弛的节点,则该节点与 StartPoint 之间是不连通的,需要跳过,否则会造成死循环。

第五步:松弛 T 中的结点。如果 $S \neq V$,对集合 T 中的所有节点进行松弛,也就是修改 T 中所有节点的最小路径耗费,令 $P(n) = \min[P(n), P(x) + W(x, n)]$。式中,$n \in T$,$x \in S$,且 $P(x) = \max[p(m) \mid m \in S]$。

第六步:重构优先级队列。按照 $W(\text{StartPoint}, n)\,(n \in T)$ 递增的顺序,重新构造基于集合 T 的升序优先级队列。

11.5.5 图形与属性数据一体化编辑

编辑功能包括图形、属性信息的创建、修改与保存。图形与属性数据编辑的一体化特性体现在对图形与属性数据的创建、修改与保存具有内部的同步性。系统提供"无限"步的状态存储,从而实现"无限"步的编辑撤销与重做。编辑功能属于典型的自响应功能——控制器将应用程序设为某种编辑状态后,视图自动维护鼠标与键盘事件的请求监控和请求派发、图形与属性状态同步等。

系统通过基本编辑操作的定义,实现编辑的基本功能;通过基本操作的组合定义,实现相对复杂的编辑功能;通过各类操作的状态以及逆操作的定义,实现撤消与恢复。

1.基本编辑操作定义

系统从操作内容、响应事件、同步内容、内部识别 ID 四方面定义了 13 种基本操作(表11.8)。这一定义包括编辑功能的 13 种基本编辑操作,并为复杂编辑操作的定义奠定了基础。基本操作的算法相对简单,基本与操作内容描述一致,故不详细列出。

表 11.8 基本编辑操作定义

编辑类型	ID	操作内容	响应事件	同步内容
添加 常规图元	1	采集图元节点 动态绘制新图元 添加图元,重绘新图元	鼠标单击 鼠标移动或拖拽 鼠标双击	增加表记录
添加 0 图元	2	添加 0 图元	函数调用	增加表记录
移动图元	3	图元各节点坐标增加偏移量 重绘图元	鼠标移动	无
删除图元	4	图元增加删除标记 重绘图元	键盘(Delete 键)或函数调用	删除表记录
图元复制	5	记录图元 ID	快捷键	无
增加 图元节点	6	确定新节点在图元中的插入位置 增加图元节点 重绘图元	鼠标单击	无

编辑类型	ID	操作内容	响应事件	同步内容
移动 图元节点	7	确定节点在图元中的位置 节点坐标增加偏移量 重绘节点	鼠标按下 鼠标移动或拖拽 鼠标抬起	无
删除 图元节点	8	确定节点在图元中的插入位置 删除图元节点	键盘(Delete 键)	无
增加表记录	9	表末尾增加空记录	按钮、快捷键或函数调用	添加 0 图元
删除表记录	10	记录增加删除标记	按钮、快捷键或函数调用	删除图元
增加字段	11	字段增加标记	按钮或快捷键	无
删除字段	12	删除字段	按钮或快捷键	无
修改表数据	13	修改数据表内容	单元格失去焦点	无

2. 复杂编辑操作定义

系统在基本编辑操作的基础上,定义了由基本操作组成的复杂编辑操作(表 11.9)。复杂操作的定义包含操作组成、响应事件和内部识别 ID 三部分,而同步内容由基本操作负责完成。

表 11.9　复杂编辑操作定义

编辑类型	ID	操作内容	响应事件
图元剪切	14	图元复制 图元删除	快捷键
图元粘贴	15	添加图元	快捷键
多点图元的切割	16	计算新图元 添加新图元 删除原始图元	图元切割事件
多点图元的合并	17	计算新图元 添加新图元 删除原始图元	菜单事件
线图元的切割	18	计算新图元 添加新图元 删除原始图元	图元切割事件
线图元的连接	19	计算新图元 添加新图元 删除原始图元	菜单事件
面图元的切割	20	计算新图元 添加新图元 删除原始图元	图元切割事件
面图元的逻辑运算(交、并、差)	21	计算新图元 添加新图元 删除原始图元	菜单事件

注:图元切割事件是系统自定义的事件,只有进入切割状态才会被触发。多点图元和线图元的切割事件是在当视图中有鼠标拖拽出一条直线后被触发,面图元的切割事件是在当视图中有鼠标拖拽出一个多边形后被触发。

3. 复杂编辑操作算法

在复杂编辑操作的定义中,"剪切"和"粘贴"只是基本操作的组合,在此不再详述。其他操作可概括为两类,即图元分割与图元组合。算法的难点在于新图元的计算生成,新图元生成是基本操作的组合。

1) 分割算法

各类图元分割操作的示意图如图 11.12 所示,左侧为切割图示,右侧为未切割图示。

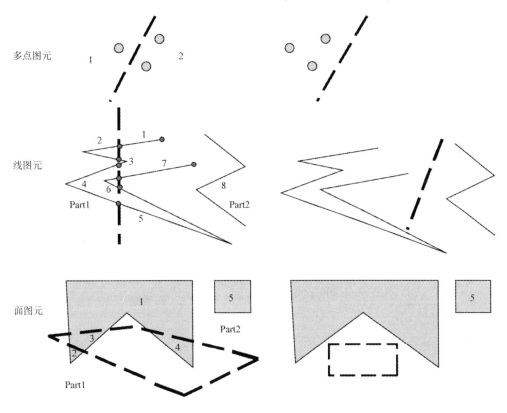

图 11.12　图元分割操作的示意图

(1) 多点图元分割算法。多点图元分割算法相对简单:以分割线为中心,将原多点图元分为两个新图元。如果其中任何一部分没有节点,则取消前面的全部操作。

(2) 线图元分割算法。算法针对线图元的每一个 Part(部分)。从 Part 起点开始,依次取出线段,与分割线段求交。如果没有交点,则取下一线段。如果有交点,则在线段上增加交点,并把从起点到交点的所有线段组成新图元。继续执行同样的操作,每次遇到交点就把相邻交点间的部分组织成新图元。当 Part 循环结束时,把末节点和最后一个交点间的部分组织成新图元。如果 Part 循环结束时还没有生成新的图元,则把该 Part 作为新图元。如图 11.12 左侧所示,与切割线段相交的 Part1 被分为 7 个新图元,Part2 自成一个图元。如果所有 Part 都以自身作为新图元,则说明线图元与分割图元没有交点,取消前面的全部操作,如图 11.12 右侧所示。

（3）面图元分割算法。算法针对面图元的每一个 Part，将每一个 Part 分别与切割多边形求交、求差，得到若干多边形，作为新图元。如果对一个 Part 的计算没有得到任何新图元，则该 Part 自成一个图元。如图 11.12 左侧所示，其中 1、2 两部分为求差结果，3、4 为求交结果，5 为自成图元的 Part。如果所有 Part 都没有得新图元，则说明面实体与切割元没有交点，取消前面的全部操作，如图 11.12 右侧所示。关于多边形求交和求差的具体算法，将在下面的图元组合算法中详细说明。

2）图元组合算法

（1）多点图元组合算法。多点图元组合算法相对简单。只需在数据结构层次上，将选中图元的 Points 数组合并在一起，并修改相应的其他一些图元参数即可生成新图元。

（2）线图元组合算法。对于选中的多个线图元，采取分步两两组合的方法，最终将多个图元合并为一个图元。两两组合的算法描述如下：

以其中一个线实体为基准，将其中的每一个 Part 的起止点与另一个线实体中的每一个 Part 起止点进行距离量算，并取出距离最小的两点。如果最小距离小于、等于捕获距离，则把包含两点的两个 Part 在这两点连接为一个 Part，并把其他未合并的 Part 与这个 Part 一起组成新图元；如果最小距离大于捕获距离，则只需将两图元的所有 Part 组合到一个新图元。

（3）面图元组合算法。面图元的组合算法最为复杂，分为三重组合方式：求交、求并、求差。与线图元组合算法一样，面图元的组合同样需要对选中的多个面图元进行两两组合，两两组合的面图元还要彼此进行所有 Part 的两两组合，最后得出的结果组成一个新的面图元。这些组合的逻辑与线图元基本相似，不同点在于两个多边形 Part 的具体组合方式。两个多边形 Part 的组合方式本身是一个较为复杂的算法，这里将对此进行详细讨论。

3）算法流程

系统算法的设计参考并细化了经典的多边形组合算法，同时，添加了确定多边形搜索方向的算法定义，从而解决了 GIS 中的多边形搜索方向不确定这一问题，其算法流程见图 11.13。

（1）计算两个多边形交点。

（2）生成两个多边形的新点序列。新点序列包含多边形的原有节点和新计算出来的两多边形交点。

① 名词解释。算法中对两多边形进行交叉顺序搜索，用于开始搜索的多边形称为主多边形，另一个称为副多边形。由主多边形生成的新点序列称为主序列，由副多边形生成的新点序列称为副序列。当序列的有向线段经过交点进入另一序列组成的环时，该交点称为入点；当序列的有向线段经过交点走出另一序列组成的环时，该交点称为出点，同一个交点对于两个序列来说，出点和入点恰好相反。判断交点是出点还是入点，称为判断交点的出入性。

对于出点、入点的判断，可使用如下方法：对于交点，沿其所在的有向线段前进方向作一个微观增量，判断其是进入了另一个环还是走出了环，如果进入，则为入点，如果走出，则为出点。

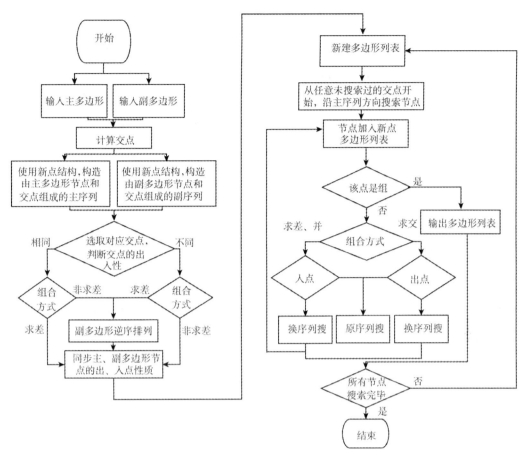

图 11.13　多边形组合算法流程图

② 新序列的节点结构。

```
class new Point{
    boolean isJoin;              /*节点是否为交点。
                                 True:是;False:否。
                                 如果不为交点,以下两属性无效。
                                 */
    int correspondJoinPoint;     /*交点对应的另一序列的交点序号*/
    boolean isIn;                /*交点是否为入点。
                                 True:为入点,False:为出点。
                                 */
}
```

③ 生成新点序列。

第一步:将原有多边形节点和新计算出的交点,以新的节点结构规则建立新序列(节点的是否为入点属性暂不填)。

第二步:取主序列上的任意交点,并判断该点在主序列行进方向上是入点还是出点。

第三步:取副序列上与该交点对应的交点,并判断其在副序列的行进方向上是入点还是出点。

第四步:如果二者同为出点或入点,且多边形组合方式不为求差,或二者不是同为出点或入点,但多边形组合方式为求差,则将副序列行进方向逆转,并修改主、副序列交点对应关系。交、并算法时,要保证行进方向相反。差算法要保证行进方向相同。

第五步:沿主序列行进方向依次判断主序列交点出、入性质,并同步到副序列。

(3) 搜索新图元点。

① 交运算。首先从任一交点开始,沿主序列行进方向搜索。当遇到交点为出点时,从该点在另一序列上的对应交点转入另一序列,沿另一序列方向搜索;当遇到交点为入点时,继续本序列搜索。按此方式在两序列之间交替循环,直到再次回到初始点,将搜索到的节点组成新 Part。

② 并运算。首先从任一交点开始,沿主序列行进方向搜索。当遇到交点为入点时,从该点在另一序列上的对应交点转入另一序列,沿另一序列方向搜索;当遇到交点为出点时,继续本序列搜索。按此方式在两序列之间交替循环,直到再次回到初始点,将搜索到的节点组成新 Part。

③ 差运算。从任一交点开始,沿主序列行进方向搜索。当遇到交点为主序列入点或副序列出点时,从该点在另一序列上的对应交点转入另一序列,沿另一序列方向搜索;当遇到交点为主序列出点或副序列入点时,继续本序列搜索。按此方式在两序列之间交替循环,直到再次回到初始点,将搜索到的节点组成新 Part。

两种方法生成新 Part 后,如果还有交点未被搜索到,则从该交点开始重新进入搜索循环,查找其他解;如果所有交点都完成搜索,则搜索完成。

各类搜索方式如图 11.14 所示。

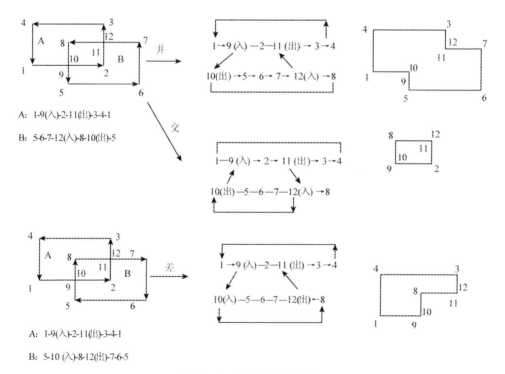

图 11.14　各类搜索示意图

4．撤销与重做

通过各类操作的状态记录和逆操作的定义,可以实现编辑的撤销与重做。撤销与重做需参考基本操作的记录信息。操作的记录信息以堆栈的形式存储:逆操作时,记录信息出栈,支持逆操作进行;重做时,将重做信息重新入栈。

表11.10从操作记录信息、逆操作定义、逆操作同步、重做定义、重做同步等方面详细描述了定义的细节。

表11.10　操作记录、逆操作定义、重做定义

编辑类型	ID	记录信息	逆操作定义	逆操作同步	重做定义	重做同步
添加常规图元	1	新添加图元ID	图元增加删除标记	表记录增加删除标记	图元取消删除标记	表记录取消删除标记
添加0图元	2	新添加0图元ID	图元增加删除标记	表记录增加删除标记	图元取消删除标记	表记录取消删除标记
移动图元	3	被移动的图元ID;X、Y偏移量	图元移动−X、−Y	无	图元移动X、Y	无
删除图元	4	被删除的图元ID	图元取消删除标记	表记录取消删除标记	图元增加删除标记	表记录增加删除标记
图元复制	5	被复制的图元ID	无	无	无	无
增加图元节点	6	被增加点的图元ID;被添加的点号;被添加的点的X、Y坐标	删除图元节点	无	依据记录信息添加节点	无
移动图元节点	7	被移动图元编号;被移动图元点号;X、Y偏移量	图元移动−X、−Y	无	图元移动X,Y	无
删除图元节点	8	被删除点的图元ID;被删除的点号;删除的点的X、Y坐标;如果为线或多边形,记录Part号;如果删除了一个Part,则记录标志位	依据记录信息添加节点	无	删除图元节点	无
增加表记录	9	增加记录ID	记录增加删除标记	图元增加删除标记	记录去掉删除标记	图元去掉删除标记
删除表记录	10	删除记录ID	记录去掉删除标记	图元去掉删除标记	记录增加删除标记	图元增加删除标记
增加字段	11	增加字段名称	字段增加删除标记	无	字段去掉删除标记	无
删除字段	12	删除字段名称	字段去掉删除标记	无	字段增加删除标记	无
修改数据表内容	13	修改字段名称;修改记录ID;改前值,改后值	赋改前值	无	赋改后值	无
复杂操作	14～20	操作步数n	恢复n步	自动同步	重做n步	自动同步

5．结果保存

为了减少数据库和文件库的访问压力,减少网络传输中的传输频率,编辑的各类操作只在桌面程序的内存中,网络应用程序的客户端运行。因此,确认编辑完成后,还需要对编辑结果进行保存。

对于桌面程序和网络应用程序的保存方式略有不同。桌面应用程序的保存只需对记录堆栈信息进行综合提取,而后,将新的图形信息覆盖原始图形文件,将属性信息按添加记录、删除记录、添加字段、删除字段、修改内容的顺序依次修改数据库。网络应用程序的存储需将记录堆栈信息传输到服务器端,由服务器端的编辑保存组件依据记录堆栈信息对服务器端的数据进行自动编辑操作。

11.5.6　WebGIS 功能实现技术

1．GIS 功能网络集成方案

GIS 功能的网络化是通过对 GIS 功能的分解与分布部署实现的。在假设服务器端的Web 组件和应用组件是一体化的服务器端组件的前提条件下,系统的功能分解、组合以及通信方案见表 11.11 所示。

表 11.11　GIS 功能网络集成方案

GIS 功能		客户端组件任务	通信内容		服务器端组件任务
			请求内容	反馈内容	
空间数据下载与显示		1．初始化时发出请求 2．接收下载空间数据 3．显示空间数据	空间数据工程和图层名称	指定图层	1．查询指定工程,指定图层 2．传输图层
图层控制		客户端完成			
查询	图形到属性	1．图元选择 2．发送选择信息 3．接收属性信息 4．属性显示	图层名称、属性库 JNDI、选中图元 ID	属性数据集	1．查询属性数据库 2．返回属性数据
	属性到图形	1．构造查询语句 2．发送查询语句 3．接收图元信息 4．显示结果图元	图层名称、属性库 JNDI、查询语句	结果图层名称及结果图元 ID	1．查询属性数据库和图形库 2．返回结果图层名称及结果图元 ID
远程编辑		1．辅助编辑操作 2．记录操作信息 3．发送操作信息	操作记录信息、验证信息		依据操作记录存储编辑结果
远程专题图配置		1．发送专题请求 2．接收专题策略	专题请求	专题策略	1．计算专题策略 2．返回专题策略
		1．验证专题策略 2．接收专题信息 3．显示专题图	专题策略	专题信息	1．根据专题策略计算专题信息 2．返回专题信息

GIS 功能		客户端组件任务	通信内容		服务器端组件任务
			请求内容	反馈内容	
空间分析	地图量算、邻域分析、包含分析、穿越分析	客户端完成			
	公交分析	1. 收集起止站点 2. 发送起止站点信息 3. 接收通达线路及换乘车站信息 4. 显示通达线路及换乘车站信息	起止站点信息	通达线路及换乘车站信息	1. 接收起止站点信息 2. 计算通达线路及换乘车站信息 3. 发送通达线路及换乘车站信息
	最佳路径分析	1. 收集起止点坐标 2. 发送起止点坐标 3. 接收通达线路 4. 显示通达线路	起止点坐标	通达线路	1. 接收起止点坐标 2. 计算通达线路 3. 发送通达线路
综合统计		1. 选择统计图层,被统计图层 2. 被统计图层统计字段名称 3. 接收统计信息 4. 显示统计信息	图层名称、统计字段名称	统计信息	综合统计、返回统计信息

2. GIS 功能组件的集成与扩展

1) 分层组件连接方式

组件的协作运行必须有明确的网络协议和服务技术作为支持,本系统各层组件之间实现通讯和关联所采用的具体协议和服务技术如下:

(1) 客户端与 Web 服务器的通讯

客户对于 Web 服务器的资源定位使用统一资源定位(Uniform Resource Locator, URL),通过 IP 或域名实现。

客户与服务器的通讯遵循 HTTP 协议。HTTP 连接使用 TCP/IP 协议。HTTP 以多用途因特网邮件扩展(multipurpose internet mail extension, MIME)格式传送数据。

GIS Applet 与服务器的通讯使用 MIME 的 application/octet-stream(应用程序的二进制流)内容类型,直接与 Web 服务器的 Servlet 通讯。

普通网页与服务器的通讯使用 MIME 的 text/html(HTML 文本)内容类型。网页以 Post 或 Get 方式发送请求,并接收返回的 HTML 文档。

考虑到网络传输的安全性,防止数据在传输过程中被窃听、篡改或假冒,系统使用 SSL 对客户和服务器间传输的信息进行加密。

（2）Web 服务器与应用服务器的通讯

Web 服务器对于应用服务器的资源定位使用 Java 命名和目录接口，(Java Naming and Directory Interface，JNDI)，实现对 EJB 主接口对象的定位。

Web 服务器对应用服务器 EJB 组件的调用主要采用基于互联网交互 ORB 协议的 Java 远程方法行使(Java Remote Method Invocation over Internet Inter-ORB Protocol, Java RMI-IIOP)，实现对远程对象方法的调用。

（3）应用服务器与 EIS 的通讯

应用服务器对于 EIS 的资源定位使用 JNDI，实现对数据库资源的定位。

应用服务器对于 EIS 数据库资源的访问采用 JDBC 技术。J2EE 对 Java2 标准版的 JDBC 进行了扩展，加入了连接池管理特性，自动管理 JDBC 应用程序的连接，从而大大提高了数据库访问性能和运行效率。

2）组件集成应用方式

（1）客户端组件

客户端组件主要为包含 GIS Applet 的 Jar 文件，可将 GIS Applet 嵌入在 HTML 中实现，嵌入的主要语法举例如下。

```
<applet codebase = ../../
archive = "GISApplet.jar,JS.jar"
code = "GISApplet.class" name = "name"
width = 800 height = 600 align = "top" MAYSCRIPT >
        <param name = "layerCount" value = "3" >            //图层数量
        <param name = "layer0" value = "水系.prj" >         //第一层图层名称
        <param name = "layer1" value = "河流.prj" >         //第二层图层名称
        <param name = "layer2" value = "街区.prj" >
        <param name = "projectname" value = "suzhou" >      //空间数据工程名称
        <param name = "dbjndi" value = "suzhouDataSource" >  //属性数据的数据源
                                                              JNDI
</applet >
```
GIS Applet 提供的各类函数可使用 JavaScript 或 VBScript 调用。

（2）服务器端组件

位于 Web 服务器的 XML 部署描述符——WebControl.xml 定义了本系统协调服务器端组件合作运行的内部协议，是旅游 Web GIS 开发人员部署、组织、扩展服务器端各层应用组件的总控制入口。

WebControl.xml 的文档类型定义(document type definition，DTD)如表 11.12 所示。

表 11.12　WebControl.xml 的 DTD

元素定义	描　　述
web-controller(servlet-controller、jsp-controller)	根元素,包含 servlet-controller、jsp-controller 各一个
servlet-controller(servlet*)	Servlet 控制的根元素,包含 0 或多个 servlet 信息
Servlet(servlet-name、servlet-class、servlet-url-pattern、next-name)	Servlet 信息,包含 servlet-name、servlet-class、servlet-url-pattern、next-name 各一个。如果 next-name=-1,信息返回 Applet
servlet-name(#PCDATA)	Servlet 名称
servlet-url-pattern(#PCDATA)	Servlet 的 URL
next-name(#PCDATA)	Servlet 信息接收者的名称
jsp-controller(jsp*)	JSP 控制的根元素,包含 0 或多个 JSP 信息
jsp(jsp-name、jsp-url-pattern)	JSP 信息,包含 jsp-name、jsp-url-pattern 各一个
jsp-name(#PCDATA)	JSP 名称
jsp-url-pattern(#PCDATA)	JSP 的 URL

WebControl.xml 示例:

```
<? xml version = "1.0" encoding = "UTF-8"?  >
<web-controller >
    <servlet-controller >
        <servlet >
            <servlet-name >servlet1 </servlet-name >
            <servlet-url-pattern >/servlet1 </servlet-url-pattern >
            <next-name >/jsp1  </next-name >
        </servlet >
        <servlet >
            <servlet-name >servlet2 </servlet-name >
            <servlet-url-pattern >/servlet2 </servlet-url-pattern >
            <next-name >/servlet2  </next-name >
        </servlet >
    </servlet-controller >
    <jsp-controller >
        <jsp >
            <jsp-name >jsp1 </jsp-name >
            <jsp-url-pattern >/jsp1 </jsp-url-pattern >
        </jsp >
    </jsp-controller >
</web-controller >
```

　　主控 Servlet 接收到客户请求后,根据客户请求的 Servlet 名称解析 WebControl.xml 查找目的地 Servlet 的 URL 和 Servlet 的信息接收者名称,并将请求内容传递给目的地

Servlet。Servlet 调用 EJB 方法获得计算结果后,判断自身信息接收者名称,如果值为"－1"则将结果返回客户端的 Applet,如果值为其他合法字符,Servlet 根据此名称解析 WebControl.xml 获得信息接收者的 URL,调用接收者运行,并通过 Session 将信息传递给接收者。如果接收者为 Servlet,则程序重复上面的过程;如果接收者为 JSP,则将信息返回客户端。

服务器端组件根据实际需求部署于中间件容器中。部署时系统自动在 Web 服务器上生成部署描述符文件 WebControl.xml,开发人员通过对 WebControl.xml 配置的修改即可实现对 Web 服务器组件的控制。用户主要增加和修改的内容为 jsp-controller 元素,servlet-controller 的 next-name 元素。通过对这两项的配置,可将系统提供或用户自行开发的 JSP 视图与各类服务组件集成在一起,协调运行。对于 WebControl.xml 的 servlet-controller 元素的大部分参数,如果不作扩展性开发,一般无需修改。

系统对于应用服务器组件的控制功能被封装于 Web 服务器的 Servlet 中,因此,WebControl.xml 是系统开发人员调度组件的核心工具。

3) 组件扩展方式

GIS Applet 的编写采用面向对象的编程方式,通过继承 java.applet.Applet 类而得。因此,开发人员需要扩充 Applet 功能时,可以进一步继承 GIS Applet 并对其内部函数进行重载或扩充。

Web 服务器组件实现功能扩展的机理主要在于主控 Servlet 具有固定而统一的客户信息接收模式和客户信息派发模式。虽然用户提交的请求类型各异,但都必须转化为统一的格式进行提交。对于 GIS Applet,其内部自动提供参数归一化方案。对于基于网页的组件调用方式,要求由用户自行进行参数形式的归一化处理。

因此,对于 Web 服务器功能组件的扩展必须保障新的组件具有规范化的接口。具有规范化接口的 Servlet 组件可部署到 Web 服务器,并通过对部署描述符的 servlet-controller 元素信息的修改实现与旧系统的融合。

对于 Web 服务器主控组件的扩展,目前看来,尚没有必要。如果需要扩展,应由平台开发人员来实现。

对于应用服务器组件的扩展,除了需要将组件部署到应用服务器上,还需同步增加位于 Web 服务器上的控制组件,同步修改部署描述符的 servlet-controller 元素。同时,必须确保新的 EJB 组件的 JNDI 与 Web 服务器控制组件内部引用的 JNDI 保持一致。

系统提供的旅游专业信息查询组件、综合统计组件、路径分析组件、公交信息查询组件就是用组件扩展的方式融入本系统的。将这些组件部署于应用服务器,并为这些组件提供并部署了位于 Web 服务器上的控制组件,从而扩展了系统本身的功能。

这种开发模式有益于旅游 WebGIS 开发人员根据实际需要扩展平台功能,有益于开发队伍的协同工作。

3. 空间数据传输速率优化

空间数据的网络传输速率问题是制约 WebGIS 发展的瓶颈问题。目前,基于广域网运行的 WebGIS 软件均受到这一问题的影响。系统基于胖客户端的设计模式在很大程度上减少了空间数据传输的网络压力,但空间数据第一次下载时仍会受到这一问题的制约。对此,系统解决方案如下所示。

1) 空间信息以二进制流形式传输

流,是指两个抽象设备之间传递的信息。二进制流,是指以字节形式传递的信息。系统使用二进制流技术实现 GIS Applet 与 Web 服务器的通讯和数据交换。相对于普通的文本形式传递的流而言,二进制流占用的空间更小,传输效率更高,可操作性更强。

系统的空间数据下载使用了 HTTP 协议,并以 application/octet-stream 的 MIME 格式传送数据。同时,对二进制流的输入、输出采用缓冲区技术协调 CPU 与输入/输出(input/output, I/O)接口的效率冲突,提高传输效率。

2) 多路并发读取、传输与接收

在计算机世界中,I/O 接口的响应速度相对于 CPU 的处理速度是漫长的,而在网络世界中,广域网的空间数据传输速度相对于计算机 I/O 接口的处理速度也是漫长的。因此,如果使用单线程,而且一次请求并接收全部 GIS 空间数据,势必会造成 CPU 和 I/O 资源的极大浪费,不但影响网络传输速度,而且会造成不同程度的应用程序阻塞和 I/O 接口阻塞。为提高空间数据的网络传输速度,充分利用 CPU、I/O 和网络环境资源,系统采用了多路并发读取、传输与接收的空间数据多线程采集模式。

对于服务器端运行的 Servlet 而言,其多线程的管理由中间件完成,这里不作讨论。而客户端的多线程管理则由 GIS Applet 负责。客户端的线程可分为三类:①控制线程,用于组织和协调各类线程的协作运转;②信息请求与提交线程,用于向服务器发出请求,获得指定部分的数据并提交;③进度线程,用于在数据读取完成之前显示工作进度及状态信息等。三类线程的工作模式如图 11.15 所示。

在 GIS Applet 初始化过程中,Applet 生成各类线程,并分别投入后台运行。Applet 根据需要得到的图层数量,生成相应数量的信息请求与接收线程,这些线程分别向服务器发出请求,并定时监测 I/O,查询请求的信息是否已经到达。如果信息尚未到达,则自动休眠 300ms,将控制权交给其他线程。如果信息已经到达,则对信息读入并进行组织,组织完毕后继续定时监控,直到信息全部到齐,向控制线程提交。控制线程每隔 300ms 检测一次信息请求与接收线程的提交,如果被检测线程信息已经到齐,则控制线程结束该线程,将该线程提供的信息排序、整理,放入 Applet 的数据模型中,重绘视图,显示该层;同时,通知进度线程刷新进度显示。当所有信息请求与接收线程都结束后,控制线程和进度线程也就结束了使命,结束了自身线程。

这一方法的使用充分利用了 CPU、I/O 和网络资源,极大地缩短了网络数据采集时间。

3) 数据动态调度

通过定制显示区域的方式使请求和传输只对图层中的可视部分数据进行传输,避免了大量数据同时传输加载造成的不必要的时间消耗。

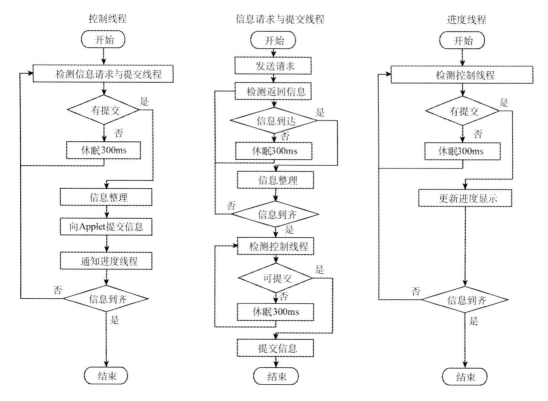

图 11.15　三类线程的工作流程

第12章 三维虚拟景观系统设计与实现

三维虚拟景观系统是利用 GIS、三维可视化(3D visualization)与虚拟现实(virtual reality,VR)等技术构建面向旅游行业的虚拟现实系统平台,再现旅游景区的真三维地理景观,真正做到三维空间数据管理"所见即所得"。三维 GIS 是地理信息系统的一个发展方向,从二维 GIS 到三维 GIS,在空间上仅仅增加了第三维(高程)的信息,这直接导致了三维 GIS 的数据采集方法、数据结构、空间模型、可视化以及空间分析等诸多内容与实现方法都与二维 GIS 的诸多不同之处,同时三维 GIS 的复杂性对硬件设备也提出了更高的要求。本章将根据"旅游 863"项目的建设成果,详细介绍三维虚拟景观系统设计与数据采集(处理)、三维建模以及可视化等技术的实现。

12.1 系 统 分 析

目前,三维 GIS 无论在理论上还是在技术上都还不成熟,许多专家学者从不同的应用角度提出了不同的解决方案。但是,到目前为止还没有一种方案能够适用于所有应用领域。因此,系统的重点是研究摸索适用于旅游景观三维 GIS 的解决方案,具体如下。

从数据的角度考虑,系统至少包括地形建模数据、景观建模数据与纹理数据三类。系统需要能够充分利用目前数据采集技术,如数字摄影测量技术和激光扫描测量技术等,高效处理和利用已有的数据成果,包括二维 GIS 的空间数据与影像数据等。

从系统建模的角度考虑,系统需要根据景观对象的特点,建立一套适合于景观对象的三维建模方法,根据不同地物的特点采取不同的方法建模,如地形、建筑物、树木、路灯、植被等各有特点,应采用不同的解决方案。

从三维可视化的角度考虑,除了要保证三维虚拟景观的逼真与形象外,由于三维 GIS 系统包括大量的空间数据与影像数据,还必须解决大数据量的调度问题,保证景观实时漫游的连续性。

从空间分析的角度考虑,系统需要提供通用的空间分析功能,包括空间量算(长度、面积、体积等)、碰撞分析、水淹分析以及连通分析等。

12.2 系 统 建 设 内 容

三维虚拟景观系统主要研究旅游景区三维数据管理和可视化的各种技术,包括景区三维数据采集和处理技术、表面纹理采集与处理技术、三维对象(包括地形和地物)建模技术、三维空间信息和表面纹理层次细节技术、大数据量动态调度技术、三维对象的可视化技术。系统采用航空相片作为空间信息的主要来源,利用全数字摄影测量技术进行空间信息的提取;对于精度极高的 DEM 分别对规则格网和不规则三角网采用了不同技术进行实时动态简化;利用多线程八邻域的大数据动态调度的方法和表面纹理金字塔模型建立不同分辨率纹理的方法进行大场景漫游;发明了双机四投(背投)显示技术。

在研究的基础上,基于高分辨率遥感图像采集旅游三维空间信息,建立三维虚拟景观系统,提供三维旅游信息管理、多种方式的三维景观浏览、辅助景区规划与规划效果显示以及多种三维空间分析功能。将三维虚拟技术应用到旅游规划与旅游服务中,在室内直观再现旅游景区与旅游景点空间分布,实现旅游规划的数字化。

12.3 系统功能设计

系统在总体上由二维图形编辑系统和三维地理信息系统两个子系统组成,用户可以方便地在三维系统和二维系统之间切换。二维图形在平面编辑系统中经过编辑整形后,即可输出到三维系统中进行三维实体的重建、管理、属性定义、查询、分析、可视化操作与图形输出等。系统功能设计如下:

(1) 地形重建。提供数字高程模型数据导入,快速建立三维地形,并提供地表纹理导入,实现大范围地形仿真。

(2) 景观建筑创建与编辑,如删除、移动、复制等,其结构形状、高度等可随时修改。地物尤其是人文景观建筑是旅游景点中的最重要的组成部分之一,而各具有特点的景观建筑恰恰是景观重建最为困难的部分。系统为了漫游和其他操作的流畅采用了先建模再重建的方法。

(3) 三维物体空间信息与表面纹理快速融合。重建旅游景区应该包含两方面的内容,一是旅游景区的空间结构重建,二是旅游景区的表面纹理重建。空间结构重建主要作用是建立旅游景区的空间位置关系。表面纹理重建的作用就是建立旅游景观细节,表面纹理越清晰,旅游景观就表现得越为细致,但同时数据量也越大。系统首先对空间地物进行编码,然后通过对表面纹理文件与地物编码之间建立索引来解决三维物体空间信息与表面纹理快速融合问题。

(4) 实体渲染。实时进行明暗变换、色彩调配、光源转换等。

(5) 视图操作。任意缩放、平移、视点变换、角度旋转,鹰眼视窗,实时 3D 贯穿飞行浏览。系统为不同用户提供不同的浏览方式:对于普通用户提供用鼠标和键盘操作的任意缩放、平移、视点变换、角度旋转,鹰眼视窗,实时 3D 贯穿飞行浏览;而对于旅游管理者为了进行宣传或者是其他面向群体的操作,提供我们独创的操作平台,使操作更为方便和快捷。

(6) 模型导入功能。系统内部提供了强大的三维实体建模工具,可以按用户的要求生成三维模型。同时系统特别提供了与其他两种较为常用的建模软件(AutoCAD、3D MAX)的数据接口。系统可以导入多种格式虚拟三维模型(3DS、DXF)和真实三维模型(DXF),包括 3D MAX 建模结果和 AutoCAD 设计结果。

(7) 属性操作。直观地定义三维实体的属性,对实体属性进行编辑、查询、浏览、统计、分析及属性提取等。属性表结构可动态修改。

(8) 三维对象属性和图形数据双向查询功能。可以用鼠标或者是控制台选定某一建筑物甚至是建筑物的有划分意义的子对象,查询选中对象的属性信息;也可以指定属性信息查询条件,查询满足条件的空间对象,选中空间对象用较为明亮的绘制方法绘制显示。

(9) 数据导出功能。提供多种图形格式输出，可输出数字高程模型数据和标准光栅图像，方便地与其他图形软件进行数据交换。

(10) 平面图形编辑系统。支持二维地理信息系统图形数据，对象可以自动嵌入三维GIS中。

12.4　技　术　实　现

系统的主要实现流程如图 12.1 所示。

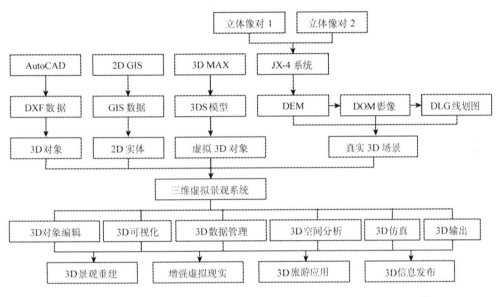

图 12.1　系统实现流程

系统涉及的主要技术问题包括：空间三维数据采集与处理、景区三维建模及三维可视化技术。

12.4.1　空间三维数据采集与处理技术实现

1. 采集工具

系统采用 JX-4C DPW 作为空间三维信息采集工具。JX-4C DPW 是中国测绘科学研究院下属中国四维测绘技术北京公司结合生产单位的作业经验开发的一套半自动化的微机数字摄影测量工作站。该系统可用于生产高精度、高密度 DEM、数字正射影像图（digital orthophoto map，DOM）和向量的采集，是一套实用性强，人机交互功能好，有很强的产品质量控制的数字摄影测量工作站。历史上公司曾研制并生产了 20 多台正射投影仪和 100 多台解析测图仪，并成功地完成了国内外几十台从模拟测图仪到解析测图仪的改造和旧式解析测图仪的升级。近年又紧跟本领域国际最新发展，研制开发了 JX-4C DPW 数字摄影测量工作站、激光扫描绘图机、Imatizer-2302 高精度影像扫描仪等。

JX-4C DPW 硬件配置如下：

CPU 奔腾 4 1.7G 以上；

内存 1GB 以上；

硬盘 80GB 以上；

19in① 纯平显示器 2 台[分辨率为 1024× 768(像素)、真彩色 120Hz]；

C 型立体图形图像漫游卡 1 块(PCI 总线)；

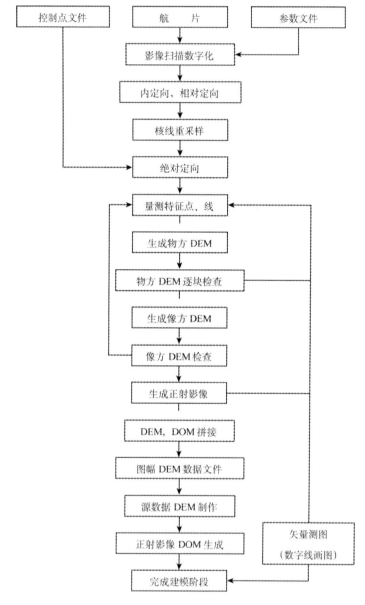

图 12.2　DEM/DOM 制作流程

---

① 1in＝2.54cm

红外同步器一台；

液晶立体眼镜三副；

3D 输入卡一块(PCI 总线)；

手轮两只、脚盘一只、脚踏开关三只(只用于开始、结束、捕捉)。

JX-4C DPW 可以完成的任务如下：

可以像解析测图仪一样使用；

自动、手动、空中三角形测量导入以及外方位元素导入建模；

自动相关并立体编辑生产 DEM；

快速生成 DOM；

向量测图；

地图修测；

空中三角形测量。

2．DEM/DOM 制作

应用 JX-4C DPW 制作 DEM 与 DOM 流程，如图 12.2 所示。

3．三维模型数据采集

在 JX-4C DPW 上采集景观建筑的三维模型数据时，遵循以下原则。

1) 建筑物由简单几何体组成

任何建筑物都是由一个或多个基本的简单几何体构成的，复杂建筑物可以分解为简单几何体进行测量。

系统定义的简单几何体共 7 类，如表 12.1 所示。

表 12.1　简单几何体分类表

类	正		斜	
棱体				
圆柱体				
棱锥体				

类	正	斜
圆锥体		
台体		
球体		
环体		

2) 几何体是由若干个面合围形成的

JX-4C DPW 以几何面为单位进行数据采集,在三维空间中面与面之间可以相离、相接、交叠、穿越、覆盖。

系统定义的数据采集面共 7 类,如表 12.2 所示。

表 12.2 数据采集面分类表

类	示例	备注
水平面		各点高度相同,在同一高度采集,形成建筑物的顶面
斜面		1、2 点与 3、4 点高度不同,在不同高度采集
铅垂面		1、2 点与 3、4 点高度不同,铅垂面根据顶面测量结果自动生成
瓦状面		在不同高度采集

类	示例	备注
环面	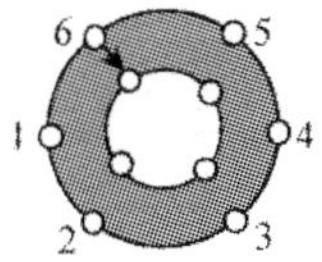	按1,2,…,6顺序,按箭头方向进入内环
圆锥面		分别测底面圆和锥顶形成
球面	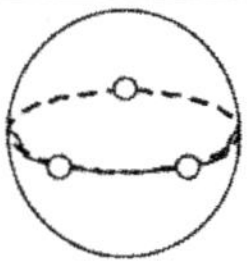	在过球心的截面圆上测三点形成

4．JX–4C摄影测量系统三维建模的数据编码规则

JX–4C导出的文本文件(˙asc)的格式如下：

说明行

数据行1

数据行2

…………

数据行 n

说明行

数据行1

数据行2

…………

数据行 n

…………

1）说明行

说明行包括六个元素:标识符串、分类码、点数、用户ID、符号码、宽度或方向。

标识符串列表如表12.3所示。

表 12.3　标识符串代码及意义表

代码	意义	代码	意义
TEXT	文本	MAPBOX	图廓线
CELL	点状符号	LINE	线实体
STYLE	线段	POINT	点实体
CIRCLE	参数圆	AREA	面实体

LINE 和 POINT 为我们要处理的主要对象,用户 ID 用以标识同一物体。

分类码含义如表 12.4 所示。

表 12.4　分类码含义表

分类	代码	说明
一般房屋	10	
一般房屋顶点	11	如果没有顶点,则属简单的 BOX 形状。根据顶点可以构造复杂的建筑物顶形状
一类房中房	20	编码为 20 的实体从 DEM 表面起算,21 的实体则从 20 的顶面起算,以此类推
	21	
	⋮	
	29	
二类房中房(测起算点)	30	编码为 30 的实体 LINE 中的第一个点用于计算该物体的起算高程,所以实际的物体边界点要减一
三类房中房(全测)	40	观测建筑物实体的上顶和下底边沿,编码均为 40,而用户 ID 一样。为了保证建模的唯一性,一般在采样时要按同样的顺序进行,点数也要一样
球(半径)	50	实际观测得到球状物体的"赤道线"数据和天顶点,进而可以计算出参数球心和半径
凸面且内部无起伏	60	这类面的边界为凸多边形,且其内部形状亦由边界点决定,如湖泊、路面、足球场等
一般面	70	包括凹多边形形成的面,以及内部有起伏的面(由 DEM 点或专门的观测点确定形状),如高尔夫球场、绿化山头等

2) 数据行

数据行有三种类型的数据:① X 坐标值、Y 坐标值、Z 坐标值(通用),三维坐标均属绝对坐标;② 字符串(用于文本输出);③ X 坐标值、Y 坐标值填充码(0/1——填充色)用于面状实体。

5. 三维空间数据采集方式

三维空间数据的采集可以分为 5 种模式:

(1) 落地式。应用 Q10 特征码进行数据采集的方式。该方式以地表面为起始点,因此数据采集时只需采集物体顶面的数据点,便可生成从上到地面的整个立体模型。

(2) 衍生式。应用 Q20、Q21……Q29 等特征码进行数据采集的方式。该方式可用于进行所谓的"房中房"的数据采集。Q20 类似于 Q10,都以地表面为起始点,而 Q21 则以比它小 1 的特征码 Q20 数据层为起始点,从 Q22 至 Q29,以此类推。

(3) 定高式。应用 Q30 特征码进行数据采集的方式。该方式采集数据时,先在某高度处采集一点作为起始点,然后采集地面、顶面各点,立体模型的铅垂面就自动生成至指定的起始点。

(4) 独立式。应用 Q50 特征码进行数据采集的方式。该方式用来测一个球面。测球面时,在过球心的截面圆上测三点便可生成该球面。

（5）简单组合式。简单组合式模型一般由两个单体组合而成。它包括锥体、台体等。如测量锥体时，可先应用 Q10 特征码测量锥体的底面，然后应用 Q11 特征码采集锥体的顶点(锥顶)。测量台体时，需要应用 Q40 特征码。台体由上下两平面及一周斜面组成。斜面是自动生成，所以分别测上、下两平面即可。

对于复杂的物体，数据采集时遵循如下原则：

（1）适当简化。对几何形态复杂的物体，在精度允许的范围内，可对其进行适当的简化。

（2）灵活分解。将复杂建筑进行合理分解，分解为各种简单的几何体。

（3）逐体采集。应用适当的采集方式分别采集各简单几何体的三维空间数据。

12.4.2 景区三维建模技术实现

三维模型的研究近年来得到了飞速发展，许多学者提出了很有价值的模型，但是并没有一种模型能够适用于所有应用领域。三维景观的特点对三维虚拟景观系统的模型提出了以下几方面的特殊要求：

（1）能表达包括旅游区建筑物、构筑物、道路桥梁、地形地貌、植被等在内的旅游景区三维实体，这些实体的外形由简单到复杂，变化多样；

（2）为了提供旅游景区环境逼真的可视化效果，需要表达旅游景区三维实体的纹理，另外也需要较真实地、较精确地表达旅游景区三维实体的空间外部几何特征，正需要便于提供较可信的空间分析结果；

（3）由于地形是所有的建筑物以及其他许多实体的承载体，因此对地形需要专门表达，以真实地反映旅游景区三维环境；

（4）由于旅游景区一般来说规模较大、结构复杂，为了有效地表达整个旅游景区环境，提供快速浏览、动画以及基于旅游景区大范围的空间操作与分析等功能，数据量是首要考虑的十分重要的问题。

三维虚拟景观模型涉及到的实体主要是旅游景区建筑物、道路桥梁、植被等，并且这些空间实体具有以下共同特征。

（1）多为人工建造，多数具有相对一致的形体。

（2）在高度维上含有丰富的信息，难以投影到二维平面进行表达和描述。

（3）相互间存在着相接、覆盖或部分覆盖、交叉、相邻等空间位置关系，也存在着同一隶属、同一类等空间属性关系。

（4）这些景观实体具有鲜明的特征和属性，为了使其定义具有完备性和互斥性，可采用维数来划分景观实体。①0 维空间实体，如一些有一定意义的标志点(公共厕所等)；②一维空间实体，如缆车以及其他各种管线；③二维空间实体，如道路、走廊和特殊景观走廊等；④三维空间实体，如房屋类建筑物、桥梁等。另外，地形可作为一种特殊的空间实体。

目前，受计算机硬件限制，三维虚拟景观模型的构建在满足精度要求的前提下应尽可能使用少的数据。对于旅游景区三维重建来说，既要着重于旅游景区景观实体的外部信息表达，又要着重于旅游景区特殊景观实体的内部信息表达。旅游景区建筑物内部的表达，往往更复杂，因为同建筑物外部建模相比，内部建模的数据采集更困难，而且其数据量巨大。

综合考虑上述诸多因素,在总结前人的研究成果的基础上,我们设计了一个称之为"面向旅游景区三维可视化,基于矢量分层分类的"数据模型。

模型中用于旅游景区三维重建的数据利用航空摄影测量的方法得到。定义空间目标为具有相对完整属性意义的实体,例如一栋房子、一棵树等,并认为三维旅游景区的地物抽象为点状目标、线状目标、面状目标及体状目标四类。模型中的目标分类及含义如下所示。

点类对象包括旅游景区中的树木、路灯、旗杆等空间目标。点类对象的可视化是根据点的三维坐标绘制此点类对象所代表的空间目标的模型。例如可视化一棵树时,只是在树所在的位置绘制出一棵树的模型即可。类似的思想也可以用于模拟普通的电线杆、标志牌等。要注意像路灯这样的点状目标,路灯是有方向的,它总是朝向路的,因此在可视化时不仅要绘制路灯模型,而且要旋转指定的角度。

线类目标在三维旅游景区模型中有很多,最典型的是缆车和其他管线。因为缆车在空间呈现的形态不是直线,因此要对它建立数学模型。

面类目标在三维旅游景区模型中主要是指人工湖面、忽略厚度的指引牌等。这些点应处于同一个平面上,在进行可视化时才能正确描绘,因此对这一类目标有一个预处理的过程,也就是选取三个点,将其余的点调整到这三个点所在的平面上。

三维旅游景区模型中,房屋和其他亭台楼阁是最重要的三维实体。旅游景区的房屋和其他亭台楼阁可以说是各式各样。在对这些房屋的造型进行理论研究之后,结合我们的实践经验,考虑到数据来源和获取方式,总结出以下几种类型:

(1) 平顶房屋;

(2) 平顶房屋,以其他平顶房屋顶面为起点;

(3) 尖顶房屋,以其他平顶房屋顶面为起点;

(4) 架空目标,上表面和下表面的点的个数相同,但上、下表面的多边形在地面上的投影不一定重合;

(5) 具有坡屋顶的房屋;

(6) "人"字顶房子,第一点为起算,第二点为房高,"人"字顶的两个顶点为 ID 号相同的点;

(7) 圆顶房子,第一点为起算,第二点为房高,弧上的点两端对应,房子首尾不闭合;

(8) 侧面是弧形的房子,第一点为起算,第二点为房高,顺序的点为房子的弧上的点,房子首尾不闭合;

(9) 具有古代风格的房屋和亭台楼阁,尽管我国古代建筑风格各式各样,但总体来说还是有几个特点,主要变化在屋顶,可以通过屋顶的两点坐标(屋顶可能是一点也可能是直线)和四个飞檐(六个或者其他也有可能)点的坐标来决定。

12.4.3 三维可视化技术实现

三维虚拟景观系统中,三维几何对象(模型)数量的不断增加和几何表达精度的不断提高,决定了系统管理的数据量急剧增加,从而导致了管理、操纵、渲染海量三维空间信息数据需要大量的内存和计算机资源。这些要求远远超出了目前主流甚至高端计算机的处理能力，这些问题在大范围的景观模型的三维漫游和大型的数字地面模型的仿真系统中，在实时交互操作和可视化方面显得尤为突出。

为了提高场景的显示速度，实现实时交互，在三维显示中通常采用降低场景复杂度的方法，即减少每帧中绘制的多边形的数目。目前，经常使用的方法包括裁剪技术、消隐技术和 LOD 技术。

裁剪法是三维图形处理的基本手段，它通过裁剪掉视景体以外的多边形，来达到简化三维模型的目的。但是，对于三维地形而言，当视点距离很远时，视景体可能覆盖了一个很大的场景，此时裁剪的作用就显得微乎其微了，模型的数据量依然很大。

可见消隐法也是三维图形显示的常用技术之一，它只是将用户能够看到的场景呈现出来，而将一些被距离用户较近的物体所遮挡的物体过滤掉，从而大大减少了需要显示的多边形的数目。但是，当用户能看到的场景本身比较复杂时，使用这种方法的效果就不太明显了。

细节层次模型方法是一种具有普遍性和高效性的模型表示方法，它依据视线的主方向、景物离视点的远近和景物在画面上投影区域的大小等因素来决定景物应选择的细节层次，以达到实时显示图形的目的。

系统根据纹理、景观地物和地形模型的不同特点，采取了不同的模型简化方案。

为了增强场景的真实感和信息量，合理地使用纹理映射是必不可少的。但是，由于纹理影像数据占用较大的存储空间，而目前的计算机图形渲染设备限制了一次装载影像的大小，因此在纹理映射前必须对纹理数据进行处理。系统采用了影像金字塔技术进行纹理的映射，根据视点的不同选择不同分辨率的纹理。

景观地物包括点状目标(如公共厕所等有一定意义的标志点)、线状目标(如缆车索道以及其他各种管线)、面状目标(如道路、走廊和特殊景观走廊等)和作为三维信息系统独有的体状目标(如房屋类建筑物、桥梁等)。由于对景观地物采用 LOD 技术建模比较困难，系统采用裁剪法和消隐法。不在视野中、被遮挡以及离视点很远特别模糊的地物将被过滤掉，不进行绘制。

系统采用视点相关的地形 LOD 模型表达地形场景，建立了基于规则格网的地形 LOD 模型，实现了地形的三维可视化和快速实时漫游。基于规则格网的地形模型具有存储量小、结构简单、操作方便的优点。基于规则格网的地形 LOD 模型采用由粗到细的简化方式，其构造算法主要包括基于四叉树结构和三角形二分树结构两种方式。系统采用基于四叉树的 LOD 模型构造算法，通过自顶向下递归的方式将一个矩形地形区域不断地进行一分为四的划分，在划分的过程中实时计算节点的误差，如果节点的误差小于阈值则停止划分，否则继续进行划分，直到所有节点的误差都小于阈值。

1. 数据存储结构

基于四叉树的 LOD 模型实质上是一种层次树结构，可以采用顺序结构或链式结构存储。顺序结构具有形象直观、处理简单的优点，但灵活性不够。与顺序结构相比，虽然链式结构的处理相对复杂些，但是其数据组织紧凑合理，可以有效利用内存空间，并且操作灵活，具有很好的适应性，因此系统采用链式结构进行存储的四叉树。以下是四叉树链

式存储结构的定义(C 语言描述):

```
struct QuadTreeNode{
        QuadTreeNode * parent_;          // 父节点
        QuadTreeNode * child_[4];        // 四个子节点
        T center_z_;                     // 节点对应地形区域的中心点 z 坐标值
        T edge_z_[4];                    // 节点对应地形区域的四个边点的 z 坐标值
        int size_;                       // 节点对应地形区域的大小(可选)
        int center_x_;                   // 中心点的 x 坐标值(可选)
        int center_y_;                   // 中心点的 y 坐标值(可选)
                                         // 其他可选数据
}
```

每个节点中,除了保存用于遍历整棵树的指向其他节点的指针外,还保存了本节点对应地形区域的中心点高度值和四个边点的高度值。严格来讲,节点只需记录两个边点的高度值即可(比如左边点和上边点),另两个边点的高度值可以通过访问邻接节点得到,而这里记录四个边点的信息只是为了处理方便,带来的结果是每个边点的高度值实际上被保存了两次。至于四个角点的信息,则可以通过访问父节点的边点信息得到。节点的尺寸信息和中心点的 x、y 坐标,也是可选的,可以将其放在节点之外,在遍历节点的过程中,通过计算得到。系统通过适当增加存储冗余,提高计算效率,同时也使数据便于处理。

对于单一采样精度的地形数据而言,可以依据上述数据结构构建出一棵四叉树,然后利用随后将要讲到的误差评判机制和 LOD 算法来对其进行遍历。这样的处理事实上等同于对四叉树进行自顶向下的遍历,并在适当的节点处终止向下遍历的进程,最后遍历过的节点构成了一棵"用于显示的树",而这棵树往往是由具有不同精度的节点混合组成的。和原树相比,新的树是不完全四叉树,而原树则是完全四叉树。如果我们进一步考虑原树本身就是不完全四叉树的话,那么我们就可以将不同采样精度的地形数据共同纳入到同一棵四叉树中,从而极大地提高地形数据描述的灵活性。如此便可以在描述整个三维场景时采用比较粗略的采样数据,而在局部需要细致描述的地方采用比较精细的采样数据;另外,随着场景的移动,可以将部分数据从树中"摘除"(即移除子树),同时"加载"新的数据(即添加子树)。因此,在还没有利用 LOD 算法对树进行遍历之前,就已经对地形数据进行了"优化",这种优化思想在本质上和 LOD 是一致的。如果采用顺序结构的数据存储方式,这是不可能办到的,因为类似数组的顺序存储方式,要求数据一定是具相同采样精度的。如果要同时使用不同采样精度的地形数据,就必须通过插值的方法把较低精度的数据统一"细化"为最高精度的地形数据,如此不但操作麻烦,而且也浪费了内存空间。另外,系统在实现 LOD 算法时对地形数据的组织方式进行了有效的封装,使得无论采用顺序结构还是链式结构的四叉树进行地形数据的表达,都不会影响 LOD 算法本身,在很大程度上提高了系统应用的灵活性。

2. 误差评判机制

误差评判机制对于 LOD 模型是至关重要的,它决定了何时需要对模型节点进行简化。一个良好的误差评判机制,应该同时兼顾精确度和效率。过于精确的判断固然可以最大限度地简化节点面片数量,并且给人以更为真实的视觉效果,但要以牺牲时间与效率为代价,影响系统的整体性能。反之,过于简单的评判机制虽然提高了判断本身的效率,但它往往导致节点面片简化程度不够,数量仍然十分巨大,导致渲染过程效率的下降,同样影响系统的整体性能。

系统对节点面片进行简化与否,主要从两方面因素来考虑:节点距离视点的远近与地形自身的粗糙度。

(1) 根据人眼的视觉特点,距离视点越近,地形的细节程度就越高,反之则越低。

(2) 地形表面的粗糙程度也是决定地形 LOD 模型构建的重要因素之一。地形越复杂,地形变化越大,就需要使用越高的细节程度来描述;反之,地形越简单,越平坦,则只需要使用较少的节点面片来描绘,减少需要渲染的节点面片数量。

一个节点共包含 9 个点,包括一个中心点,4 个角点和 4 个边中点。如果该节点没有被进一步分割,则中心点和边中点的位置信息就会被忽略,从而引起误差。边中点的高程误差可以通过下面的公式求得

$$h = |(P_1 + P_2)/2 - P_3|$$

其中,P_1、P_2 代表两个相邻角点的高程,P_3 代表 P_1 P_2 边中点的高程,h 为边中点高程的误差值。误差值越大就代表当前地形模型在该点处的偏差越大,模型的粗糙度越大,同时也说明该节点对应的地形越复杂。此外,我们还要考虑该节点进一步细分后所包含的四个子节点以及该节点中心点上的高度误差。共 9 个高度误差值,记为 $h[i](i = 0, \cdots, 8)$。取 $h[i](i = 0, \cdots, 8)$ 中的最大值描述该节点对应地形的粗糙程度。

根据上述条件,系统总结出如下评价函数

$$f = L/h_{max} < \lambda$$

或进一步转化为

$$f = L/(h_{max} * \lambda) < 1$$

其中,L 为节点中心到视点的距离,h_{max} 为节点高程最大误差值,λ 为一个调整因子。当满足上述判断条件时,表示节点需要继续分割,否则就被认为本节点已经达到精度要求,可以直接送入渲染通道进行绘制了。对于 λ 的调整,可以使地形产生相应的变化。λ 越大,则地形越精细;反之,则越粗糙。

在实际应用上述公式判断时,对于各变量的计算,可以采取某些提高性能的优化做法。例如,对于 L 的计算,可以采用所谓"L1-norm"的计算方法,即认为节点中心和视点的距离可以近似地看作是如下公式的计算结果:

$$L \approx \max\{|x - view\_x|, |y - view\_y|, |z - view\_z|\}$$

其中,x, y, z 分别代表节点中心的位置坐标,$view\_x$、$view\_y$、$view\_z$ 分别代表视点的位置。一般而言,通过上式所得的距离值要比真实值小。因此,最后的结果将会导致节点面片数量在原有基础上有所增加。但是,这种增加比起计算判断式对系统整体性能的影响而言会更小一些。

另外,对于 h 值的计算,由于在系统运行的整个过程中,h 值是始终不变的,也就是说属于静态数据,因此可以在系统初始化时预先计算好,并保存起来,这样可以进一步提高系统性能。

3．LOD 算法描述

一般的基于四叉树的 LOD 算法，需要对四叉树进行两次遍历，第一次遍历用于更新树上的节点，以形成"供显示用的树"(实际上是原树的一棵子树)，对树进行第二次遍历的时候才实现节点对应地形的绘制。系统采用的算法，仅需对树进行一次遍历即可。

算法按广度优先的次序自上而下遍历四叉树，并使用了两个队列存储要处理的节点。一个队列存放当前要处理的节点，这些节点均位于树中的同一层，另一个队列存放下一层待处理的节点，这些节点均位于树中的下一层。处理时，从存放当前节点的队列中读取节点进行判断，如果节点需要继续分割，则将分割后的子节点放入另一个队列。这样，在处理完当前层的所有节点后，即存放当前节点的队列为空后，只需将两个队列简单地作一下交换，就可以处理下一层节点了。

对于那些不需要继续分割的节点和位于最底层的节点(即达到了实际的物理采样精度的叶节点①)，就将其交由 OpenGL 进行渲染处理。对于不可见的节点(即位于视景体外的节点)，我们将其略过，即进行粗裁剪(关于粗裁剪，将在"优化技术"部分详细讲述)。除去上述两种节点，其他节点都满足评价条件，即需要继续分割，此时称该节点处于 Enable 状态。

按照上述算法构建的 LOD 模型往往会出现通常所谓的"裂缝"现象，如图 12.3 所示。"裂缝"的产生，是由于彼此邻接的两个节点分别属于不同分辨率，导致相接处交点的高度存在精度误差。如图 12.4 所示，左侧节点的分辨率高于右侧节点，由此导致了裂缝的产生。

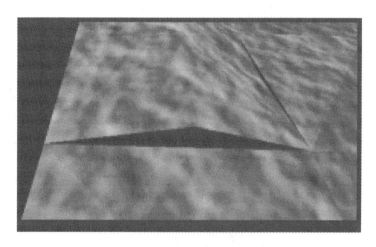

图 12.3　裂缝的实际效果图

解决裂缝的办法有很多，系统采用了一种简单的方法，即强制要求彼此邻接的节点处于同一分辨率。这种处理方式绝对避免了裂缝的出现，图 12.5 给出了两种避免出现裂缝现象的图示，它们均满足邻接节点分辨率相同的条件。

① 不拥有子节点的节点

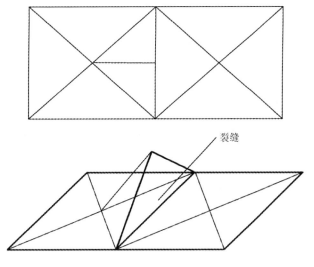

图 12.4　两个属于不同分辨率层次的邻接节点

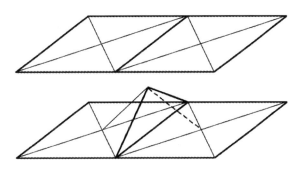

图 12.5　避免出现裂缝的方法

(前者降低了左边节点的分辨率,后者提高了右边节点的分辨率)

　　在系统的算法中,对此规则作了进一步的优化:当一个节点的四个子节点中的任何一个需要继续分割的时候,四个子节点都将进行强制分割。在具体的算法实现中,表现为当一个节点需要分割(即处于 Enable 状态时),强制将其四个子节点也都设置为 Enable 状态,并将这些子节点放入下一层次的队列中,以等待后续处理。这种方法带来的结果,将会使生成的网格个数在原有的基础上有所增加,使地形有所细化。虽然在地形的简化程度方面有所降低,但实际试验的结果表明,总的算法效率得到了很大的提高,是可取的。

4. 优化技术

1) 粗裁剪

　　这里所说的粗裁剪指的是视景体裁剪。通常,基于视景体的裁剪技术包括如下几种:视景体裁剪(view frustum culling)、背面裁剪(back face culling)和基于阻挡关系的裁剪。而在这些方法当中,又以前面两种方法实现起来较为简单,同时也容易产生较为高效的算法。在此主要讨论视景体裁剪技术,对于背面裁剪技术,可以直接使用 OpenGL 所提供的相应功能,因此不作详细讨论。

视景体裁剪技术和 LOD 技术相结合将会使三维地形模型得到进一步的简化,这一方面已经有人做了研究和实践。其主导思想就是,首先将场景中的不可见部分(即不在视景体内部的部分)利用裁剪算法去除掉,然后再对剩余部分利用 LOD 算法,根据实际需要,简化掉不必要的细节部分。在实际操作的时候,我们可以选择简洁高效的裁剪算法,对三维地形和其他实体数据进行粗略的裁剪,这样一来,就可以先期略去很多不必要的多边形面片。虽然这样做不能达到十分精确的裁剪效果,但在这个基础上再进一步采用 LOD 技术,将会去除很多不必要的操作。最后送入渲染通道的数据量将会得到显著的减少,OpenGL 在最终渲染之前还将做裁剪处理。这里需要指出的是,虽然在把数据交给 OpenGL 之后,OpenGL 自身也会做裁剪处理,但这是需要耗费系统开销的,如果在此前预先做一个快速的粗裁剪,再交由 OpenGL 处理,将会更有针对性,更能提高图形的显示速度。

三维实体只有位于视景体内部,我们才能够看得到,否则就将被裁剪掉。在透视投影下,视景体是一个平头锥体,为了实现粗裁剪的目的,我们首先需要知道构成这个视景体的六个平面方程。有了平面方程之后,要判断一个位于世界坐标系中的点是否处于视景体内部,我们只需要将该点的三维坐标值代入方程中即可。假设我们规定指向视景体内部的方向为平面的正方向,如果六个方程的计算值均大于零,则表示当前所测试的点位于视景体的内部,否则便是位于视景体的外部。世界空间中视景体六个平面方程推导过程如下。

在 OpennGL 中,代表视景体的平头锥体在经过模视变换(model-view transform)和透视变换(project transform)之后,将会成为一个范体。如图 12.6 所示。

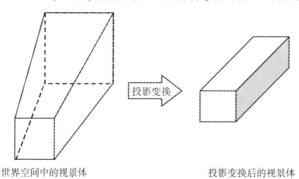

世界空间中的视景体   投影变换后的视景体

图 12.6 视景体投影变换

平面方程可以表示为 $Ax + By + Cz + D = 0$,投影变换后得到的范体六个面的方程为

$$0x + 0y + z + 0 = 0 \quad (近)$$
$$0x + 0y - z + 1 = 0 \quad (远)$$
$$x + 0y + 0z + 1 = 0 \quad (左)$$
$$-x + 0y + 0z + 1 = 0 \quad (右)$$
$$0x - y + 0z + 1 = 0 \quad (上)$$
$$0x + y + 0z + 1 = 0 \quad (下)$$

假设上述六个面中某一面上有一点(x_0, y_0, z_0)，该平面的方程为 $Ax + By + Cz + D = 0$，即：

$$(x_0, y_0, z_0, 1)\begin{pmatrix} A \\ B \\ C \\ D \end{pmatrix} = 0$$

在投影变换前的世界空间中的坐标为(x'_0, y'_0, z'_0)，世界空间中的平面方程为 $A'x + B'y + C'z + D' = 0$，即：

$$(x'_0, y'_0, z'_0, 1)\begin{pmatrix} A' \\ B' \\ C' \\ D' \end{pmatrix} = 0$$

设投影变换矩阵为 T，则必有：$(x'_0, y'_0, z'_0, 1)T = (x_0, y_0, z_0, 1)$。由此可以得到

$$T\begin{pmatrix} A \\ B \\ C \\ D \end{pmatrix} = \begin{pmatrix} A' \\ B' \\ C' \\ D' \end{pmatrix}$$

结合范体的六个平面方程，可以很容易得到世界空间中视景体的六个平面方程，即裁剪体的方程。

裁剪一个点，只需要裁剪体方程就足够了，要裁剪一个体对象，还需要进一步做一些工作。三维空间中体与体的空间位置关系，可粗略分为三种情况：分离、包围（被包围）与相交，如图 12.7 所示。

图 12.7 中物体 A 与视景体相交，物体 B 被视景体包围，这两种情况都在可见范围之内；物体 C 与视景体相离，属于完全不可见的情况。由于节点的不规则性，系统在处理节点的可见性的时候，引入了包围盒的概念。所谓包围盒就是一个

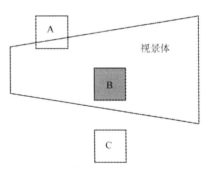

图 12.7　物体与视景体关系示意图

用来度量比较复杂的几何体的简单几何体，它应该刚好能够包围比较复杂的几何体。常用的包围盒几何体有长方体、立方体和球体，在此我们采用球体作包围盒，代替节点判断其与视景体的位置关系。设视景体的六个平面方程为 $Ax + By + Cz + D = 0$，球心坐标为(x_0, y_0, z_0)，球半径为 r，如果对视景体每一个平面方程包围盒球体都满足条件：

$$Ax_0 + By_0 + Cz_0 + D > -r\sqrt{A^2 + B^2 + C^2}$$

则包围盒与视景体相交或被视景体包围，即包围盒可见。因为包围盒肯定大于节点，所以不会有可见的节点被裁剪在视景体之外。

2）三角扇形技术

由于四叉树固有的特性使得 LOD 算法很适合采用三角扇形（Triangle Fan）优化技术。所谓三角扇形，就是指存在若干三角形，它们彼此相连，并且共享同一个节点 v_1，如图 12.8 所示。

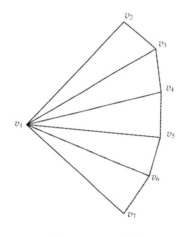

图 12.8　三角扇形

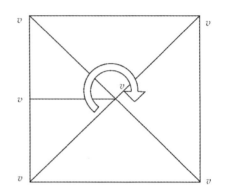

图 12.9　三角扇形绘制
v_i 表示一个节点

OpenGL 在绘制这类三角形时，无需将每个三角形都各自绘制一遍，而是采用更加快速的优化方法。基于四叉树结构的 LOD 算法，在对地形细分之后，树上的每个节点，都具有三角扇形特征。并且，从前面算法描述中可以看到，在绘制某个节点时，其相邻节点的状态也都已经确定。因此，可以利用这一点，加快系统的绘制速度。具体绘制时，可以节点的中心点为中心，从左上角点开始，顺时针方向遍历各个角点和边点。角点肯定是要参与绘制的，而边点则需判断相邻节点是否是可行（enable）状态，若是则参与绘制，否则跳过，如图 12.9 所示。

12.4.4　三维虚拟景观显示设备

旅游景区虚拟现实系统提供两种不同的表现方式。一种是 2.5 维单机三维表达系统。这一部分可以做成电子沙盘提供给旅游者，也可以作为旅游景区管理者办公时用。它主要适用于普通微机，一般说来操作简单，大部分功能就是漫游查看。这种显示系统实现了真彩色渲染、消隐面（线）的消除、光线的变化、任意角度和任意高度的漫游，体会从平常旅游者不可能的视角和高度来查看旅游景点的风貌。另一种是真三维显示系统[双机四投（背投）系统]。它主要包括两台主机、四台（或者两台）投影仪、投影屏幕（支持背投）、三维控制台。两台主机需要有专业图形图像卡。三维控制台是我们设计和制造的三维控制台，主要包括以下几部分：

（1）六组带速度档位开关的三维小杆，分别是光标杆控制三维场景中测标三个方向（x、y、z）的移动，进行三维场景中三维坐标的量测，以及在选线设计中进行线路设计；视点杆控制三维场景中视点的前后、左右、上下三个方向移动，可以快速浏览三维场景；视轴杆控制三维场景的放大、缩小,向左、向右观看;物体杆控制三维场景中可移动物体(人、汽车等)在 x、y、z 三个方向的移动;立体杆控制三维场景立体配准(控制左右像对水平视差)、高程比例尺变化;模型杆控制三维场景在 Φ、Ω、Κ 三个自由度中的旋转,从各个角度观看三维场景。

(2) DEM、DOM、房子、VEC、DRG 选择按钮。这五个按钮可以任意组合来观看三维场景。

(3) 2.5D 与 3D、像方与物方、光视重合三组切换开关。2.5D 即在 2.5 维的方式下观看三维场景,3D 即在真三维的方式下观看三维场景。像方即在航空的方式下观看三维场景。物方即在地面上的方式观看三维场景。光视重合即光标和视点重合在一起,便于观看三维场景中细节部分。

(4) 方向盘用于在三维场景中漫游时控制前进、后退的方向。

(5) 总复位开关用于恢复控制台参数的初始值。

系统实现了用真三维的方式表现旅游景区景观的目的,显示效果好,提供的功能多,既可以作为旅游管理者设计和规划用,又可以作为旅游管理者对游客进行宣传的工具。目前这套系统已经申请了国家专利。

第四部分
旅游信息系统示范应用

第13章　全国旅游信息发布系统

13.1　系 统 背 景

随着社会经济的发展和人民生活水平的提高,旅游已经成为一种消费时尚。与日益火爆的旅游市场相比,旅游服务业的发展明显滞后,依靠传统的管理与服务模式已经不能满足旅游业发展的客观需要,旅游业供与需的矛盾日益突出。利用飞速发展的 IT 技术与地理信息技术,建立旅游目的地营销系统,发展旅游电子商务,提高旅游业管理水平与服务质量已经势在必行。作为目的地营销系统的重要组成部分,全国旅游信息发布系统以电子地图为导航,融合空间信息与旅游服务信息,将 WebGIS 技术应用于旅游目的地的宣传促销和旅游服务。面向旅游管理与服务部门,提供高效的管理与服务模式,实现分布地理信息及各地相关旅游信息的网络一体化管理,扩大信息传播范围,增加旅游目的地知名度,吸引客源,为游客提供便捷的服务,提高经济效益和社会效益。

13.2　系统运行环境

系统运行在国家级的中国旅游目的地网络营销核心平台之上,在硬件、系统软件和网络通信以及运营维护方面都有足够的保障。

(1) 服务器端。

硬件:网络服务器。

软件:Apache, Tomcat。

数据库:Mysql, SQL Server, Oracle。

(2) 客户端。

硬件:任何能够访问 Internet 的网络终端,如 PC 机、PDA、无线上网终端等。

软件:Internet Explorer 或其他网络浏览器。

13.3　系 统 功 能

从总体上,系统分为管理和信息发布两大功能模块,管理模块主要面对旅游信息管理人员,而信息发布模块则主要面对游客。下面将对这两大功能模块进行详细介绍。

13.3.1　管理功能模块

管理功能模块配合信息发布功能模块,完成地理信息数据及相关属性信息的组织、管理与维护。管理功能模块提供 Internet 远程管理方式,使得分布在全国各地的旅游目的地管理与服务部门可以及时更新自己的数据信息,保证系统数据的现势性;同时,它还提供信息发布功能与界面的定制,允许目的地机构更改信息发布页面风格,按需定制功能。

系统对管理功能模块的用户按角色进行管理,不同的角色拥有不同的功能权限。管理功能模块的用户分为三种角色:超级管理员、远程提交管理员和数据管理员。

超级管理员:可以修改系统配置信息,包括页面设置、页面风格、旅游功能定制、工程数据管理、用户管理等。

远程提交管理员:只对该身份所建立的数据拥有管理权。例如,上海市的管理员建了一套上海市旅游服务系统,该管理员只能编辑、添加、删除上海的数据。

数据管理员:只能对系统中的数据信息进行管理,无法查看及修改系统信息(配置信息、设置信息、系统支持的图元类别表等)。

1. 用户信息管理

超级管理员具有操作用户信息的权限,可以查看系统管理员列表,如图 13.1 所示。

	用户名	用户密码	等级	电子信箱	管理的工程	
	a	1	超级管理员			
删除	b	2	远程提交管理员		北京(C_Beijing)	修改所管的工程
删除	c	3	远程提交管理员		全国(china),颐和园(YHY)	修改所管的工程
删除	ym	ym	数据管理员			
删除	21212	111	数据管理员			
删除	9	9	数据管理员			

图 13.1　超级管理员信息列表

超级管理员可以添加各种级别的用户,删除较低级别的用户,修改远程提交管理员所管理的工程,如图 13.2 所示。但是为了安全起见,超级管理员不能修改用户的密码。

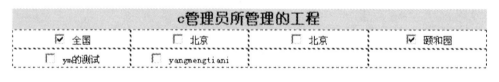

图 13.2　远程提交管理员的工程信息列表

远程提交管理员和数据管理员可以对个人的登陆信息进行修改,包括用户名、密码和电子信箱等,如图 13.3 所示。

2. 系统定制

1)信息发布模板和界面风格定制

定制的内容包括模板信息、风格信息、LOGO 样式。对于系统默认给定的模板和页面风格信息不允许修改和删除,如图 13.4 和 13.5 所示。超级管理员用户可以点击"添加新的模板"、"添加新的风格样式"、"添加新的 LOGO 样式"按钮添加新的信息,并对添加的信息进行修改和删除。

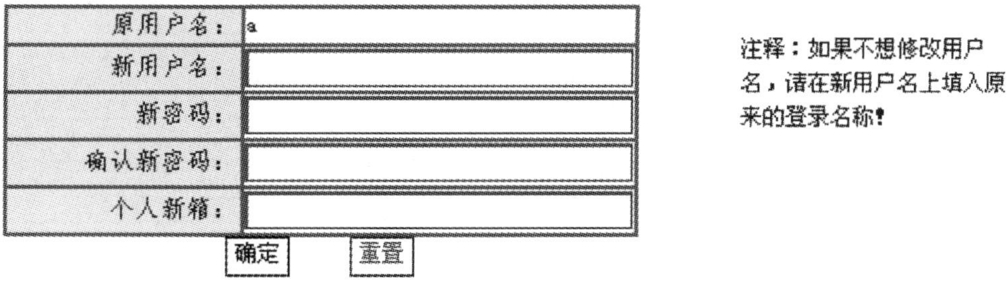

原用户名:	a
新用户名:	
新密码:	
确认新密码:	
个人新箱:	

注释:如果不想修改用户名,请在新用户名上填入原来的登录名称!

确定　　　重置

图 13.3　个人信息修改

	工程级别	设定模板	对应模板文件
模板选择	国家级	国家级1	ctry1
	城市级	第二套模板	city2
	省区级	省级1	prov1
	景点级	景点1	spot1
风格样式	亮丽型(对应的css文件为main.css)		

修改

图 13.4　系统设定的模板和页面风格

	工程级别	模板类型	模板文件		
模板信息	国家级	国家级1	ctry1		
		国家级2	ctry2		
		国家级模板3	bbb.jsp	修改	删除
	城市级	第一套 模板	city1		
		第二套模板	city2		
		第三套模板	city3		
	省区级	省级1	prov1		
		省级2	prov2		
	景点级	景点1	spot1		
		景点2	spot2		
风格信息		样式名称	样式对应的文件		
		亮丽型	main.css		
		柔和型	gentle.css	修改	删除
		浅蓝色的类型	light_blue.css	修改	删除
LOGO样式		LOGO名称注解	样式对应的文件		
		亮丽型	sun.jpg		
		亮	blue.jpg	修改	删除
		蓝	blue.gif	修改	删除
		cbj	C_beijing.jpg		
		yhy	YHY.jpg		
		chian	china.gif		
		beijing	P_Beijing.gif		

添加新的模板　　　添加新的风格样式　　　添加新的LOGO样式

图 13.5　系统支持的模板和界面

2) 功能定制

超级管理员可以根据本地区数据实际情况,定制信息发布界面的具体功能项,如图 13.6 所示。

国家级	次标题	亮丽型
	游查询	支持
城市级	次标题	亮丽型
	游查询	支持
	购查询	支持
	娱查询	支持
	食查询	支持
	宿查询	支持
	行查询	支持
	其他服务	支持
	旅行社服务	支持
	游咨询	支持
	购咨询	支持
	娱咨询	支持
	食咨询	支持
	宿咨询	支持
	行咨询	不支持
省区级	次标题	蓝
	游查询	支持
景点级	次标题	亮丽型
	游咨询	支持
	游查询	支持

修改

图 13.6 功能定制

3) 图层、图元类型定制

定制系统支持的图元类型数据,并允许用户创建新的图元类型,同时新建相应的数据表(字段名称、字段类型、字段语义解释),并对新建的图元类型进行字段的添加、修改和删除等操作,如图 13.7 和 13.8 所示。

3. 数据添加

按照工程数据、图层数据、图元数据三个层次,添加新的数据,如图 13.9 所示。

对于新建图层,管理员可以指定图层图元对应属性数据的 dbf 文件,向服务器上传 dbf 文件并解析,选择匹配的字段(图 13.10),自动将数据导入到指定的数据表中(图 13.11)。

4. 数据编辑

按照工程数据、图层数据、图元数据三个层次进行数据编辑,包括查看、修改和删除等

图元类型	图元类型符号	该类图元属性表	是否可查询	修改	删除
旅游城市	CITY	t_o_city	是		
行政区面	BREGION	t_o_bregion	是		
景点景区	SPOT	t_o_spot	是		
标注	ANNO		否		
医院	HOSPITAL	t_o_hospital	是		
商场超市	SHOP	t_o_shop	是		
娱乐场所	ENTERT	t_o_entert	是		
美食天地	EATERY	t_o_eatery	是		
旅行社	AGENCY	t_o_agency	是		
虚拟游线路	XUNIL	t_o_xunil	是		
虚拟游景点	XUNIP	t_o_xunip	是		
公交线路	BUSLINE	t_o_busline	是		
公交车站	BUSSTOP	t_o_busstop	是		
普通图元1	GONAME	t_o_goname	是		
普通图元2	GONAT	t_o_gonat	是		
普通图元3	GONATT	t_o_gonatt	是		
宾馆招待所	HOTEL	t_o_hotel	是		
仅显示图层	DISPONLY		否		
添加的景点	add_type	t_o_editor	是	修改	删除

添加新的图元类型

图 13.7 图元类型信息列表

图元类型名称	图元类型符号	图元属性表(请使用英文)	是否可查询
歌舞厅	GWT	t_o_gwt	⦿可以 ○不可以

图元属性表的字段,(建议命名时采用系统给定的命名标准) 字段数目 4 ▾

字段名(必须使用英文)	字段语义	字段类型
O_Name	名称	字符串 ▾
O_Intro	简介	字符串 ▾
O_Pic	特色图片	字符串 ▾
O_Type	舞厅类型	字符串 ▾

注:系统将自动创建工程名、图层名和图元ID字段。

确定　返回

图 13.8 新建图元类型

图层标识:	YLCH
	(*如果支持GIS类型必须相关的gbp文件名相同)
图层名称:	娱乐城
图层类型:	游查询 ▾
图元类型:	娱乐场所 ▾
dbf文件:	\旅游数据\C_BJ\dbf\ylch.dbf 浏览...
	(*如果没有相应的DBF文件,可以不指定)

确定　重置

图 13.9 新建图层

字段1:O_ID	O_ID
字段2:NAME	O_NAME
字段3:O_CITY	O_CITY
字段4:O_TYPE1	O_TYPE1
字段5:O_LEVEL	O_LEVEL
字段6:O_TIME	O_TIME
字段7:O_PIC	O_PIC
字段8:O_INTRO	无对应字段

无对应字段
O_ID
O_NAME
O_INTRO
O_MSPOT
O_TYPE1
O_TYPE2
O_TYPE3
O_LEVEL
O_PROV
O_CITY

名称	图元ID
豫亲王府	15
东单公园	14
僧忠亲王府	13
安亲王府	12
肃亲王府	11
睿亲王府	10
南馆公园	9
循郡王府	8
那王府	7
淳亲王府	6

图 13.10　dbf 文件解析——确定字段的对应关系　　　图 13.11　dbf 文件解析——数据导入结果

工作,如图 13.12~ 13.15 所示。

		工程标识	工程名称	工程类型	是否支持GIS
修改	删除	china	全国	CTRY	否
修改	删除	P_Beijing	北京	PROV	否
修改	删除	C_Beijing	北京	CITY	否
修改	删除	YHY	颐和园	SPOT	否
修改	删除	test111	ym的测试	CITY	是
修改	删除	yangmeng	yangmengtiani	CITY	是

图 13.12　工程信息管理

图层对应功能			图层名称	图元类型	图层文件名	
游查询	修改	删除	自然风光	景点景区	ZRFG	察看图元信息
	修改	删除	人文景观	景点景区	RWJG	察看图元信息
	修改	删除	城市	旅游城市	CITYPOINT	察看图元信息
	修改	删除	城市标注	标注	CITYPOINTA	察看图元信息
	修改	删除	添加的景点	添加的景点	editor	察看图元信息
基础	修改	删除	线状河流	普通图元1	LRIVER	察看图元信息
	修改	删除	湖泊	普通图元1	RRIVER	察看图元信息
	修改	删除	行政区划	行政区面	REGION	察看图元信息
	修改	删除	行政区标注	标注	REGIONA	察看图元信息
	修改	删除	主要公路	仅显示图层	MROAD	察看图元信息
	修改	删除	旅游景区	普通图元1	JQREGION	察看图元信息
	修改	删除	水库	普通图元1	RSHUIK	察看图元信息

图 13.13　图层信息管理

			名称	图元ID	
查看	修改	删除	木化石群	32	多媒体信息
查看	修改	删除	沿河城	31	多媒体信息
查看	修改	删除	龙门涧	30	多媒体信息
查看	修改	删除	灵山	29	多媒体信息
查看	修改	删除	百花山	28	多媒体信息
查看	修改	删除	石花洞	27	多媒体信息
查看	修改	删除	十渡风景区	26	多媒体信息
查看	修改	删除	半壁店森林	25	多媒体信息
查看	修改	删除	樱桃沟	24	多媒体信息
查看	修改	删除	妙峰山	23	多媒体信息

下一页   第 1 /4页 go

图 13.14 图元信息管理

对象标识	58
景区名称	紫竹院公园
景区简介	本园立意于竹文化传播，设计精邃，布局新颖。模山范水求其自然，掇石嶙峋精心安置，亭、廊、轩、馆错落有致，修竹花木巧布其间，举目皆如画，四时景宜人
主要景点	轩辕庭、惠风坊
一级分类	人文景观
二级分裂	园林
三级分裂	现代公园
评定级别	AAA
所在省份	北京
所在城市	北京市
风格特色	环境优美、公园的绿地面积到80%以上，是夏季林闲避暑的好地方
所在位置	北京市海淀区西直门外白石桥45号
交通概况	乘105、107、114、320、332、716、特6、808、816、817路车到白石桥站下车
时间	上午6：00～晚上8：00
收费标准	2元
对应子工程	
URL	
特色图片	cbp111.jpg

修改   删除

图 13.15 图元信息编辑

13.3.2 旅游信息发布功能模块

旅游信息发布功能模块主要面向广大游客,为游客提供方便快捷的目的地信息服务。系统按照地区行政级别的不同,采用四种不同的模式组织旅游信息的发布:国家级、省(直辖市)级、城市级和景区(景点)级。系统以国家、北京地区、北京市和颐和园为示范地区建立了应用示范系统,如图 13.16~ 13.19 所示。不同级别的信息发布系统由于信息特点的不同,发布功能的侧重点有所不同,通过超链接以及数字地图导航可以实现不同级别发布系统的快速链接。

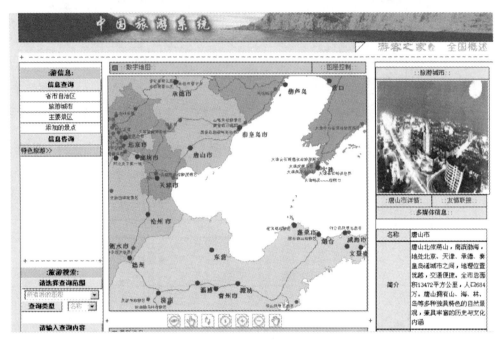

图 13.16　中国旅游信息服务系统

图 13.17　北京(地区)旅游信息服务系统

图 13.18　北京市旅游信息服务系统

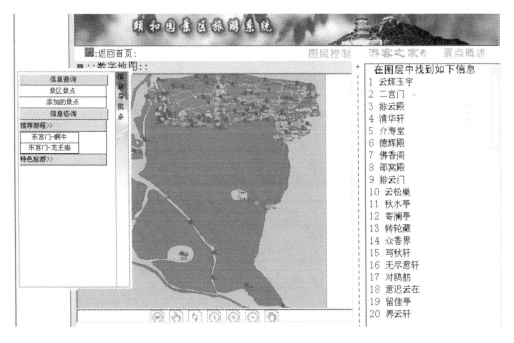

图 13.19　颐和园景区旅游信息服务系统

1. 数字地图导航

支持数字地图的多种操作,放大、缩小、漫游、鹰眼,方便用户在地图中查找信息。

支持鼠标点取选择图元,展示图元对象(这里是旅游信息对象)的相关属性及多媒体属性。

2. 信息分类查询

系统按照旅游六要素"游、购、娱、食、宿、行"组织游览、购物、娱乐、饮食、住宿和出行信息,提供目的地旅游信息查询。对于不同级别的旅游信息发布系统,提供不同详细程度的信息分类查询。下面以旅游信息中的游览相关信息要素为例进行介绍。

国家级旅游目的地信息系统:"游"信息按一级类别划分,分为旅游城市和主要景区,如图 13.20 所示。

图 13.20 国家级"游"信息查询

省级旅游目的地信息系统:"游"信息按一级类别划分,分为自然风光与人文景观,如图 13.21 所示。

城市级、景区级旅游目的地信息系统:"游"信息按二级类别划分,人文景观分为历史遗迹、宗教圣地、陵园墓地、名人故居、园林文化设施等;自然风光分为山地丘陵、岩溶洞穴等,如图 13.22 所示。

3. 景区/景点旅游信息的快速查找与地图定位

为便于用户快速到达目的地,提供了景区/景点信息搜索功能,能够执行"精确查找"与"模糊查找",并在电子地图上定位查询结果,如图 13.23 所示。

4. 查询结果信息全方位展示

通过信息分类查找、数字地图点取图元或快速查询定位选择目标图元后,系统将向用户展示目标图元的全方位信息,包括文字介绍、视频展示、语音导游、全景图展示和局部景点图片。

:游信息:	1 雾灵山清凉洞
信息查询	2 雾灵湖
自然风光	3 白龙潭
人文景观	4 湖洞水
城市	5 云峰山
添加的景点	6 天仙瀑
信息咨询	7 京都第一瀑
特色旅游>>	8 黑龙潭

1 雾灵山清凉洞
2 雾灵湖
3 白龙潭
4 湖洞水
5 云峰山
6 天仙瀑
7 京都第一瀑
8 黑龙潭
9 云蒙山
10 老象峰
11 丫髻山
13 盘山
14 雁栖湖
15 珍珠泉
16 龙庆峡
17 碓臼峪
18 沟崖
19 虎峪
20 关沟
21 桃花坞
22 鳌峰

游 信息

信息查询
历史遗迹
宗教圣地
陵园墓地
名人故居
城市建筑
园林
科技文化
会馆
添加的景点

信息咨询
精品线路>>
都市中心游
坛庙园林游
科技健身游
购物美食游

图 13.21　省级"游"信息查询　　　　图 13.22　城市级"游"信息查询

:旅游搜索:

请选择查询范围

所有游的图层　▼

查询类型　名称 ▼

请输入查询内容

北京

模糊查询　精确查询

在省市自治区
北京市
在旅游城市
北京城区
在主要景区
北京石景山游乐园
北京红螺寺旅游度假区
北京慕田峪长城
北京植物园
北京香山公园
北京世界公园
北京房山云居寺
北京八大处公园
北京动物园
北京海洋馆
在添加的景点
没有信息,换个检索词

图 13.23　目标快速搜索定位

13.4 系 统 特 点

(1) 基于 Internet 网络,提供全面的旅游服务与管理。实现了数字地图旅游目的地信息的网络发布与远程操作,具有高度共享性,提供直观的空间信息服务。

(2) 完成了各级数字地图旅游目的地信息系统的功能规划、旅游资源分类组织。

(3) 实现了大容量旅游 GIS 数据信息与多媒体属性信息的无缝集成、统一管理及层次化展示。

(4) 多级用户分权限的后台数据维护,确保系统安全与稳定;支持远程用户创建、管理自己的数据且仅限于自己创建的数据,既灵活方便又确保安全。

(5) 完成了数字地图旅游目的地信息系统的分级组建,并实现了系统的功能与风格的远程动态定制,为系统自动化生成平台奠定了坚实的基础。

(6) 运用各种手段采集示范景区的数据并建设了四个示范应用系统。这四个应用系统级别相异,相对独立又相互关联,具有高度的示范意义。

第14章　全国黄金周假日旅游预报系统

14.1　系统背景

国家实行"五一"、"十一"以及春节长假以来,长假期间已成为人们外出旅游的高峰时间。为了保证长假期间旅游市场的正常运行,必须保证旅游信息渠道的通畅,使管理部门与游客能够及时了解各地旅游业当前的情况与未来几天的发展趋势,提前做好各项准备与安排。系统以电子地图为核心,将黄金周假日旅游预报信息通过 Internet 网络发布,融合空间信息与黄金周旅游数据及多媒体信息,为游客提供高效便捷的假日旅游信息服务。充分利用 WebGIS 的空间数据分析功能,将黄金周旅游数据信息以统计图方式直观地展示出来,为各级旅游行政管理部门、景区管理部门有效地引导游客黄金周假日出行提供先进高效的管理工具。同时,辅以多媒体手段,充分展示所监测旅游目的地的旅游情况。

14.2　系统运行环境

数字地图旅游目的地信息系统运行在国家级的中国旅游目的地网络营销核心平台之上,在硬件、系统软件和网络通信以及运营维护方面都有足够的保障。

服务器端:①硬件,网络服务器;②软件,Apache、Tomcat;③数据库,Mysql、SQL Server、Oracle。

客户端:①硬件,任何能够访问 Internet 的网络终端,如 PC 机、PDA、无线上网终端等;②软件,Internet Explorer 或其他任何网络浏览器。

14.3　信息发布内容与模式

系统发布的信息内容主要为旅游黄金周期间全国优秀旅游城市、全国主要景区以及优秀旅游城市内的主要景点未来几天的预报信息与过去几天的旅游信息汇总。系统每天晚间对当天各主要旅游目的地的信息进行汇总,对当天的旅游总体情况从天气、交通、游客人数、住宿以及景点旅游服务情况进行大量的文字概述,并对游客人数、当地接待能力、历史同期信息对比、黄金周多日信息对比等通过表格、柱状图、折线图和饼图等予以直观展示。通过对以上信息的统计分析,对未来几天的旅游走势作出科学的预测,为旅游部门与游客提供服务。

14.4 系 统 功 能

1．电子地图导航

电子地图导航功能包括电子地图的放大、缩小、漫游、移位以及鹰眼等多种服务，方便用户在地图中查找目的地。

2．旅游目的地基本信息展示

简要介绍目的地城市(或景区、城市景点)的概要信息，如图14.1所示。

图 14.1 目的地(北京为例)基本信息展示

3．黄金周信息汇总与预报

查询显示指定日期的旅游目的地预报信息与汇总信息，如图14.2所示。

4．目的地多日信息统计分析

对目的地指定统计项目连续多日的数据进行统计图显示，如图14.3所示。

5．多个旅游目的地信息对比

在旅游目的地列表或电子地图中选择多个目标，对指定比较项目和日期进行对比分析，以列表形式和指定统计图(柱状图、折线图或饼图)形式给出对比分析结果，如图14.4所示。

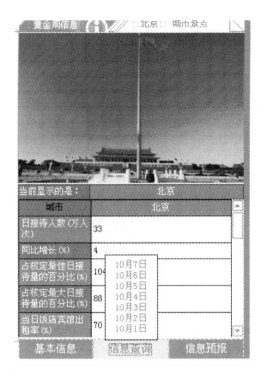

图 14.2　黄金周目的地信息预报与汇总

图 14.3　目的地多日信息统计分析

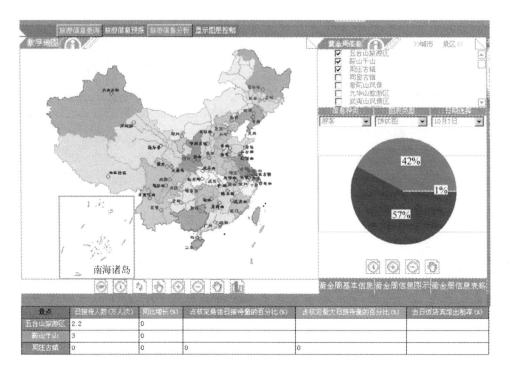

焦点	日接待人数(万人次)	周比增长(%)	占核定最佳日接待量的百分比(%)	占核定最大日接待量的百分比(%)	当日饭店宾馆出租率(%)
五台山旅游区	2.2	0			
鞍山千山	3	0			
周庄古镇	0	0	0	0	

图 14.4　多个旅游目的地信息对比分析

6. 目的地假日旅游状况专题图

指定专题图制作信息,电子地图窗口将根据定义以专题图形式显示,如图 14.5 所示。

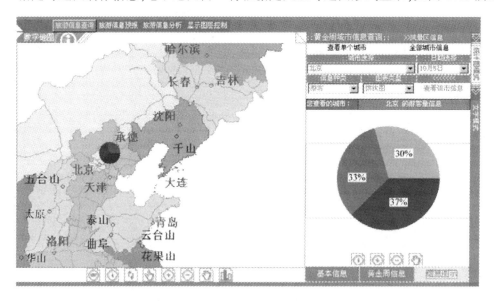

图 14.5　黄金周假日旅游专题图

7．目的地多媒体信息展示

除文字与数字信息外,系统还通过生动形象的多媒体形式向人们展示目的地的黄金周假日旅游信息,如图 14.6 所示。

图 14.6　多媒体信息窗口

8．系统定制

该功能面向旅游信息管理部门,自定义系统发布信息内容与发布模式,如图 14.7 所示。

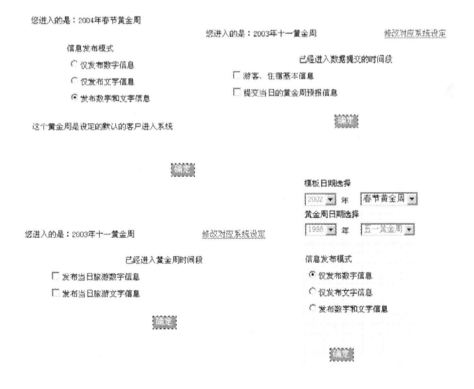

图 14.7　系统定制

9. 数据管理

按照城市、景区、城市主要景点三类目的地对象查看编辑基本信息、黄金周假日旅游的动态汇总信息、预报信息以及其他相关数据，如图 14.8~ 14.10 所示。

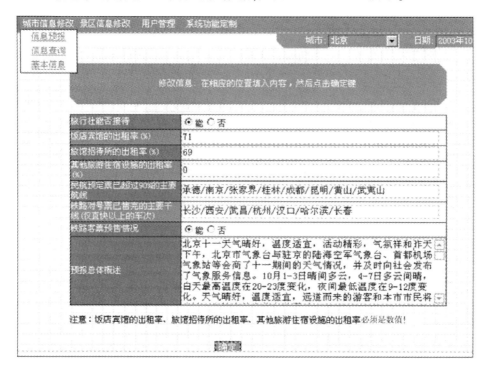

图 14.8　城市黄金周假日旅游动态汇总

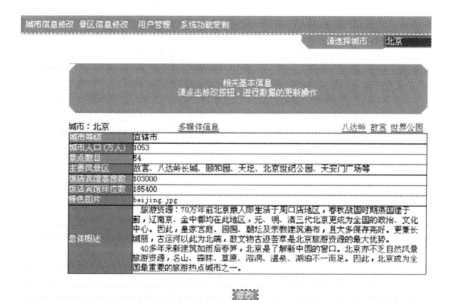

图 14.9　城市旅游基本信息

图片信息

		文件所在的目录	文件名	图片的中文简介
修改	删除	BeiJing	qian_men.gif	前门
修改	删除	BeiJing	tian_an.gif	天安门
修改	删除	BeiJing	yong_he_gong.gif	雍和宫弥勒佛
修改	删除	BeiJing	zhong_san_gong_yuan.gif	中山公园
修改	删除	BeiJing	gong_ren_wen_hua.gif	劳动人民文化宫
修改	删除	BeiJing	bj001.jpg	北京奥运标志
修改	删除	BeiJing	BeiJing01.jpg	北京市图片
修改	删除	BeiJing	BeiJing02.jpg	北京市图片
修改	删除	BeiJing	BeiJing03.jpg	北京市图片
修改	删除	BeiJing	BeiJing04.jpg	北京市图片

视频信息
现在没有内容

音频信息

		文件名	音频的中文简介
修改	删除	beijing.WAV	北京简介
修改	删除	beihai.WAV	北海公园
修改	删除	badaling.WAV	八达岭长城
修改	删除	gugong.WAV	故宫
修改	删除	mutianyu.WAV	慕田峪长城

图 14.10　城市主要景观多媒体信息

第15章　北京市旅游咨询系统

15.1　系　统　背　景

北京——祖国的首都,悠久的历史文化造就了她丰富的旅游资源,有 5 处旅游景点列入世界自然与文化遗产清单。根据调查统计,北京有自然旅游资源点 105 处,人文旅游资源点 1605 处,目前已开发利用的旅游景点 254 处。北京共有文物古迹 7309 处。其中,国家级文物保护单位 42 处,市级文物保护单位 264 处。

丰富的旅游资源,庞大的旅游市场,需要利用现代技术进行管理。一方面,数量如此庞大的旅游资源需要数字化的管理方式,提高管理效率;另一方面,需要一个完善的旅游服务平台,为北京的广大游客提供方便快捷的旅游服务,提高服务质量。以城市旅游咨询系统为平台开发的北京市旅游咨询系统为上两方面需求提供了一个完美的解决方案。

系统基于"旅游空间信息发布系统"平台开发、部署,其应用程序组织采用 J2EE 的四层结构模型。

客户端:以平台提供的客户端 GIS Applet 为核心发布空间数据,并通过 JavaScript 实现对空间数据的图层操作、编辑、查询、分析功能,页面的组织使用 JSP 实现。

Web 服务器:部署 Web 组件,并通过部署描述符的修改实现用户开发页面与组件的绑定。

应用服务器:部署 GIS 应用组件。

EIS:存储空间数据工程和属性数据库系统。属性数据库系统采用 Microsoft SQL Server2000。

15.2　系　统　功　能

1. WebGIS 基本功能

(1) 北京旅游资源地图网络发布。

(2) 层管理。

(3) 放大、缩小、漫游等地图视图控制。

(4) 地图分级显示。

2. 旅游专业功能

(1) 旅游资源六要素信息的图形、属性信息双向查询。

(2) 周边环境查询:查询从指定地点周边指定距离内的旅游资源、公共服务设施及企事业单位。

(3) 最近查找:查询离指定地点最近的旅游资源、公共服务设施及企事业单位。

(4) 公交信息:查询公交线路,公交车站信息以及公交换乘方案。

(5) 最佳路径分析:查询指定起点和终点间的最佳路径。

(6) 地图信息量算。

(7) 企业远程标注:企业远程标注、修改、删除本单位信息。

(8) 专题图远程动态制作。

(9) 区域信息综合统计:统计某一地区某一类或某几类旅游资源的数量和分布密度。

15.3 系统建设流程

1. 信息集成

(1) 图形数据:将北京旅游矢量数据(Shape 格式)文件导入旅游空间信息集成预处理系统,通过投影变换统一坐标体系。

(2) 属性数据:导入 EIS 的 SQL Server 数据库。

(3) 建立关联:建立图形、属性数据的一体化关联,关联被记入元数据中。

2. 信息编辑

(1) 调整图层的顺序达到地图显示最佳效果。

(2) 对局部图元进行图形、属性一体化编辑、校正,如图 15.1 所示。

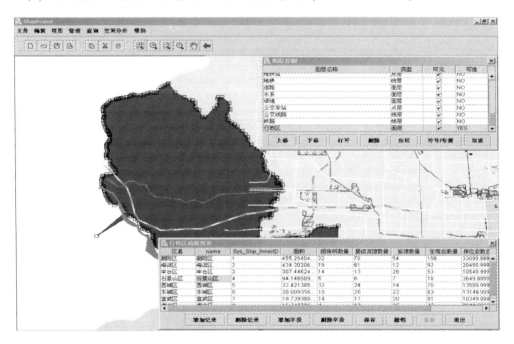

图 15.1 图形、属性一体化编辑

3. 专题图处理

(1) 使用颜色设置、唯一值分类、数值分级对图层进行配色,如行政区划可按"区县"字段唯一值设色,如图 15.2 所示。

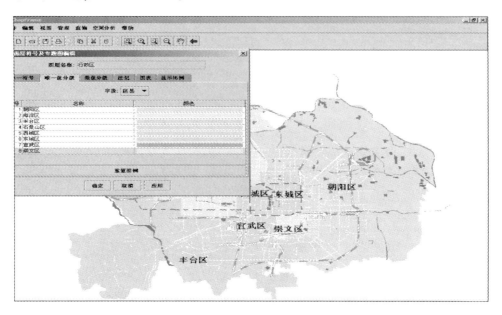

图 15.2　专题图配置

(2) 为图元增加标注,设置注记出现比例。

4. 符号化

根据图层类型选择并配置相应图层符号,如图 15.3 所示。

5. 保存工程

将编辑好的图层保存为可发布工程。

6. 页面编写

(1) 核心页面。将客户端 GIS Applet 嵌入到网页中。

(2) 构建框架页面。编写协调功能页面运行的框架网页,框架页面如 15.4 所示。框架网页包含核心页面和功能页面。

(3) 编写功能组织页面。功能组织页面包括图层控制页面、地图操作页面、查询页面、空间分析页面、远程编辑页面、远程专题图制作页面、综合统计页面等,如图 15.5~15.10 所示。

7. 系统部署

(1) 数据部署。将预处理的图形工程数据部署到 EIS 的指定目录,并为属性数据库

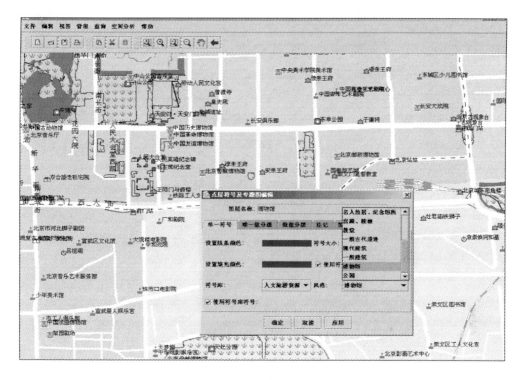

图 15.3 符号配置

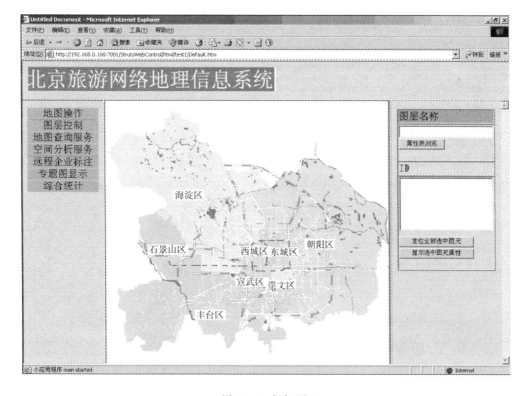

图 15.4 框架页面

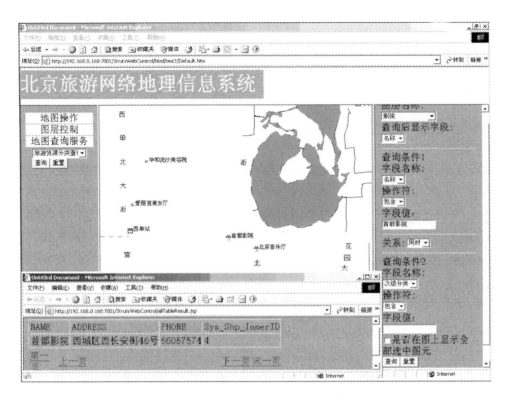

图 15.5 查询页面——旅游资源六要素信息查询

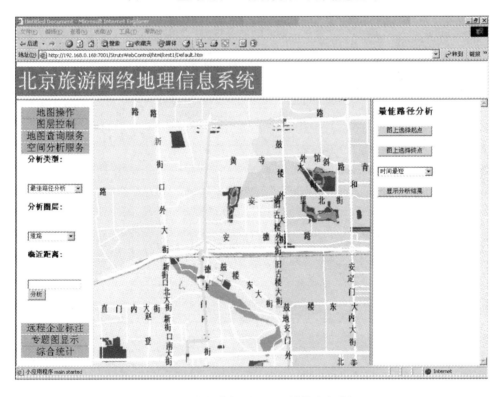

图 15.6 空间分析页面——最佳路径分析

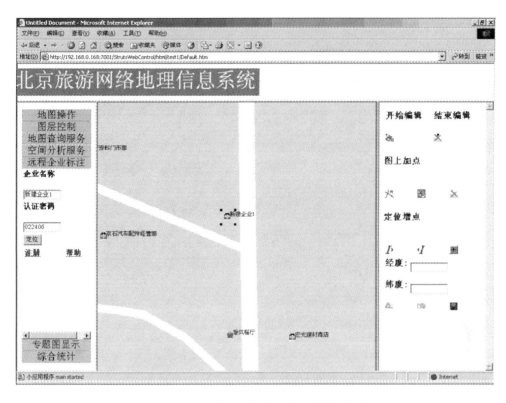

图 15.7 远程编辑页面——远程企业标注

图 15.8 区域综合统计页面

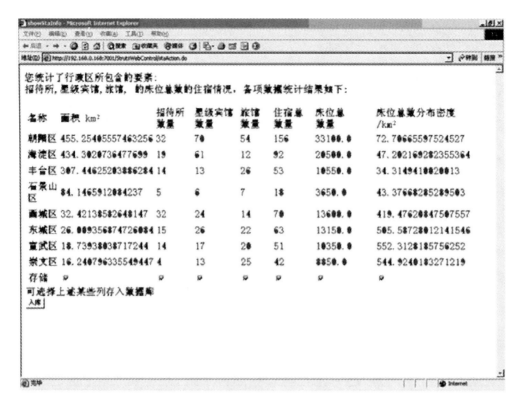

图 15.9 综合统计结果页面

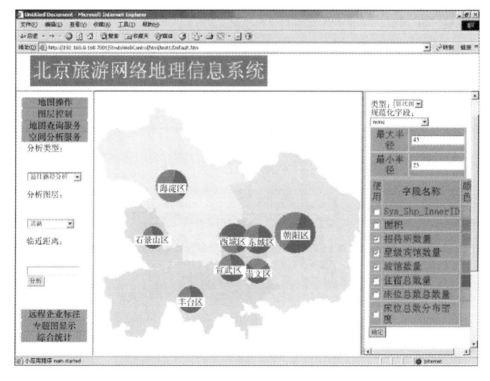

图 15.10 远程专题图制作——区域综合统计结果专题化显示

配置 JNDI 数据源。

（2）组件部署。将网络组件和应用组件分别部署到支持 J2EE 技术体系的网络服务器和应用服务器中，服务器的中间件采用 BEA WebLogic8.0。

（3）配置部署描述符。修改 Web 服务器上的 WebControl.xml，将用户界面和组件绑定在一起。

第16章 三维颐和园景区展示系统

16.1 系 统 简 介

三维景区展示系统是基于计算机立体视觉、人工智能、空间信息等技术开发的真三维虚拟现实系统,是适合于景区规划、设计、管理等部门的一个完全不同于二维平面环境的真三维立体可视、可量测地表环境的应用系统,用于景区规划与区域设计、虚拟建设、建筑物光照遮挡分析、景区管网设计与管理等,实现地理空间信息三维可视化的管理与分析。三维颐和园景区展示系统以北京市典型皇家园林——颐和园为示范区,再现了颐和园的自然风光与人文景观,使人们可以足不出户即可身临其境般领略我国现存最完整、规模最大的皇家园林的自然美和艺术美。

16.2 数 据 采 集

1.空间三维数据采集

系统采用的颐和园地区原始数据源包括:①1: 8000 比例尺航空摄影像片(23cm×23cm)15 张,光盘 15 张,拍摄时间 2002 年;②测区控制点数据文件 1 个;③航空相片控制点点位资料 15 个;④航空照相机参数文件;⑤测区结合表一张;⑥测区地形图光盘两张。

我们以 JX4C 作为数据采集工具,进行颐和园区域的 DEM 和 DOM 的制作,然后用JX4C 进行颐和园内重要建筑物(佛香阁、十七孔桥等)的空间信息采集。运用 AutoCAD根据采集到的空间信息和其他一些资料进行三维建模(仅仅是三维空间骨架)。

2.表面纹理采集与处理

系统表面纹理的采集主要有两种手段:一种是在正射影像图上截取,另一种就是通过高分辨率的数码相机实地拍摄。第一种方法,只能用来采集顶部纹理,可以用来采集地表纹理,虚拟颐和园系统就是采用这种方法来获取地表纹理的;第二种方法可以采集到颐和园内重要建筑物的侧面纹理或者是建筑物的内部纹理,它的分辨率很高,表现建筑物也较为清晰。系统用数码相机拍摄下来的像片经过纠正等处理后,用作虚拟颐和园建筑物的真实纹理。

16.3 系 统 功 能

1.电子沙盘

基于 DEM、DOM、数字矢量图(digital line graphic,DLG),以真三维方式显示地表景观,实现地表的立体显示,如图 16.1 所示。

图 16.1 颐和园景观真三维显示

2.虚拟建设

建立规划模型时首先拆除现有建筑,将规划设计方案中待建的目标置于现有的三维环境中,构建规划的地表形态。可从建筑结构学、景区规划布局、建筑美学等多角度为决策者提供决策支持。

在三维场景中进行建筑物的构建、拆除以及对建筑进行三维编辑(改变建筑物的高度、平面位置、朝向、采光状况等)。

进行桥梁、植被(树木、草地等)、路灯、巨幅广告牌等典型地物的虚拟建设。

3.基于虚拟景观的巡视漫游

可选择沿地表行驶观察、空中漫游、按设计路线漫游、锁定目标的环视漫游等多种方式,给观察者以身临其境的感觉。

4.可视化属性管理

可进行属性查询、修改、增加、删除。如对建筑物名称、土地审批时间、权属、建造时间、建筑面积、高度、建筑材质等属性进行管理,便于景区规划、土地、房产等部门管理相关信息。

5．目标量测

可对空间任意两点间的距离、建筑物的高度以及空间点的三维坐标进行实时量测。

6．光照分析

通过三维动态可视化,对建筑物之间的阳光遮挡情况进行分析。该系统可分析任意两建筑物之间、单个建筑物与其周边建筑物之间在 24 个节气或任意时间的相互遮挡情况,其结果可用日照等值线图、报表等方式直观表达。

7．景区夜景模拟

可对景区夜晚用灯光进行模拟,如可在真实位置模拟路灯、射灯、霓虹灯、道路两侧灯箱、探照灯,为景区夜晚亮化工程提供方案。

8．三维数据的更新和维护

9．AVI 动画文件录制

16.4 系 统 特 点

1．真三维

该系统与传统的 2.5 维有着本质的区别,实现了真正意义上的三维,使得空间数据以立体的方式直观表达,实现了地形地物、图形图像数据的三维叠置与可视化。图 16.2 为佛香阁的各种角度观察的效果图。

(a)

(b)

(c)

图 16.2　佛香阁不同视角效果图

2．真纹理

真纹理是指其三维环境中的建筑物表面纹理来源于数码相机在实地拍摄的建筑物表面的图像，它可以真实地再现实地场景。图16.3为长廊近景。

图16.3　长廊近景

3．真尺度

该系统构建的三维环境中的任意空间点都具有真实的空间三维坐标。

4．明室三维环境

3m×2m超大背投屏幕，视野宽阔；高亮度液晶投影可以在明室条件下工作；无源的偏振光立体眼镜使立体观察更舒适，增强了沉浸感。

5．特制专业操纵器

特制的操纵器实现了友好的人机交互；允许操作员按自己的意愿对目标任意放大、缩小，进行视点、视轴、光标的三维运动，可以实现指定路线的空中飞行和驱车景观浏览。